U0097800
VENUS PUBLISHING CO.
金星出版
命理生活新智慧・叢書

命理生活新智慧・叢書25

如何選取喜用神
（中冊）

(中冊)日元甲、乙、丙、丁、戊選取喜用神的重點與舉例說明

(上冊)選取喜用神的方法與步驟

(下冊)日元己、庚、辛、壬、癸選取喜用神的重點與舉例說明

法雲居士⊙著

金星出版

國家圖書館出版品預行編目資料

如何選取喜用神《中冊》／法雲居士著，--第1版.--臺北市：金星出版：紅螞蟻總經銷，1998[民87]

冊；　　公分--（命理生活新智慧叢書；20）

ISBN 957-8270-07-0（中冊：平裝）

1.命書

293.1　　　　89016195

如何選取喜用神《中冊》

作　　者：法雲居士
發 行 人：袁光明
社　　長：袁靜石
編　　輯：王璟琪
總 經 理：袁玉成
出版部主任：劉鴻溥
出 版 者：金星出版社
地址：台北市南京東路3段201號3樓
電話：886-2--25630620•886-2-2362-6655
FAX：886-2365-2425
郵政劃撥：18912942金星出版社帳戶
總 經 銷：紅螞蟻圖書有限公司
地　　址：台北市內湖區舊宗路二段121巷28・32號4樓
電　　話：(02)27953656(代表號)
網　　址：http://www.venusco555.com
E-mail　：

版　　次：1999年5月第1版　　2005年2月新校版
登 記 證：行政院新聞局局版北市業字第653號
法律顧問：郭啟疆律師
定　　價：400 元

行政院新聞局局版北字業字第 653 號
(本書遇有缺頁、破損倒裝請寄回更換)

ISBN：957-8270-07-0 (平裝)

序

在命理上，『喜用神』是我們必須用到方法之一，它是以五行生剋的方式，探究對於人在宇宙間生存最有利的條件為主要的重點目標。『喜用神』原出自『八字』中之『六神』，然而各種命理如七政四餘、五星命理以及奇門遁甲等佈局成格的方式，都是利用生剋的原理來應用發展的。但是在五行生剋的原理中，木旺於春，火旺於夏，金旺於秋，水旺於冬，這種旺相休囚的觀念，仍是出自命理上的基本觀念。

『喜用神』既然是我們在宇宙生存空間最有利的環境。相對的，不好環境方位就是『忌神』之方位了。在奇門遁甲中，稱喜用神、用神之位為『生門』、『景門』之位。而『忌神』之位為『死門』之位，這種生、死的對比，真是非常的傳神！因此也可證明『喜用神』之用法是在各種命理學說中皆為通行可用之法了。

一九九八年七月份，發生了高雄市議員林滴娟在大陸遇害的事件。我很訝異的是：喜愛算命的台灣同胞，竟然對自己的喜用神、忌神方位，如此的矇懂無知，以至於一腳踏入『死門』的位置而萬劫不復。

雖然我們無法得知林小姐確切的生辰八字，但是從報紙上得知，她是年34歲，應是甲辰年生人。其人又在高雄發跡，當選高雄市議員，登上主貴的位置。可見其人命中喜木火助旺（高雄在南方），林小姐本身瘦瘦的屬木型人，此更為驗證。因此林小姐的喜用神應為木火通明之格。

申、子、辰年生之人，最忌見水，因此水為『忌神』。而北方對其最為不利。北方亦可稱為其『死門』的位置。

從『用神』的角度來看不利於林小姐的問題如下：

一、本名中林滴娟的『滴』字帶水，本命中犯水的人，不適合再有水多的名字，否則會有一生運蹇，辛苦勞碌的狀況。

二、一九九八年為戊寅年，屬土，土剋水，此年容易犯水，凡命中水多之人，皆不宜北方行走。尤其不可前往屬水的城市，就像『海城』等地。

三、其男友的姓名中多帶『金』，金生水，故使其人更不利，會有拖累趨災之嫌。不但婚姻如此，交友狀況中之『金型人』，命中屬金之人，皆對用神為木火之人，造成刑剋，無利反受其害。其男友又開設『青海貿易公司』，由此可見此人為忌神當道，理當避之唯恐不及。但是人在弱運的時候，常在思想上產生混沌，無法明辨災禍，以至於踏入陷井，落入『死門』之位。

近來有許多台商在大陸從商遇害，有些人當然是年運逢殺忌之星、而遭外來的奪財、劫財。但喜用神、忌神的根本問題，卻是不容忽視的，也許自以為是財方方位的地方，根本就是忌神之位，無喜反有禍。因此是不是應該到該地投資，這完全該取決於『喜用神』方位。

『喜用神』的用途非常廣，不但可找出求財、求富貴的方位。在姻緣、婚姻上，男女『喜用神』相生旺的人，也會一生幸福美滿。相剋忌的人，感情不順，相互拖累招災。在年運上，喜用神也幫助我們升官順利，發財致富。利用喜用神的優點，增進有利於自己的優勢條件。躲避『忌神』方位帶給我們的災禍和不順。

因此『喜用神』簡直可以說，是我們一生中『幸運的指標』。而『忌神』就是在我們一生中『惡運的坑陷、黑洞』。要怎樣尋找認定這個『幸運的指標』——喜用神，就是在這本書中我所要談到的問題。

此外我所要聲明的是：這本書只談『喜用神』的部份，而不涉及八字命理的問題，以免過於繁雜，危害到我們專論的主題。

最後祝各位讀友，順利找出自己的幸運指標——喜用神，從此一帆風順，幸福圓滿。

法雲居士　山居謹識

如何選取喜用神(上冊)目錄

序

目錄

如何選取喜用神(下冊)目錄

前言

『喜用神』是人類生活在地球上，『磁場』方向的代名詞。主宰了人的生、老、病、死。也主宰人一生的福、祿、壽、官的運程。縱使算了再多的命，也只有『喜用神』使你發達趨吉。

如何選取喜用神

前言

這部『如何選取喜用神』的書，在我從事命理著作中，是第三十本的著作。這對我自己而言，具有某種特別的意義。同樣的，對於愛護我的讀者們，與喜歡探求命理知識的同好們，我相信這本書也會具有特殊的意義。

『喜用神』是人類命理中至精至微的瑰寶。每一個人去算命、論命，都應該清楚的瞭解自己『喜用神』的喜忌、方位，及大運行使的方式是順行或逆行？知道了這些，一生的吉凶禍福便自然清楚的展現在眼前。但是奇怪的是，現在有許多人去算命，算命師都不曾告訴他『喜用神』是什麼？喜忌的方位又是什麼？算命若只談印證以前的事情，或是以瞭解人的個性想法，來判斷吉凶為什麼發生，這只是算了一半的命。

算命就是要知道未來即將發生的事情，以及謀求解決之道。倘若不知道喜用神及忌神的內含，就算對未來做出預測，其結果也會不準確，或有所疏漏。

某一些命理師把喜用神、喜忌方位當做深不可測的秘密，只講其一，不講其二。只告訴你什麼年份會有刑剋災禍、運不好，那些年份是好的，卻不告訴你為什麼。以喜用神的學問知識當做專業機密。

另一些命理師則認為『喜用神』是源自於八字，而自己所用之論命方式不同，例如以九宮論命、紫微斗數論命、奇門遁甲論命或是以五星論命的人，皆不願談『喜用神』。都是以本派為重，不會去宣揚別派的好處。這種以命理派別來排斥『喜用神』的情況也時而有之。當然，更有一些以神靈做媒介的命理師是根本不知道『喜用神』的存在，而無法告訴你了。

在序裡，我已談到了『喜用神』是：在宇宙裡有很大的磁場。地球也形成一個小磁場，而人生活在地球上受磁場的影響，何者是最有利於人生存、生活的最好條件呢？那就是『喜用神』所代表的最好、最有利的條件了。

大家都知道，地球在自轉過程裡，通過北極、地心、南極，有一個轉軸，也稱為地軸。這也是地球磁場的核心地帶。而地球呈傾斜狀態，地軸與地球軌道面呈23度26分的傾斜。每一個人在作息中，睡覺、工作、生活，都與地軸產生息息相關的概況。這就是『喜用神』之所以產生的情況。

例如，有些人必須睡覺時頭朝北、腳朝南，這樣才會神清氣爽、精神旺盛，辦公桌的方向，也要面朝北方，才會進財、事業順利。而某些人卻必須反過來，睡覺時要頭朝南、腳朝北，辦公桌要面向南方才會進財吉利。當然，有些人必須朝東，有些人必須朝西。這些人與地軸之間，因磁場作用的關係而產生繁複變化的關係，這也就是『喜用神』真正的內含。

通常我們稱一個人內在的精神為『元神』。喜神和用神，也就是人真正好的精神所在。不好的稱之為『忌神』。喜神和用神，合起來稱為『喜用神』。

現今，許多人要看風水、陽宅。要升官的人，做大事的人，要看辦公室風水與辦公桌的方位，這些都是以『喜用神』所做的一些方位學的關鍵主題。人死後要看陰宅風水，看看能不能在死後保祐後世子孫主貴主富，這時也要用『喜用神』的喜忌方位做一個定奪。你看！人不但在生的時候必須用到『喜用神』，死後更不可少了它，是不是世世代代都活在『喜用神』的哲理之下，『喜用神』怎會不重要呢？

在古代，先哲們便已發現了地球上的自然現象中磁場的運作過程，也發現了磁場有循環的現象，當時他們將之稱為『氣』。因為他們感受到的就是風、雲的流動、水的流動，並且知道主使這些流動的便是氣的作用。因此而有五行之說。

現在科學進步，科學界已可看到粒子、質子的存在，以及用太空望遠鏡觀察到宇宙間磁場的運作，黑洞的形成。當然，對關於有利於人類生存的人文科學，也不應忽視。因此『喜用神』在現今的科學裡是更形重要的。

在這部『如何選取喜用神』的書裡面，我下了一些功夫，做出一些主題設計。在這本書中，我不但搜集了一些古代名人的命格，並做出『用神』解說。也同時放入了一些當代名人的命格，並做『用神』解釋。

並且，我把每一種日主（日元、出生的日子）都做有二個以上的範例，以便供給讀者參考之用。讓你瞭解什麼樣的命格是好的，什麼樣的命局不好。好在那裡？命局不好，有時是行運不佳，與生年是陰年、陽年有關。

另外，我也設計了一些範例是尚未到來的時間範例，這個用意是讓一些讀者可以運用在幫子女找一個好生辰之用的。富貴榮華的生活人人都喜歡，天地間的好時辰實在也非常多，知道運用它的人，便會有福享用。不知道運用它的人，便只好生活在茫然困苦之中。

因此，這部『如何選取喜用神』的書，整括的說起來，不但是教會你如何為自己選取喜用神。為自己增運、助運，找到自己生財、助財、升官、發達的主要捷徑。同時也具有了類似字典的作用。

在這部書中，不但有許多好命格可以查察利用，為子女找一個好命格、好生辰八字。並且也對於許多主貴主富的格局與命格，做出詳盡的解釋。讓你瞭解，命局必須成格，人才會有成就。而這些成格的格局分散在許多古書之中，解釋也很散漫、古澀難懂。現在我把它集合起來，重新以現代的語言詮釋它，讓讀者可以一一掌握。並且在你看得懂『喜用神』之後，當你在別人的辦公室內看到一幅瀑布的山水畫，或是在營業場所或家中都置有大型魚缸，你便會清楚的知道，這位主人的喜用神是以『金水』為主。而當你看到別人家中或營業場所都佈置成紅色為主的色調，便知道此主人的喜用神是以『火』為主的。某些商家的招牌會用綠色，那是因為商家老板的喜用神是以『木』為主的。有些人一定會住白色或玻璃帷幕的大樓，開白色的汽車，這是以『金』為用神的人。更有些人喜歡用黑色物品，或黑色建築，又屬北方或面向北方的，這是以『水』為用神的人。知道了這些知識也利於你選擇與自已用神相合的朋友與購物消費的場所。與自已用神相合、相生的都會成為對彼此有幫助的好朋友。反之不相合的、相剋的，則有彼此不利、多遭朋友責難、剋害的情況發生。在序裡提到林滴娟之例即是如此。

到與自己用神相合的商店購物及消費，會得到商家親切熱誠的服務。反之，為不相合的，便會買到既貴、又沒有保障、服務欠佳的商品。並且不相合的，便是忌神之位，有時更是死門之位，很可能在這種店中遇難。譬如說一些平生不上KTV的人，但是第一次去KTV就遇到大火傷亡，便是忌神做怪，走入死門之位之故。

在這部書中，我大概製作與搜集了近兩千個命格。這在世間整個命理格局組合的概率二億七佰三十六萬個命格組合中，是二十萬分之一的選用率，當然是仍有不足的。

命格八字的組合概率是如此計算的：天干有十個，甲、乙、丙、丁、戊、己、庚、辛、壬、癸。分別在四柱排列出現的機會為10的4次方。而地支有十二個，子、丑、寅、卯、辰、巳、午、未、申、酉、戌、亥。分別在四柱交互出現的機會為12的4次方。

$$10^4 \times 12^4 = 207,360,000$$

命格八字的組合，也和文字運用有相同之理。中國文字大致有三萬多字，但真正經常使用的只有六、七千字。有許多的命格組合也一樣，經常出現的也不過數千種之多。倘若你在書中並沒有查到與你一模一樣的命格八字。你可以利用出生月份及日主，來觀看當月之中最需要的五行類別是什麼，以此方法來選用合於自己所需要用的『喜用神』。

例如日主為木火（甲木、乙木或丙火、丁火）生於夏季五月（午月），便需要水來滋潤解渴。並且要水有發源，用庚金生水，才能真正達到解渴滋潤的功能。而水就是必需之物，水就是用神。金就是喜神了。

另外，我要談到的是：選取喜用神，完全是利用大自然間現象來做解說的。必須瞭解春夏秋冬寒暑的變化。如果日主是屬甲木、乙木的人，最好懂得培植花木的技巧，瞭解木性，會對選取自己『喜用神』有很深的體會。如果是日主丙火的人，最好常做戶外活動，與四季的陽光多接觸，對自己選取『喜用神』有益。如果是日主丁火的人，最好有秉燭夜讀與交遊烤肉、寒冬烤火的雅興，會對自己選取喜用神有深切的體會。

此外，日主屬土的人，也最好懂得田作耕植、土性。日主屬金的人，最好在學生時代，物理化學的成績較好，並且懂得金屬的特性。日主屬水的人，最好親近湖海、魚釣、游泳，對水性冷暖自知。這些相關的知識學問，有助於你在為自己選『喜用神』的時候的最大後援力量。

在命理格局中，八字命局成木局的人，主仁壽。命局火象成格的人，一人獨權。命局土象成格的人，敦厚主富。命局中金象成格的人，身強煞淺，假煞為權，主掌權威，也會自有一番作為。命格中水象成格的人，主富貴。

『喜用神』與紫微斗數之間的關係

有許多朋友和讀者常問我：『從你的書中，我們都知道『喜用神』這個名詞和用處了。但是『喜用神』是屬於八字的精髓，到底它和紫微斗數之間有沒有關連性呢？又為什麼你會常提到『喜用神』呢？

對於這個問題，我有以下的回答：

『喜用神』原起於八字。找尋『喜用神』之方法，也用子平之法。在子平八字論命中，找尋『喜用神』就是最重要的工作。因此稱『喜用神』為子平八字論命的精髓是一點也不錯的。

自古以來，最早有星命之學，起自於張果以五星論命。唐代李虛中以五星之術而加以改革，去掉星盤而專用年、月、日、時來算命，並且以年為主，來推算祿命。其中格局名稱、神煞術語都沿自於五星，並且兼論五行，這是古代推論命法的起始情形。

等到五代時徐子平改革以五星論命的方法，以五行生剋為根據，以日為主，從氣化來立論，這是命理的又一次改革。

著作『紫微斗數』的陳希夷先生，原名陳摶，大致和徐子平同時代出現，生於五代卒於宋太宗時代。希夷先生創『紫微斗數』，是命理學上又一次改革。這個改革和子平八字論命法，以平行的姿態，流傳下來。

現在我們以『果老星宗』中五星之學的星盤和『紫微斗數』的星盤做比較。五星星盤以類似圓形有十二個角的圓盤。紫微斗數的星盤，後代雖以方形似斗的形狀出現，但在民間仍有人以和五星星盤一樣，用十二角的圓盤來做命盤顯示。其例如左：

五星星盤

紫微斗數命盤

巳	午	未	申
辰			酉
卯			戌
寅	丑	子	亥

十二角形斗數命盤

其次，在紫微斗數與子平八字中的許多格局名稱與神煞起例與名稱都和五星之學中的相同，例如君臣慶會、紫府朝垣、馬頭帶箭等格局等名稱。又如天乙貴人、玉堂貴人、陽刃、祿神、三台、八座、白虎、天德、破碎等等不勝枚舉，這些格局與神煞都源自於五星。因此紫微斗數與子平八字在格局與神煞方面都有許多相同的名詞。

第三、喜用神也是五星之學中最先用到的名詞與五行喜忌觀察的用語。現代製作萬年曆的人，也必須精通五星之學，才能有能力製作曆書。

喜用神雖為子平八字專題討論之精髓。但在紫微斗數的命盤中，喜用神也會展現出來，只是一般人沒有發現，與不瞭解之故。倘若你仔細觀看自己的命盤，就會發現命盤中最吉祥、好運的宮位，其宮位干支恰恰好就屬自己的喜用神干支。這是一點也不假的事。因此紫微斗數雖並無特別指出喜用神的喜用。也並不特別顯示出這個名詞，但都包括在命盤之中。只要你細心去察看，便可一目瞭然。因此喜用神和紫微斗數之間的關係，是相互為用，包含在其中的。現在我把『喜用神』挑出來談，主要是更直接了當的幫助讀者尋找到利於自己的方位、運程、顏色。同時也幫助讀者找到自己磁場運作的方式。使每一個人能多生財、生運、生官、發福。這也就是我寫這部『如何選取喜用神』的真正目的了。

前　言㈡

在這本中冊的『如何選取喜用神』的書中，我將正式的向讀者介紹有關於日主甲木、乙木、丙火、丁火、戊土的人，選取喜用神的方法。

雖然在上冊中，我已經將所有的、有關於選取喜用神的方法步驟、名詞、五行生剋等的關係都一一的說明過。但是內容繁瑣，必須長時間的練習才能上手。因此我在中冊及下冊的舉例說明中，又再次的依據十二個月份的特性，針對每一種日主的人，在選取喜用神時，做關鍵性緊要的說明。再次的提醒讀者，在選取喜用神時，最重要的取向、宜忌。

選取喜用神和日主的旺弱定奪是從月令所出的。月令就是人出生時的當月之氣，也是當旺之氣。春、夏、秋、冬的月份，月月不一樣，因此也就造就了所有命格強弱之分。日主和月令（月份）配合得好，就是身強。日主和月令配合得不好，就是身弱。命局中身強的人，喜歡有壓抑，不喜歡再有生扶的狀況，否則身太強，也不是好命格。命格貴在五行氣之中和。身弱則喜歡有生扶，而忌壓抑。

不論是生扶或壓抑，則完全要看命局中年柱和時柱上再出現什麼字了。年柱、時柱上的共四個字也就是能中和、平衡整個命局五行的關鍵字眼。故而日主和月令之間的關係固然是整個命局的身體，而年柱、時柱就是整個命局的四肢。而喜用神則是整個命局的靈魂。這幾樣元素就是形成一個人，能生能活，有思想有能力的全部人生的過程。

現今的科學家發現，生命的起源就是『碳』。碳分子在水中與水分子相結合，而形成單細胞。單細胞再逐漸發展成各類的生物。早在五十億年前，地球上包覆著濃濃的氣體，接受著太陽的光與熱。地球上的氣體漸漸冷卻後形成了水。這就是中國人思想中『陽』與『陰』的觀念。太陽是陽，水是陰，陰極而生水，陽極而生火。而人的身體整個說起來，就是一種碳水化合物。可見中國的先祖們早就已經瞭解到生命的起源了，現在的科學家只不過再做一次認證的工作罷了。

現在我們探就喜用神，就是在探就生命起源中人類精神與肉體最佳的安住環境。而金、木、水、火、土五行之氣循環的快慢、多寡就直接影響到人類命運的好壞。命局身強的人，五行之氣中就有一、兩種氣（月令中所含之氣）循環得太快了，所以必須抑制，使其不快不慢。

而命局身弱的人，所具有的五行之氣，就有一些循環得太慢了，因此需要扶助生旺，使其循環得快一點，跟上整個命局的腳步。如此人的運氣才會好。喜用神就是鞭策管制這些五行之氣，使之循環的快的，速度放慢。使循環慢的，則推動它快一點。並且把五行之氣中每一種氣的速度控制的剛剛好。如此人就會過得很舒服，人命就會好，人運也就好了。這也就是命格貴在中和的道理了。

另外，朋友們會在書中看到命格解釋時發現：此命主貴，此命主富之說。也許朋友們會奇怪，現在的人都喜歡富有，為什麼你卻選那麼多的主貴格局的命格？錢多就好了，主貴有什麼用呢？

現在我在這裡解釋一下：

在命理學中，富貴都是具有能力的人，才有可為之的。而主貴命格的人的能力是更高於主富的人。主富的人，是一人之幸，或是一家之幸。而主貴的人，會具有學識，可管理眾人的事，是億萬人之幸！兼而可能是天下人之幸！其格局之大，能力之強，是數萬倍於主富的人，因此主貴的人命格是高於主富的人的。

現今的人固然愛錢比愛名的人多，有些人也可以因富而取得政府的職位，這些都算是異途顯達，並不是命格中真正主貴的條件。又有些人雖然愛名，但是命格中主貴的條件不足，一生沈浮，這也是命格早就呈現的事實了。命格主貴，貴有多少？富有多少？不但命格本身的條件必須具備，喜用神和大運方向也必須配合。配合得好的，更增其貴和富有。配合稍差的，富貴也有差別，因此要經營一個完美的人生格局是多麼的不容易啊！必須小心翼翼，步步為營，不能稍有差池才行。

現在要對初學的讀者做一些題示。很多人在看到每個月份，以日主類別分類的舉例說明時，可能會產生的一些問題。有人可能會奇怪，為什麼每個月份，舉例說明中的日主就只有這六種？例如日主甲日生於各月份的，就只有『甲子日』、『甲寅日』、『甲辰日』、『甲午日』、『甲申日』、『甲戌日』。而日主乙木生於各月份的就只有『乙丑日』、『乙卯日』、『乙巳日』、『乙未日』、『乙酉日』、『乙亥日』？

日子的干支完全是根據『六十花甲子』所排定的。由十天干與十二地支，相互依次聯貫排列下來，如：

甲子、乙丑、丙寅、丁卯、戊辰、己巳、庚午、辛未、壬申、癸酉、

甲戌、乙亥、丙子、丁丑、戊寅、己卯、庚辰、辛巳、壬午、癸未、

甲申、乙酉、丙戌、丁亥、戊子、己丑、庚寅、辛卯、壬辰、癸巳、

甲午、乙未、丙申、丁酉、戊戌、己亥、庚子、辛丑、壬寅、癸卯、甲辰、乙巳、丙午、丁未、戊申、己酉、庚戌、辛亥、壬子、癸丑、甲寅、乙卯、丙辰、丁巳、戊午、己未、庚申、辛酉、壬戌、癸亥。

倘若讀者能翻一翻萬年曆，就會發現：甲日就一定是和子、寅、辰、午、申、戌形成干支相連。並且，甲、丙、戊、庚、壬日都是和子、寅、辰、午、申、戌、干支相連。而乙日和丁、己、辛、癸都是和丑、卯、巳、未、酉、亥干支相連。這也是因為天干有十支，而地支有十二支，都是偶數的關係而形成的。若知道這個道理，干支就絕對不會弄錯了。陽干配陽支，陰干配陰支。是固定的。

再則讀者翻萬年曆時也會發現：相同天干的日子，在同一個月份中，只會出現三個日子。例如西元一九九九西曆四月五日（農曆是二月十九日）是清明。由這一天開始算命理學上的三月，支辰。（命理學以『節』為月份的交脫之期）。一直到西曆五月六日（農曆三月二十一日立夏）之前都是三月。而三月中日干有甲的甲日，就只有『甲午日』、『甲辰日』、『甲寅日』。而其他的甲日分別會處於三月之前的二月或之後的四月之中，不在三月裡了。

並且，你還會發現：相同年干的年份都會有相同的月干支。例如西元一九九九九年是己卯年，和己丑年、己酉年、己未年、己巳年、己亥年，正月都是丙寅月，二月都是丁卯月，三月都是戊辰月……等等。這就是『五虎遁年起月訣』中由年干起月干的方法所顯示的陰曆曆法。（讀者可查《三分鐘算出紫微斗數》一書中，『月干求法簡易表』即可知。

第十一章

日主甲木喜用神選用法

◇◆甲木為高大的喬木，旺於春、病於夏、胎養醞釀於秋、生於冬。春木喜火溫暖。

◇◆夏木須水滋潤。秋木須庚金砍斫製器具。

◇◆冬木須火土暖培以有生氣。

從前有諸葛孔明教你『借東風』
今日有法雲居士教你『紫微賺錢術』

這是一本囊括易術精華的致富法典
法雲居士繼「如何算出你的偏財運』一書後
再次把賺錢密法以紫微斗數向你解盤，
如何算出自己的進財日期？
何日是買賣股票、期貨進出的大好時機？
怎樣賺錢才會致富？
什麼人賺什麼錢？
偏財運如何獲得？
賺錢風水如何獲得？
一切有關賺錢的玄機技巧，盡在『紫微賺錢術』當中，
讓你輕鬆的獲得令人豔羨的成功與財富。
你希望增加財運嗎？
你正為錢所苦嗎？
這本『紫微賺錢術』能幫助你再創美麗的人生！

第十一章　日主甲木喜用神選用法

甲木性質

甲木為參天的高大喬木，亦為陽和之氣所生長之樹木。甲木生長繁茂的時候多半是萬卉萌生，欣欣向榮的春天。因此甲木當旺於春。

甲木在亥月（十月）有了生的跡象，歷經子月、丑月，而至寅月（正月）開始發芽長新葉。此時氣候尚且寒冷，不能沒有火來溫暖它。以命理之言的說法來說，就是『脫胎要火』。初春的時候，有丙火溫暖，則會欣欣向榮、滋長茂盛。故命局中以『丙火』為主要用神。忌諱水多、水多損木，故以『水』為忌。除非四柱上有丙火出干，四柱地支中含有一、二點水，則有相濟之美，否則不可用水。

春木

初春之木，用火（丙火）取其調節氣候，專用丙火，可以缺水，仲春之木用火，不可缺水。仲春用火，丙、丁並用，以活木得火而苗秀。

暮春（季春）之木，此時已枝葉繁茂，花團錦簇，天氣也漸漸熱了起來，丙火漸旺。此時命格中不可無水。否則不能取貴。無壬、癸二者相濟則會陽盛木渴，枝葉乾枯，此非上等命格了。

春木忌逢金多傷剋

初春之木喜歡陽和日暖之氣候，不喜寒冷肅殺之氣候。若日主甲木生於初春之月，四柱又多屬金之干支，可能為夭折之命。即使不夭折，也一生不清閒、勞碌貧困。

仲春木旺，可稍用金。春金氣弱，木堅金少，四柱天干、地支得一點庚金，並且有土而生之，此屬貴命。倘若四柱金多而氣雜，則必須有丁火來剋制它才好。

季春丙火已旺，木已堅實，必須有庚金為刀斧來斫鑿它，使其成為棟樑之材。若四柱有水（壬、癸）來洩金，也為不好的命格了。

春木見土，土多不宜，土少則財豐

日元為甲木，生在春季，而四柱干支有土者（干支為戊、己、辰、戌、丑、未等）春季為木旺之時，土甚虛弱。初春時，木為幼嫩之木，不能剋土，故怕土來掩埋，不佳。仲春亦然。季春時土氣已旺，但怕木為土折損。故土雖為木之財，仍以輔佐之用。四柱之中，土少則有財（戊、己、辰、戌、丑、未少見則喜）土多則忌，無法生旺了。

夏木

夏季之木，根乾葉枯，以水爲用

夏季天熱為火旺之時，四月、五月、六月皆是，夏木的氣候環境即是如此，故最需水來滋潤。『以水為用』。四柱中有水者（壬、癸）為上格。若本身已在火旺之境，四柱再有丙、丁火或支成火局，即為大凶。因為巳、午、未月為木之病死、墓宮，此格為『死木得火自焚』。

夏木見金（庚辛）不可欠缺

甲木生於夏月，四柱有金則佳。此處並非取其有相剋之意。而是夏木不可無水（壬、癸）。而水在巳、午、未月在絕、胎、養之位，甚弱至無之地。不得不以金來生之。又因無源之水容易乾涸，以金生水，而有源頭。故而說它是不可欠缺了。此為輔佐生水之意罷了。

夏木見土，土宜薄，不可厚重，否則多災咎

土為木之財。夏木因火旺而氣弱，有厚土而無法剋制，故命主為夏木而四柱土多厚重者，有財多身弱之苦，承受不起。只有命格為四柱木旺，或火多之格局的人，命中無水來制火，不得已取一、二點土（支用中含土）以洩火氣。此為『食傷生財格』，則為有益於命格，但是也要在水鄉（北方、西北方）為生發之地，不宜在火旺之地（東南方）生活運轉。

生爲夏木，若四柱都是木（甲木、乙木），重重成林，一生終無結果

夏木為死木，因巳、午、未為木之病死、墓宮，火旺枯槁無氣，命格無法專旺成格。故四柱多木無益。

秋木

秋月之木，形殘凋敗（此指生於七、八、九月之甲木）

高大的樹木到了秋天也停止生長了，樹葉凋蔽殘敗，紛紛掉落了。這是秋天之木的特性。此時氣候的運行，也分初秋，仲秋、季秋三個時段。

初秋之木，喜水土滋潤

初秋在立秋之後，處暑之前，生於此時日主甲木之人，因木至申宮氣至絕地，但申宮有金水相生，此為『絕處逢生』。秋水帶寒氣，並不適宜養木，必須有土來穩固木之根基。因此，初秋之木選用神，用『水』亦須用『土』。

仲秋之木，果實已長成，須用庚金成刀而削之

仲秋在寒露之前的八月，木氣已內斂，生氣已滅、殘枝敗葉露出，必須修剪。此時的秋木，水已無法滋潤它使其生長。火多會讓它焚燒掉。惟有用刀斧砍伐它（用庚金）使其有所用。故生在仲秋（八月）之甲木之人，命中多庚金、辛金者為佳。

季秋不宜水盛，喜火炎來助

在寒露、霜降之後，稱為季秋（九月），秋季金氣旺，此時秋深，木已被砍伐殆盡，四柱必須有火制金。用水、用土，必須配合以火，木之根氣必須有火之溫暖，才可再生。霜降之後，木為無根之木，更必須以火溫暖它，以土培育它才能生根種植得穩固，成為有用之大木。否則水多則根浮，故以『水』為忌神。

生爲秋木，四柱木多爲美，土多爲『財多身弱』

三秋為金神當令之時，四柱見木多，此劫多（甲、乙木），食傷多（丙、丁）名叫『身旺煞高有制』。為上格。

土為木之財，能培育木之根。若土厚，則會成衰絕之木，無力疏土。故其人會財旺不能負荷。成為財多身弱之命格。一生財多、身體多病。

冬木

冬月之木爲盤屈在地之木

木在亥宮長生，故木在亥月時萌發。但是嚴寒既來，生機受阻。故生氣猶盤屈在地下，不能向上生長。

冬木需火多、土重，不喜水多、金重

生於冬月之木，四柱不可缺火。寒冷天氣之樹木，沒有陽光暖氣，不能欣欣向榮而生長。寒冬之水多，亦會使樹木枝葉枯損，無法生長。是故冬木宜生於火土（地支戌、未）之中，不宜生於溼土（地支辰、丑）之中。冬天之水會凍木，故為刑剋。金之氣亦洩於水，故對冬木而言，亦無用。

生於冬季之木，四柱中木多木少皆爲病

命格中以四柱五行能中和以為貴命。四柱中多甲木、乙木者，為病格。四柱中木少者，亦為病格，不佳。冬季木氣歸於根，金不剋制它，水反而會凍木，也不能生木，因此都不能輔助命格。倘若命格在四柱年、月、日、時的『支』上，恰臨木火生旺（如年、日、時支上有寅、卯、辰、巳、午、未等字）則為大吉。若年、日、時臨西北等死絕之地（如年、日時支上有申、酉、戌、亥、子、丑等字）則為大忌。

日主甲木，所臨支位不同而有旺衰，其用神宜忌如下：

日主『甲子』：甲子為水邊衰退之木，必須干透戊土，支有木庫根基，以丙火為

用神，癸水藏支，品格可定。

日主『甲寅』：甲寅為碩果品彙之木，是一種高級的果木，必須有人持刀看守方可。故用庚金為用神，忌刑沖。

日主『甲辰』：甲辰為生長在溼地水旁之松木。喜丙火、庚金為用神，則能發達。若遇水多、土多，則非貧即夭，水土為忌神。

日主『甲午』：甲午為工匠砍鑿之木。必須要有刀斧工具運用，才能成棟樑器具。因此用神為庚金。若四柱中有『辰』、有『亥』，財祿更佳。

日主『甲申』：甲申為巨木被斫斷之後落入水中之木。此為枯木有水滋潤，與金石一樣堅硬。因此以『水』為用神。若四柱有火有金，枯折立見。

日主『甲戌』：甲戌為生長在土堆中的松杉之木。需厚土培植它，以雨露（癸水）滋潤其根莖，喜生時得時，忌氣候不和，四柱冲戰刑剋為不佳。

正月生、日主甲木用神取法

正月為寅月，要分為兩個時期來談，一個時期就是在立春後至雨水以前所生的人，雖生於春月，但尚有餘寒，必須以丙火為用神。再加上四柱中有一、兩點癸水，使命局配合中和，是富貴兼具的命格，若無丙火就是凡人。因此丙透干癸藏支中，主大富貴。例如四柱中有一柱是癸丑便已足夠了。

◎正月生甲木之人的命格，因春木當旺。故命局多金時不能做為『從殺格』。命局多土時，也不能看做『從財格』。就算是己土透干也不能看成『化氣格』。因月令祿旺（寅為甲祿），故無從化之理。正月甲木做『建祿格』。

◎正月生甲木之人，生於雨水之前，若命局中有庚辛出干，主勞苦、刑剋。再有支上會有金局的人，為貧夭之命。生於雨水之前的甲木為剛萌芽之木，不可遇金制裁，木被金傷，會有殘疾夭折。生於雨水之後的甲木就適宜用庚金相制。

◎正月生，生於雨水之前的甲木之人，四柱多水，多壬癸，沒有丙丁出干，又沒有戊己土制水的人，稱為『水泛木浮』，為貧困、死無棺木之人。縱然是有土制水而無丙火的人，也為粗俗之人。

倘若命局中多戊己土，支上會有金局，為財多身弱、富屋貧人，終身勞苦、很晚才結婚的人。

雨水之後，驚蟄之前的正月生，日主甲木之人選用神的方法

◎正月寅月，是木氣乘旺秉令的月份，雨水之後的正月屬仲春，這和二月份出生的人選用神方法相同。甲木生旺，要用庚金（雨水之前不能用金）。其次選用丁火，做用神。命局中有丁火，就會木火通明。命局中庚丁都透出在干上，主富貴。但必須大運行木火運相扶才行。若行金水運，反困用神，便為虛名而無富貴了。

◎命局中木旺宜用庚金做用神。行西方運有富貴。命局中庚多的，宜用丁火做用神，喜南方運，主富貴。

命局中沒有庚金，只有丁火出干的人，為『木火通明』之象，又稱為『傷官生財格』，主其人聰明秀雅，因丁火為文星之故。但有丁火又有一個癸水在命局中的人，癸水會傷丁，為迂儒之人。命局四柱中有兩個以上的癸水，相助木神，滅了丁火，便是陰險梟雄之流的人士。

◎雨水之後的正月生甲木之人，命局中有一庚一戊出干，為『財煞相生』。再

行金水運，主富貴。唯庚丁不宜剋制為吉。這也是『財滋弱煞格』，不宜剋制庚金，用丁制煞，不宜剋制丁火，再加上運程配合而有富貴。此為中等格局。

◎仲春正月的甲木之人，若命局中支成金局，又有庚辛金出干，而無丙丁來破金，木被金傷，會為殘疾之人。

命局中若支成火局，木氣被洩氣太過，無水滋潤，必有疾病纏身。命局中若支成木局，不可當做『曲直仁壽格』。木旺必須用庚剋制，或用丁火洩木氣。命局有庚者貴，有辛金不貴。命局中有兩庚出干，支成木局的人主大富貴。命局中木旺無金的人，是好吃懶做的人。命局中支成水局，有戊土透干制水主貴。無戊制水，貧賤。

◎正月生甲木之人，生於雨水之前，命局中以丙癸皆有為上等命格，以丙癸為主要選用神之要用。

◎正月生甲木之人，生於雨水之後，春深木老，以庚戊丁為上等命格，取用神之要用也是以此三者為主。身煞兩強，以食傷制煞為貴格。用庚金做用神，就是以煞（庚金）為用，以財（戊土）來配合。用丁火做用神，就是以傷官（丁火）為用，以比劫（甲乙）來配合。

舉例說明：

1. 日主『甲子』類

例(一)

庚寅
戊寅
甲子（日主）
丙寅

此命格『丙火』在時干上方透出。癸藏於日支『子』中，大富大貴之命。用神為『丙火』，運行財地南方。

吉方：南方。
財方：南方。
忌方：北方。

例(二)

壬子
壬寅
甲子（日主）
壬申

甲子生於寅月為初春嫩木，氣候寒冷，怕水。命格中時支申金，為壬水長生之地，年、日、時子申拱水，不佳。此命格行癸卯、甲辰東方運時，有蔭庇福好。行南方火運至丙子年，水火交戰，家破人亡。其用神為『甲木』。

吉方：東方。
財方：東方。
忌方：西方

2. 日主『甲寅』類

例(一)

丁酉
壬寅
甲寅（日主）
乙丑

甲寅為活木，生於寅月，喜丙火溫暖，忌金來戕害。命格中，年與時上有酉丑會金局，得丁火為救，故可生於富貴之家。其用神為『丙火』。忌神為『庚金』。行金運病亡。

吉方：南方。木火運。
財方：南方。
忌方：西方。金水運。

例(二)

己亥
丙寅
甲寅（日主）
庚午

甲寅日與年命己亥、干支雙合。己亥納音木，甲寅納音水，亦為『我生』。故其用神為『丙火』，金運而亡，忌神為金。

吉方：南方。
財方：南方。
忌方：西方。

例㈢

庚申
戊寅
日主 甲寅
丙寅

此命格中甲寅雖生寅月，但原命中有三寅藏丙，且有丙火在時上出干。陽壯水渴，需水配合。因此用神為申中『壬水』。行金水運而大富大貴。丙火為忌神。此為『財滋弱煞格』。

吉方：北方、西北方。金水運。
財方：北方。
忌方：南方。

例㈣

壬寅
壬寅
日主 甲寅
壬申

此命格中木旺金缺，時上雖有申金，必要有火才行，天干有三壬（水），寅申所含丙火受剋，木浮枯槁。至丙火運，三壬回剋，家業敗盡，無子而夭。凡命中水木並旺之人，最忌火運，刑耗異常。此命用神為『庚金』，行『金水運』則順暢。

吉方：西方。
財方：西方。
忌方：南方。東方。

3. 日主『甲辰』類

例㈠

戊寅
甲寅
日主 甲辰
乙亥

此命格中年、月支寅與日支辰夾『卯』字，時支亥中含用甲、壬，亥中甲木暗會卯木，此命旺而不成格。以寅中丙火生財為用，可惜丙火不透干，故僅為小貴。用神為『丙火』。

吉方：南方。
財方：南方。
忌方：北方。

例㈡

壬申
壬寅
日主 甲辰
癸酉

甲辰為生溼地之松木，喜丙火為用神，稍有庚金劈之為佳，此命格兩壬出干，申辰會成水局，辰酉合化金。命格水多，以寅中『丙火』為用神。

吉方：南方。
財方：南方。
忌方：北方。

4. 日主『甲午』類

例(一)

甲辰
丙寅
日主 甲午
乙亥

甲木生寅月，木氣正旺，支有寅午戌會火局，又有丙火出干，一派火旺之勢，幸有辰中有癸，亥中有壬水。此命為富命。用神為『壬水』，行西北運。

吉方：北方、西北方。

財方：西北方。

忌方：南方。

例(二)

乙卯
戊寅
日主 甲午
戊辰

甲木生寅月，支上寅、卯、辰為支類東方，又有雙戊土出干，身旺財星又旺，無官制，故取食神『丙火』為用神。

吉方：南方。

財方：南方。

忌方：北方。

例(三)

庚辰
戊寅
日主 甲午
庚午

日主甲木生於寅月，有雙庚出干，支上寅午會火局，主大富貴。專以辰中『癸水』做用神。行金水運富貴。

吉方：北方。

財方：北方。

忌方：南方。

5. 日主『甲申』類

例(一)

丁卯
壬寅
日主 甲申
癸酉

甲木生寅月，日主坐申，壬癸出干，年干有丁火，不足以暖甲木，水多損木。且有地支寅申相冲、卯酉相冲。此命格有破宅煞。先富後貧、愛造房屋，後遭變故，背井離鄉之命。用神為『丙火』。

吉方：南方。

財方：南方。

忌方：北方。

例(二)

丙寅
庚寅
日主 甲申
乙丑

甲木生寅月，春初木嫩，日主坐申宮，月透庚金，木嫩金堅，必用丙火，年干有丙，丙火長生於寅。故取寅中『丙火』為用神。忌神為金水。

吉方：南方。
財方：南方。
忌方：北方、西北方。

例(三)

甲申
丙寅
日主 甲申
壬申

此命格三申冲寅，幸好寅宮甲丙並透於干，為體用同宮。用神為『丙火』，行南方運，用神得地。

吉方：南方。
財方：南方。
忌方：北方。

※體用同宮：命局中，月令所藏之支用皆出現在天干上，並可為用神稱之體用同宮。如此命局中寅宮含甲丙戊，有甲丙出干，並以丙火為用神，故稱之。

6. 日主「甲戌」類

例(一)

甲戌
丙寅
日主 甲戌
乙亥

甲木生於寅月，木在亥為長生。寅亥相合。丙火出干，寅戌拱午，成火局。以『丙火』為用神。『壬申』為忌神。

吉方：南方。
財方：南方。
忌方：北方、西北方。

例(二)

丁亥
壬寅
日主 甲戌
甲子

甲木生寅月，得時當令。年干、月干，丁壬相合化木。寅亥合剋戌。此命格一生成敗不一，刑耗多端，為一平常人之命。用神為『戊土』。走火土運，忌金水運。

吉方：南方。
財方：南方。
忌方：西方、西北方、北方。

二月生，日主甲木用神取法

二月為卯月，乙木餘氣司令，日主甲木，所需的火，乃是丁火，並非丙火（丙火太旺）。八字日主屬木之人，最喜八字格局為『木火通明』的格局。也就是八字四柱中木多火多為佳。尤其在月柱上有丙火、丁火，木火為文星，其人必會讀書，有文學文采之美。但二月的甲木不宜四柱干上有丙，仲春木旺，會洩掉其秀氣。只宜有丁火出干，稱為『傷官生才格』。不可有癸水出干（在四柱干上）。癸水會傷害丁火（因二月甲木以丁火為用神）。若干上有癸水，其人只為一迂儒，成就不大。倘若四柱支上多癸水，而干上並無見癸水，亦會困住丁火，其人只為一奸險小人，成就不高。

◎二月甲木，木旺乘權，可用庚金劈甲為用，是最上等的格局。再用丁火制庚，則為『傷官駕煞格』。因此二月生、日主甲木之人，最上等的命格則是在四柱干上有甲、庚、丁。

倘若四柱庚金少的人，在四柱上有戊己土能生金，亦為『才滋弱煞格』。四柱支成火局，或原命火多、火旺，其人在行『金水運』亦會發。金水運乃是指壬戌、癸亥、庚辰等年。這是因為四柱命中火多、陽氣太盛、木已乾涸，有水滋潤，就成為佳運了。但四柱干上有庚者，就不可再見四柱有癸水出干來傷丁火。另外，有戊己在四柱干上者，也不能有丁火，來傷害庚金，有這兩個狀況出現的人，都為下命。

◎二月生之甲木，若命格中四柱支成金局（四柱支上有巳、酉、丑），必須干上有火破金。否則木會被金所傷，形成殘疾、夭折之命。

◎二月生之甲木，若命格四柱支成木局（四柱支上有亥、卯、未），必須四柱天干上有『庚』，才能成為富貴之人。倘若命格木旺，干上又有二個庚的人，有大富貴。甲木沒有『曲直仁壽格』㊟，倘若二月甲木，支成木局，干上又無庚金，又無丙丁的人，稱為木氣太旺而無依靠。此命格的人，男子為鰥寡孤獨之人，女子亦為孤寡之人。

二月生之甲木，其命格四柱支成水局（四柱支上有申、子、辰中的二支即可形成），必須四柱干上有『戊』土，才能成貴命。沒有戊土的人，水和木都泛濫成災，為貧賤下命。

◎二月甲木，月令有陽刃，甲刃在卯，有庚金在干上，為『煞刃格』㊟。要干上有戊土以財滋煞，獨煞為權，有萬里之權威。無土（土為財），刃旺煞弱，只不過會做武職，為異途顯達之人。若四柱干上有癸水，無戊土制衡，化煞生刃，為光棍之命。庚金太多的人，四柱上有多個庚，刃輕，木會被傷。而地支有多個『卯』字，為『重刃』，無煞制，必定遭凶殺身亡。煞多的人，不過性情粗暴刑剋重而已。

※曲直仁壽格：命局中，日主為甲日或乙日，地支會成木局，或有寅卯辰支類東方。四柱中不雜金。為『曲直仁壽格』。其人英華秀發，仁厚有壽。

※煞刃格：月令有陽刃，或年、月、日、時有刃，再遇煞在干上，會形成煞刃格。甲遇卯，丙、戊遇午，庚遇酉，壬遇子皆為刃。

學例說明：

1. 日主『甲子』類

例(一)

癸未
乙卯
日主 甲子
己巳

此為岳飛之命格。甲木生二月，年月未卯會木局，四柱干上無庚又無丙丁，己土為溼土，不能制癸水，命中有劫才亦有月令陽刃。此命取巳中『丁火』為用神。行丁巳運。辛亥運、辛酉年坐獄而亡。

吉方：南方。
財方：南方。
忌方：西方、西北方。

例(二)

甲辰
丁卯
日主 甲子
戊辰

甲子日生於卯月，地支有兩辰，辰卯又為東方，合天干兩甲，木太旺。地支子辰會水局。此命以『丁火』為用神。行丁巳運。丁火臨旺，名聲好主貴。癸運大破。

吉方：南方。
財方：南方。
忌方：北方、西北方。

2. 日主『甲寅』類

例(一)

癸卯
乙卯
日主 甲寅
乙亥

甲木生於二月仲春，支逢雙卯，亥卯會木局。寅中有甲祿、亥中木生。干上又有兩乙，木旺已極，又得癸之印。故用神從其旺神『甲木』。

吉方：東方。
財方：南方。
忌方：西方。行庚戌運，耗損得咎、一敗塗地。

例(二)

乙亥
己卯
日主 甲寅
甲子

日元甲寅，生於卯月仲春，四柱滿局皆木，支上亥卯會木局，寅中又有甲祿。時支子水衰極。干上甲己相合化土。用神為『金水』，忌神為火土。

吉方：西北方。
財方：北方。
忌方：南方。丁丑、甲戌運破耗無運。

例㈢

庚戌
己卯
日主 甲寅
丁卯

甲寅生二月，坐祿逢刃，為木旺金衰之局。須有土來生之。辛有己土出干，甲己合化土以生金。至甲申、乙酉水運（納音井泉水），金得以透出，運勢大好。用神為『金水』。

吉方：西北方、西方、北方。

財方：西方。

忌方：南方、東方。木火運。

例㈣

戊寅
乙卯
日主 甲寅
庚午

日主甲寅生於卯月，干上有庚剋甲。支上寅午會火局。有一庚金透出。又有戊土以財滋煞，獨煞為權，主貴。以『庚金』為用神。

吉方：西方。

財方：西方。

忌方：東方。

3. 日主『甲辰』類

例㈠

辛卯
辛卯
日主 甲辰
丁卯

日主甲辰生於二月，春木氣旺，辛金出干無根（辛金與卯木不合：並且四柱地支上沒有含辛金之地支。謂之無根）行金運不佳。地支有三卯，時干上透丁火。因此丁亥、丙戌年有佳運。旺子生財。用神為『丁火』。忌神為金水。

吉方：南方。

財方：東南方。

忌方：西方、北方。

例㈡

戊寅
乙卯
日主 甲辰
辛未

甲辰日主生於二月，支有寅卯辰支類東方。時上一點微金，成事不足。走火土運可生化之。財源充裕、金運有異途功名。癸水運會旺木洩金，財運不濟。用神為『辛金』，走庚申、辛酉運。癸亥水運耗財失財。

吉方：西南方。

財方：西南方。

忌方：北方、東北方。

4. 日主『甲午』類

例(一)

甲午
丁卯
日主 甲午
丁卯

日主甲午，生卯月，此命格木與火各半，勢均力敵，取丁火傷官為用。四柱無庚辛金，亦無壬、癸水。因此走巳運，至丁火位臨官時，可有大富貴。庚辛年行西方運時有災。用神為『丁火』。忌神為『庚金』。

吉方：南方、西南方。
財方：西南方。
忌方：西方、西北方。

例(二)

戊寅
乙卯
日主 甲午
甲戌

日主甲午生二月，四柱支上有寅午戌會火局，火旺木焚。木入火鄉、自被燒毀。四柱無滴水可解炎。只能用戊土洩火之氣。此為清世宗順治皇帝之命格。巳運時遜國，不知所終。（一九九八年所生之人亦可有此命，但走火土運即不佳），孤獨無依之命。用神為『金水』。忌神為『火土』。

吉方：西北方。
財方：北方。
忌方：南方、東南方。

5. 日主『甲申』類

例(一)

丙辰
辛卯
日主 甲申
庚午

日元甲申，生於二月，官殺並透通根（甲逢辛為正官，甲逢庚為七殺，庚辛兩透干為官殺並透。）日時臨於死絕之地（甲木至申宮為死地。庚至午宮為絕地）。故必用卯之陽刃（卯中有乙木，甲逢乙為劫才記為刃）年月干上丙火合辛。故用神為『丙火』。運行南方火地大貴大富。

吉方：南方。
財方：南方。
忌方：北方。

例(二)

乙亥
己卯
日主 甲申
乙亥

甲申日生二月，陽刃合煞，制刃得力，位高權大。軍帥命。行乙亥甲運得力最旺，富貴大好。行戊運病亡。用神為『丙火』。忌神為『庚金』。

吉方：南方、東南方。
財方：南方。
忌方：西方、西北方。

6. 日主『甲戌』類

例(一)

癸未
乙卯
日主 甲戌
乙亥

甲戌日生二月，此命格中未、戌土生財，稱之『財來就我』。支成亥卯未木局。助劫刃猖狂，四柱無金，火助之，又有亥時水與時干乙互通生劫。此命格注重歲運，歲運好則佳、歲運差、剋妻無子、家業殆盡。用神為『辛金』。

吉方：西方。

財方：西方。

忌方：東方。

例(二)

甲辰
丁卯
日主 甲戌
壬申

甲戌日生二月，有雙甲出干，戌為燥土。辰為溼土能生木。時支與年支申辰拱水，申戌生煞。丁壬相合。主貴。此命格用神為『丁火』行南方運。

吉方：南方、西南方。

財方：西南方。

忌方：北方。

例(三)

庚辰
己卯
日主 甲戌
戊辰

日主甲戌生於卯月，有庚出干，並有戊土以財滋煞，獨煞為權，主富貴。為『煞刃格』。四柱財多（土多），以官星『庚金』做用神。

吉方：西方。土金運。

財方：西方。

忌方：東方。木火運。

三月生，日主甲木用神取法

三月逢辰，日主甲木生於三月者，因三月為暮春，木氣將盡，土旺秉令。辰為溼土，木賴以枝茂蔭濃。此時氣候、木氣已老，需四柱干上有『庚』，有『壬』。壬、庚兩透干，不過中等格局。干上若再有丁火，丁壬相合，暗助木氣為大貴之格，三月甲木為偏財格。

若四柱格局中丙、戊皆有，大富貴之命。倘若四柱中，干透二丙，庚金藏支，為無用之人，名為『鈍斧無鋼』。

◎三月生日主甲木者，木多無庚，但有丁火出干者，不算『木火通明』之格局，只為平常人。

◎三月生日主甲木者，四柱中支成金局（支上有巳、酉、丑）才用丁破金。

◎三月生日主甲木者，四柱無比劫（甲、乙木）、印綬（癸水）、支成土局（丑、未、辰、戌）則為『棄命從財』。月時干上有『己土』的人，從化土，會因內助之力或因貴人提拔而大富貴。

◎三月生日主甲木者，四柱若另見一、二個甲、乙木，此格名為『混奪才星』。做『財多身弱』看。此命男子為勞苦奔波，聽由妻子主事。此命女子，賢明有權，掌男子之權。

◎三月生日主甲木者，要以穀雨來分上、下各半月。下半月，已近立夏，天氣較熱，火氣已進，可專用『壬水』做用神，四柱有壬透干者，才學必高，出生於南方之地，當以『貴』論。

舉例說明：

1. 日主『甲子』類

例(一)

己巳
戊辰
日主 甲子
辛未

甲木生於三月，木有餘氣（辰宮為木之餘氣）。子中有癸水為印綬，為中和之象。戊己財星當令，時上透辛（官星）土旺而生金。子未相穿壞印。此命格為『夫健怕妻』，『妻管嚴』也。用神取巳中『丙火』。

吉方：南方。
財方：南方、東南方。
忌方：北方、東北方。

例(二)

丙寅
壬辰
日主 甲子
庚午

日元甲子生於三月，壬水透干剋丙，地支子午相冲而去癸。以命格用神為專用『庚金』。

吉方：西方。行戌運。
財方：西方。
忌方：南方。火運。

2. 日主『甲寅』類

例(一)

己亥
戊辰
日主 甲寅
辛未

日主甲寅生於三月，四柱見土多（戊己土出干，支上辰、寅、未中皆有土）。時干上透出辛金，土能生金，而金又剋木。此格為『夫健怕妻』㊟。年青時走木火運，逢丁卯、丙寅年，去其土金，而有辛金生一點水，即可發達揚名。到甲子年、癸亥年，印（水）旺逢生，財官兼具，更形發達，前程不可限量。用神為『丙火』。戊土當旺，取食神（丙火）生財，丙戊相得，有大富貴。

吉方：南方、西南方。

財方：西南方。

忌方：北方。

※甲子年納音海中金，癸亥年納音水。

㊟『夫健怕妻』：木為夫。土為妻。木旺土多，無金不怕。八字中一見庚申、辛酉等字，土生金。金剋木，是為『夫健怕妻』。倘若歲運逢金，亦是同稱。例如甲寅、乙卯日元，是為夫健、四柱土多，局內又有金。或者是甲日寅月。乙日卯月，年時多土，干透庚金，即所謂『夫健怕妻』。再如木無氣而土重的人，八字上不見金，夫衰妻旺，亦是怕妻。五行之間都是這麼看法。有此命格的人，皆多懦弱，妻奪夫權。

※『夫健怕妻』重在一『健』字，如日主不健，為財多身弱，終身困苦。健而怕妻，怕而不怕，運遇生旺扶身之地，自然會出人頭地，亦算上格。

例(二)

癸卯
丙辰
日主 甲寅
乙亥

甲寅日生三月，年月日支寅卯辰支類東方。又生於亥時。月柱丙辰，丙為虛火，辰為溼土，晦火養木。年上癸水透干，時上又逢亥旺。故木被水剋。在乙卯、甲寅年尚好，至癸丑、壬子年破敗、家破人散。用神為『丙火』。木火運吉。

吉方：南方、東南方。
財方：南方。
忌方：北方。

例(三)

丁卯
甲辰
日主 甲寅
乙亥

此命格地支中，寅、卯、辰為支類東方。亥卯會木局。因此方局齊來。四柱干頭無水，丁火秀氣大好。此命格，一生平和，子多財旺。其人秉性仁厚，品行端正。年壽高、夫婦和諧白首。日主甲木主仁，仁者壽，故此命格稱之『曲直仁壽格』。用神為『丙火』，行土運極旺。

吉方：南方。
財方：南方。
忌方：北方。

3. 日主『甲辰』類

例(一)

癸卯
丙辰
日主 甲辰
丙寅

日元甲辰生於三月，以財旺提綱，丙火食神生助。當以丙火為喜用神，以癸水為忌神。此命格幼年、青年運好、多財。中年時走水運、一敗塗地，至辛亥運、火絕木生，水臨旺地，境況淒慘。用神為『丙火』。

吉方：南方。
財方：南方。
忌方：北方、西北方。

例(二)

辛未
壬辰
日主 甲辰
庚午

甲辰日元生於三月，時干、月干庚、壬並透。時支午中藏有丁火。無法制庚。甲木成為堅木而得金，為棟樑之材。故此命主貴。辰午夾巳，以虛神巳中『丙火』為用神。

吉方：南方。
財方：南方。
忌方：北方。

※虛神：由命局地支中相夾、相拱所產生的，並不是真正出現在八字中的支神稱為虛神。

例(三)

丙寅
壬辰
日主 甲辰
丁卯

甲辰日生三月，支全寅卯辰東方。而四柱無庚。專用丁火洩秀氣，為木火通明。此格名為『用丁乏庚』，只為常人之命。不如以丁壬相合，牽制用神，再以庚去病為用神為佳。用神為『庚金』。

吉方：西方。
財方：西方。
忌方：東方。

4. 日主『甲午』類

例(一)

丁丑
甲辰
日主 甲午
丙寅

甲午日元生於三月，寅午會火局，丙、丁出干。書云：滿柱丙、丁，不見官煞（庚辛），稱之『傷官傷盡』最為奇。此命格為清貴之格。流年歲運不宜見水運，否則必貧困夭死。用神為『丙火』。運行東南，主貴。

吉方：南方。
財方：東南方。
忌方：西北方。金水運。

例(二)

丙寅
壬辰
日主 甲午
庚午

甲午日元生於三月，庚壬並透，支成火局（寅午會火局），寅辰拱卯為支類東方，甲木得以增旺。丙火出干，壬透去丙。此命格主貴，有大富貴。用神為『丙火』。

吉方：南方。
財方：南方。
忌方：北方。

5. 日主『甲申』類

例(一)

乙丑
庚辰
日主 甲申
丙寅

日元甲申生於三月，此命格中用庚金缺丁火，乙庚相合，得祿於申，然而寅申相沖，丙火又出干，故以丙火為用，不用庚金了。而甲日生逢丙寅為福星貴人，故此命格為富而多福，無法取貴。用神為『丙火』。忌神為『水』。

吉方：南方。
財方：南方。
忌方：北方。

例(二)

己丑
戊辰
日主 甲申
辛未

日元甲申生三月，有戊己出干，四柱土多（丑、辰、未皆土），支上又有辰申會水局，時干上辛金透出，故財多身弱，專用丁火。此命格為懼內之平常命。用神為『丁火』。

吉方：南方。
財方：南方。
忌方：北方。水運。

6. 日主『甲戌』類

例(一)

乙未
庚辰
日主 甲戌
庚午

甲戌日生於三月，支上有午戌會火局，干上透出兩庚，火不能剋金、制庚煞，木見庚旺，為棟樑之材，故大權在握，從軍警職主貴，為貴命。武貴。用神為『丙火』。

吉方：南方。
財方：南方。
忌方：北方。

例(二)

乙亥
庚辰
日主 甲戌
壬申

甲戌日生於三月，年月干上乙庚合而化金，日元甲戌，戌為燥土，不能養木。支上申、戌相冲生煞。甲木進氣而庚金退。申辰會為水局，年支又有亥。故為一寒士之命，無富貴可言。以戌申『丁火』為用神。

吉方：南方。
財方：南方。
忌方：北方。金水運。

例(三)

甲申
戊辰
日主 甲戌
乙丑

日主甲戌生於辰月，支上土旺，干上又有甲、乙木比劫出干，混奪財星，做財多身弱看。此命局女子較吉，可掌權。男子為勞苦奔波怕妻之人。以申中『庚金』做用神。西方運大吉，主富。

吉方：西方。
財方：西方。
忌方：東方。

四月生，日主甲木用神取法

四月生，丙火司權，天氣已熱，木性枯槁，以調候為急。故以『癸水』為主要用神。木潤其根，使其茂盛榮昌，其次要用丁火。四月時巳宮庚金為長生之地，癸水衰絕，若八字四柱有庚金透干，以生癸水，水有源頭而能使木豐茂。

◎庚多甲多在四柱中，又成為病，必須有壬水來中和，其人有蔭庇而顯名，善文學、言談，為人清高，有假富貴，終日好作禍亂。因其命中以假神為用神之故，有好高騖遠之病，做事難成。

◎四月生甲木之人，若四柱有一庚兩丁，稍有富貴。若金多火也多，則為下格，平常人。

◎四月生甲木之人，若四柱中，有癸、丁、庚齊透天干，其人學識高，有官貴。四柱干上無癸水，雖有庚金、丁火出干，其人為異途官職，富中取貴。四柱中，干上有壬，可成為一富人之命，若四柱全盤無水，也無庚金、丁火，只有丙、戊，此命格為無用之常人命格。

此因四月巳至夏季，夏木以『癸』為真神。木生於夏，以調節氣候為第一要件。壬癸為不可缺少的。四柱無癸，就要用庚壬或庚丁，但此都非上等格局。倘若無癸、丁、庚，而見四柱干上有丙、戊都有，則火炎土燥。即使行水運，都難以救濟，此命格為無用之人，一生無財也無有作為。

舉例說明：

1. 日主『甲子』類

例(一)

	癸酉
	丁巳
日主	甲子
	戊辰

日元甲子生於四月，木性枯渴，幸而有癸水出干，支上有子辰會水局，巳酉會金局。而取癸水制火為用，水又得金生，故為貴命。此為前熱河省主席湯玉麟之命。時干上之戊土為病，晚年走戊土運，喪師失地，失去家園。用神為『癸水』。走金水運。

吉方：北方。

財方：北方。

忌方：南方。火土運。

例(二)

	戊寅
	丁巳
日主	甲子
	丙寅

日元甲子生四月，干上有丙、丁。戊土為燥土，一片火炎之象。日元座下子支中雖有一點癸水，亦被熬乾。此命格為一平常困窘之命格。用神為『癸水』。

吉方：北方。金水運。

財方：西北方。

忌方：南方。火土運。

例(三)

	己巳
	己巳
日主	甲子
	壬申

日元甲子生於四月，干上甲己相合，支上申子會水局。用時干上之壬水制巳宮丙火，因此此命主貴多財。用神為『庚金』。行金水運。

吉方：西方、西北方。

財方：西北方。

忌方：南方、東方。

例(四)

	辛丑
	癸巳
日主	甲子
	丙寅

此命格相生相旺，四柱通根，上下左右有情。為人性情剛柔並濟，仁德兼具，貴至極品，富命、壽高、多子、多富貴。月支巳宮丁火生丑土（年支），丑土生辛金（年干），辛金生癸水（月干），癸水生甲木（日干），甲木生丙火（時干）。甲祿在寅，癸祿在子、丙祿居巳，官坐財地（指辛丑）、財逢食生（指丑逢丙火）。此命格五行元神皆厚。用神為『丙火』。

吉方：南方。

財方：南方。

忌方：北方。

2. 日主『甲寅』類

例(一)

戊戌
丁巳
日主 甲寅
己巳

甲寅日元生於四月，寅雖為甲之祿地。火旺木焚，精神洩盡。喜行土運。此為衰極從弱。故此命格走戊午、己未火土運時產業豐盛。走庚申、辛酉年逆火之性，洩土之氣，至癸亥年水冲火，命不保矣！用神為『丁火』。走火土運。

吉方：南方。
財方：南方。
忌方：西方、北方。金水運。

例(二)

丙午
癸巳
日主 甲寅
丙寅

日主甲寅生於四月，枯渴已極，月干上一點癸水，正坐巳支火宮，又有雙丙出干，支上有寅午會火局，一片火海，癸水為火熬乾，此為乞丐之命。用神為『庚辛、壬水』皆可。走金水運略有衣食。

吉方：北方、西北方。
財方：北方。
忌方：南方。水土運。

3. 日主『甲辰』類

例(一)

癸丑
丁巳
日主 甲辰
庚午

甲辰日元生於四月，辰是溼土，又為木之餘氣，甲木足以盤根，根基穩厚。年支丑乃北方之溼土，可晦丁火而蓄水，癸水因而通根載丑。癸水坐下餘氣大有作用，時干庚金因時支為午，卻無法生水輔用。但彼此仍能相互和平。此命格一生經營得意，以富論。用神為『癸水』。行水運大吉。

吉方：北方。
財方：北方。
忌方：南方。火土運。

例(二)

丁卯
乙巳
日主 甲辰
庚午

此命格好的在甲木坐辰宮為木之餘氣，辰中支用為癸墓，得庚金而生之。庚、丁兩透干，故能取貴。用神為『癸水』，行東北運大吉。

吉方：北方、東北方。
財方：東北方。
忌方：南方。

4. 日主『甲午』類

例(一)

丁未
乙巳
日主 甲午
丁卯

日元甲午生於四月，支類南方（巳、午、未），干上透出兩丁。格局中無水為救，火勢猛烈，洩氣太過。此人美貌聰明輕挑無行。火土運刑剋極重，應用庚劈甲制丁，生水為用。以巳中『庚金』為用神。走金水運。

吉方：西方、西北方。

財方：西北方。

忌方：南方、東南方。

例(二)

癸未
丁巳
日主 甲午
庚午

日元甲午生於四月，支類巳、午未南方。燥烈至極，天干庚金、癸水皆無根，與下支不通。午、未反激火猛烈。只可順火之氣而找用神。可增財喜。用神為『丙火』。走木火運。

吉方：南方、東南方。

財方：東南方。

忌方：北方。

5. 日主『甲申』類

例(一)

庚午
辛巳
日主 甲申
戊辰

甲申日元生於四月，干上庚金通根至申，巳宮亦為庚長生之地。支上雖有申辰會水局，煞多仍要用印制煞，以護日元甲木。以辰中『癸水』為用神。

吉方：北方。

財方：北方。

忌方：南方。

例(二)

戊申
丁巳
日主 甲申
庚午

日元甲申生於四月，支上有兩申，時干又透庚金，丁火在巳宮臨旺，此格局中五行無水，使庚申金不能傷甲木。此命以食神生財。運行丙火祿地運發。金水運蹇。以巳中『丙火』為用神。走火運。

吉方：南方。

財方：南方。

忌方：西北方。金水運。

6. 日主『甲戌』類

例(一)

丙午
癸巳
甲戌（日主）
甲子

日元甲戌生於四月，癸水出干，通根時支，支上又有子戌拱亥。水旺木生。丙火為月令巳月之旺神，以癸水培木制丙為用。此為大貴之命。用神為『癸水』。

吉方：北方、東北方。

財方：北方。

忌方：南方。

例(二)

丙子
癸巳
甲戌（日主）
丙寅

日元甲戌生於四月，甲木坐燥土（戌），幸有干支二癸制丙火乘權，癸水通根至子，子寅夾丑貴。壬申運可有吉發。火土運大耗。用神為『癸水、庚金』。走金水運。

吉方：北方、西北方。

財方：西北方。

忌方：南方。

例(三)

乙卯
辛巳
甲戌（日主）
癸酉

日主甲戌坐於巳月，干上有辛癸出干，支上巳酉會金局。乙坐卯祿，辛祿在酉發水之源。巳與戌中都有火土，因此用『癸水』做用神。

用神：癸水。

吉方：北方。

財方：北方。

忌方：南方。

五月生，日主甲木用神取法

日主甲木者生於五月，木性虛弱焦枯，必須先用癸水，後用丁火、庚金再次之。五月生甲木，在大暑之前所出生的人（芒種至小暑三節）其用神取法與四月同。木性乾枯以癸水為主要用神，丁庚為輔。即使原命無癸水，亦要行運東北運（癸運）。吉方為東北。行南方運（忌方）名為木化成灰、必死。走西方運亦有不測之災。惟有行東方則吉。

◎五月生甲木，若支潤木榮（如日元甲寅、甲子）乃用庚丁，以傷官（指丁火）制煞（指庚金）又名庚金劈甲引丁，以達『木火通明』而取貴。五月木性枯槁，只宜生旺之方，不宜死絕之地。行南方運，火旺木死且化成灰。以東方為吉，甲木之旺地，其次為北方。

◎五月生甲木之人，四柱上都是丙火，或又加丁火，（干上皆丙、丁）不見官煞（庚辛）稱之『傷官傷盡』最是奇格，其人反而成為清貴之人，必定才學高、風水好、名至榮歸、高官貴富。但流年運程不可走水運。倘若四柱中丙丁多，而有一柱干支有壬、癸的人，則為平常之命，若大運中又逢水運，必貧困夭死。

㊟命格四柱皆有丙、丁，不見官煞印綬（庚辛、壬癸）其格為木火傷官（甲乙、丙丁），局勢偏旺，即『炎上格』，又名『從兒格』。此為貴格，有大富貴。炎上格不宜見水，若命局中有一點水而無根，得甲木引化，火旺水乾，還不會破格，但若大運及年運又逢水運（壬申之類），水火相戰，反而貧病夭死。

凡有木火傷官之格局之人，為聰明慈善之人，喜多見多疑，喜打抱不平。

◎五月生甲木之人，若四柱中多金，稱之為『殺重身輕』。會先富後貧，若又無運程相扶助，不貧即死。

若四柱庚多，有一、兩個丙、丁加以制伏，又有壬癸透出在干上，以洩金之氣的命格，則是先貧後富之命格。

◎五月生甲木，四柱多土的人。若時月兩干上透出兩個己土，稱之為『二土爭合』。此命格男子為奔波無才之輩，女子為淫賤之人。若四柱再有二甲在干上，則不爭合了，但亦屬平庸之輩。

◎若四柱有『辰』在支上，干見二己或二甲，此人則為名利雙收，大富大貴之命。（甲木化氣必須見辰。甲己化土見辰，如戊辰為土之元神，甲己化土格，必以火為用神。）

◎若四柱純是己土，不是戊土，是為『假從』㊟，此人一生縮首縮尾。畏懼妻子，若四柱無印（無癸水），一生貧苦。五月甲木不可無水。

㊟從格，以陽干從陽，陰干從陰為『真從』。此在六月甲木中會談到。因土為財，財多身弱，為富屋貧人，財多無力支配，反為財所困。在命格中，財亦為妻，故其人亦怕妻。壬癸為印綬，得水潤土生木，能剋制己土，財為我所用。不然，財雖多，皆非我所擁有的，而是他人之財，一生貧困，無財可用。

舉例說明：

1. 日主『甲子』類

例(一)

乙亥
壬午
日主 甲子
戊辰

甲子日元生於五月，此命格生於芒種之前，和四月同論，支上子沖午。辰、子會水局。又有壬水出干。以月支午中含丁火傷官為用。此人主富。用神為『丁火』。行木火運大吉。

吉方：南方。
財方：東南方。
忌方：西北方。

例(二)

戊寅
戊午
日主 甲子
庚午

甲子日元生於五月，支上寅午會火局，子午相沖，幸時干上有庚，能生子中癸祿。庚又能劈甲引丁。此命格富大貴小。用神為『丁火』。

吉方：南方、東南方。
財方：東南方。
忌方：西北方。

2. 日主『甲寅』類

例(一)

丁巳
丙午
日主 甲寅
甲子

甲寅日元生於五月，此命格四柱中，時支子中有癸水，年支巳中有庚金，年干之丁被丙奪去光芒。子午相沖，沖去癸水。此命格有官貴。用神為『癸水』。行北方運。

吉方：北方、東北方。
財方：東北方。
忌方：南方。

例(二)

己卯
庚午
日主 甲寅
丁卯

日元甲寅生於午月，為木火傷官格。但年月兩干、庚、己為土金無根，放置不用。四柱地支有兩卯一寅，有木來助旺日元，使日元增強。是故以丁火為用。此命格走木火運，富貴大好。走金運至衰。用神為『丁火』。

吉方：南方、東南方。
財方：南方。
忌方：西方。

3. 日主「甲辰」類

例㈠

庚辰
壬午
日主 甲辰
丁卯

日元甲辰生於五月，時干上有丁火透出，要用水滋潤，水亦靠金生，金亦賴水養，此命格最好的就是有兩個辰。能洩火生金而蓄水。算是五行俱全。此人一生平順、富貴。只有丙戌火土運和金水形成傷剋不利。一生皆好命好運。有讀書致仕之運。用神為『庚金』。行金水運。

吉方：西方、西北方。

財方：西北方。

忌方：南方。

例㈡

壬午
丙午
日主 甲辰
甲戌

甲辰日元生於五月，有雙甲出干，木氣頗重，年干上有壬水出干，可制丙火而生水，辰又為溼土，可潤木，因此主貴。

用神為『庚金』。走金水運。

吉方：西方、西北方。

財方：西北方。

忌方：南方。

4. 日主「甲午」類

例㈠

壬申
丙午
日主 甲午
甲戌

日元甲午生於午月，四柱火炎土燥，幸年柱上有壬申生水。此為木火傷官格，不能不用印（壬水）來助命。此命為貴格，有官貴。

用神為『壬水』。走水運。

吉方：北方。

財方：北方。

忌方：南方。

例㈡

庚辰
壬午
日主 甲午
丙寅

日元甲午生於午月，木朝南方，時支逢甲祿。寅午會火局。丙又逢生。月透壬水以滅火，壬又得年干庚金以生之剋丙為用。庚金亦有辰之溼土生之。此命格全賴『辰』字得中和之象。形成剛柔相濟，兼具仁德之秉性。

用神為『金水』。忌神為『火土』。

吉方：西方、西北方。

財方：西北方。

忌方：南方。

5. 日主『甲申』類

例(一)

丙戌
甲午
日主 甲申
丙寅

日元甲申生於五月，干上兩透丙火，兩透甲木。四柱支上又會寅午戌火局。木向南方，四柱無水，則申金為火剋盡。柔弱至極，此命格之人，貪生怕死，貪小失大，一生多疑，無所作為，皆為失金之故。

用神為『庚金』或『壬水』。

吉方：西方、西北方。

財方：西北方。

忌方：南方。

例(二)

壬午
丙午
日主 甲申
甲子

甲申日元生於午月，有雙甲出干，木氣正盛，支上有子申會水局，又有壬水出干制丙。用午宮丁火為用。此命格有官貴。用神為『丁火』。

吉方：南方。

財方：南方。

忌方：北方。

6. 日主『甲戌』類

例(一)

丙子
甲午
日主 甲戌
戊辰

甲戌日元生於五月，此命格中支上，子午相沖，辰戌相刑，印被財破。又有午戌會火局，火旺而木焚。幸有子辰合水局以制火潤木來相救。再取時干上戊土來洩火為用。此命多財主貴。用神為『戊土』。行金運。

吉方：西方、西南方。

財方：西南方。

忌方：東南方。

例(二)

丙寅
甲午
日主 甲戌
辛未

此命格為男命，即為傷官格。因男命陽男行運順行。女命陽女行運為逆行。若為女命，則因四柱無水，支上寅午戌會為火局。形同枯木。又無庚金，辛為丙制，則甲木為朽木，刑剋極重，為貧賤之人。聰明但無行。男命用神為『丁火』。為普通平凡之命。

吉方：南方。財方：南方。

忌方：北方。

女命用神為以胎元乙酉納音『井泉水』，以水為用神。

吉方：北方。財方：北方。

忌方：南方。

六月生，日主甲木用神取法

六月之氣候，已到大暑之後，丁火為退氣，金水進氣。六月甲木為正財格。若命格四柱上有『癸』在天干上，稱之『三伏生寒』。如果四柱木多，宜取庚金為用神。如果有己土當旺，也能自己生庚金，此為『才滋弱煞格』。如果庚金多，則須取用丁火制煞（指庚金）。此稱做『傷官駕煞格』。

◎倘若命局中沒有己土、丙火等，則不必一定要有『癸水』才富貴了。但命局中之庚與丁，一定要均合，有一庚一丁的人，會成名，可成有用之人。倘若庚少，丁多，丁火制過七煞，其命格則為平常人之命了。

命格中有庚金的人，以只有一個庚金，主貴。若庚金有兩三個，稱為『煞重身輕』，倘若大運及年運又不能相助，此人非貧即夭。倘若命中四柱又有丙丁可制煞（庚），或用壬癸（為印）來化之，則必需更要有大運、年運來相助，才會有一點小財富。

◎命格四柱多土的人，六月（未月）為己土當旺。未為木庫。支中含用為乙木，能制己土，除非此命格中，四柱干上有『戊』字，否則不能算『從財格』。

四柱支上沒有『辰』字，也不能化土。

在月令上透己（己未月），或時干支為戊辰。或者是命格四柱上有兩甲、兩乙，而又支上有『辰』字，稱為『化合逢時』。有大富大貴之命，有名利雙收之好運。倘若是四柱干上有兩己一甲，或兩甲一己，來爭合相妒的，皆屬於平庸之輩，為一平常人之命格。此為化氣不成，與才多身弱相同，此命專用比劫（甲、乙木）為用神。

※化氣格，都以生日元之化神為用。甲己化土格，必以『火』為用神。柱上見戊辰，不以化論，而以比劫（甲乙木）為用神。

『從財格』純是己土不見戊土，乃是假從。（甲木見戊己為財），是財多身弱，從而不從。其人一定會懦弱怕妻。若沒有印比（壬、甲）為助，一生貧若無依。六月土旺，可單用比劫（甲、乙）為用神。

舉例說明：

1. 日主「甲子」類

例(一)

甲辰
辛未
日主 甲子
辛未

甲子日元生六月，此命局為兩甲，兩辛出干，稱之『兩干不雜』。局勢清純。日元甲木坐子，甲見辛為正官，官印（癸）相生，能潤土生木。此命格用神為『丁火』。雖有富貴，但妻子難留。婚姻不順。

吉方：南方。
財方：南方。
忌方：北方。

例(二)

乙巳
癸未
日主 甲子
戊辰

甲子日元生於六月，支上有子辰會水局，又有癸水出干。此格為印旺（水旺）當用傷官（丁火）生財。但丁火藏未支用之中，並無透干，雖為六月，仍是水盛火衰，故困住丁火，雖有富貴，但無子。

用神為『丁火』。
吉方：南方。
財方：南方。
忌方：北方。

2. 日主「甲寅」類

例(一)

甲午
辛未
日主 甲寅
甲子

甲寅日元生於六月，四柱干上有三甲木，甲祿又在寅。故木氣頗重。支上寅午會火局，支有子午相沖，時支子中有癸，月支未中有己土溼土可養木潤木。此為『官印夾貴』格。有官高富貴。用神為『辛金』。

吉方：西方。
財方：西方、西北方。
忌方：東方。

例(二)

戊辰
己未
日主 甲寅
丙寅

甲寅日生六月，生於大暑之後，土旺秉令，年柱有戊辰為化氣、為化神。時上逢丙火出干，助化神為用。但日時支上有兩寅，為甲木臨官。而不能化土。生於夏季，為火炎土燥。四柱又不見金水，無可取用，此為化而不化。故為一平常農人之命格。取辰中『癸水』為用神。

吉方：北方。
財方：西北方。
忌方：南方。

3. 日主『甲辰』類

例(一)

甲申
辛未
甲辰（日主）
甲子

甲辰日主生於六月，四柱干上有三甲木，木旺已極，支上又有申子辰會水局。印（水）旺用財官，用神用戊土、庚金皆可。此命格有官貴，財官皆不小。走土金運。

吉方：西方。

財方：西南方。

忌方：東方。木火運。

例(二)

庚子
癸未
甲辰（日主）
壬申

甲辰日生於六月，四柱支上申子辰會水局，干上又有壬癸出干，又有庚金生之。為官印相生。印太旺，當用財制之。以辰中『戊土』為用神。

吉方：南方。

財方：南方。

忌方：北方。

4. 日主『甲午』類

例(一)

乙丑
癸未
甲午（日主）
甲子

甲午日生於六月，此命格中干上有雙甲一乙，木氣盛。未為木庫。又有癸水出干滋潤。時支子得癸祿。此命格主貴。以丑中『辛金』為用神。

吉方：西方。

財方：西方。

忌方：東方。

例(二)

丁巳
丁未
甲午（日主）
丙寅

日主甲午生於六月，支類南方巳午未。干透兩丁一丙。火勢猛烈。成為『炎上格』。因其火性燥烈，而影響一生運程。此命不可遇水運。滴水反激命凶。用神為『丁火』。走南方運。

吉方：南方。

財方：東南方。

忌方：北方、西北方。金水運。

5. 日主『甲申』類

例(一)

	甲寅
	辛未
日主	甲申
	甲戌

甲申日元生於六月，四柱有三甲出干，木氣極旺，甲祿在寅。未又為木庫。又有寅戌會火局。剋制辛金，幸而申中有庚壬通辛金為根。用庚金劈甲引丁，並引辛金生水潤木為用。

用神為『庚金』。

吉方：西北、西北方。

財方：西北方。

忌方：南方。

例(二)

	丁酉
	丁未
日主	甲申
	甲子

甲申日生於未月，有二甲二丁出干，時上甲坐子祿，木由水生，支上申子會水局。雖有雙丁透出，四柱上無戊己，亦支上無辰，故此命格應以戊土生金剋甲並制水。

用神為『戊土』。

吉方：南方。

財方：南方。

忌方：北方。

6. 日主『甲戌』類

例(一)

	辛巳
	乙未
日主	甲戌
	戊辰

此命格為女命。甲戌日元生於六月，巳未夾午主南方，四柱無壬癸，火土炎炎，無印（水）來護官星，辛金為官。辰中之用癸水又入墓，有戊土來剋去。此女命格三嫁而無子。用神為『癸水』。走金水運。

吉方：北方、東北方。

財方：東北方。

忌方：南方。

例(二)

	甲申
	辛未
日主	甲戌
	丙寅

日元甲戌生於未月，此命格以財官為用，金得祿於申，又得壬水長生（申宮壬水長生），制丙護官星（辛金）。丙合辛官，申沖寅中甲祿。此命格大貴後凶死。

用神為『庚金』或『戊土』。

吉方：西方、西南方。

財方：西方。

忌方：東方。

七月生，日主甲木用神取法

七月之木，已入秋，秋木為可收獲將之做成器具之木。八字中有庚金者，可做戰戟兵器。沒有丁則不能打造庚金利器。沒有庚金利器刀具則無刀斧利器來使甲木成材。倘若四柱天干上有丁庚並透出干，與甲木配合，此乃成大器之人，必為國之棟樑。七月甲木為偏官格。

◎庚祿居申宮，為煞印相生，行金水運，必然顯名發達。用神為庚金的人，在金水運中會大富貴。倘若庚出干，而無丁火傷官為制，必然傷害甲木。四柱中干上見丁的人，為金木成器之人。以月令煞印相生，再行金水運，為用神得地，是必有大富大貴的了。

◎倘若四柱上天干有庚無丁，只是一個富人而已。其人太勞碌操心，無法安享。倘若四柱上有丁火在天干，而庚藏支中，亦主其人為小富之家。倘若四柱中庚多而無丁，是為殘疾之人，災多貧困，或為僧道之人。此因甲木至申月休囚無氣，庚多（支成金局，干上又有庚金），而無丁火相剋制，木被金傷，必會殘疾、貧困。

◎秋木喜金剋制，秋木要強，倘若命格四柱支臨寅卯辰東方，再有庚、丁在天干。庚金又為當旺，得丁火所制，是大富大貴之命。

七月之木為秋木，用丁火較佳，因丁火為爐中之火，能鍛煉鐵器，若用丙火（丙火為太陽之火，太陽在申宮為病地，不強）。七月之木，若被火多，剋制太過，其人又為庸俗之輩，碌碌一生。若有此命格者，宜用印水（水）化煞（庚），雖然一生不貴，亦可平安而過。

◎甲木生於七月，若四柱庚旺水多，不能作『棄命從煞』。見土多者，可做『從煞格』。庚多無丁火，因申宮壬水長生，煞印相生，故不能做從煞論。若四柱土多，以土制水，土多破印，就能作『從煞格』。此因秋之甲木，已至休囚，在申月遇壬水長生，為絕處逢生，木氣不絕之故。

◎甲木生七月，若四柱庚多，戊己土亦多，沒有壬癸水，則專用丁火制金，以暖土，為大富之命。丁藏地支中富貴皆小。戊己為財，無印破財，一定為富豪。若四柱中有二丁出干，下坐地支亦能配合，不在死絕之地，也必然有富貴。若支中有癸水一點，也可有異途顯達。富中取貴的人生。

四柱中天干癸水多，有兩、三個之多，會制服丁火，其人雖會有學問，但一生終無顯達之日，若大運、流年逢火土運來破癸水，才可出頭。若運程皆金水，一定會成為勞碌庸俗之輩了。

四柱中若支成土局，戊己出干，制去癸水，而存丁火的人，為一個好貪富貴，奸險、好打官司的人，雖有富貴，但不安份，終成災禍。

◎七月生甲木之人，取用神中以丁火為最重要，庚金為次要，但不可少。也就是以有丁火為上格，庚金為月令中當旺之氣，用傷官（丁火）、用印（水）皆以月令來配合而選用神。甲木得丁火可煉鋼成金，成為有用之器，故以丁為貴格。命格中有壬癸在天干的人，必須用戊土相救。有丁壬相合，會化木，則有壬水則無妨，如果用丁火，就必有戊土制壬，才能存丁火。

舉例說明：

1. 日主「甲子」類

例(一)

	乙未
	甲申
日主	甲子
	乙亥

甲子日元生於七月，支上有申子會水局，時支又有亥，命局中水旺洩申中庚金，一定要用財破印才行，故用神為戊土。此命格在辰運（申、子、辰會水局）齊會水局，而有災厄。

用神：『戊土』。
吉方：南方。
財方：南方。
忌方：北方。

例(二)

	乙酉
	甲申
日主	甲子
	乙亥

甲子日元生於七月，申宮壬水長生，申子會水局，再加上亥支中之水，此命局水太多，又無丁火來配合，當以戊土為制，再加丁火可富貴矣。此命局行運入東南運可大貴。用神為『戊土』，次用丁火，行東南運。

吉方：南方、東南方。
財方：東南方。
忌方：北方。

2. 日主「甲寅」類

例(一)

	癸亥
	庚申
日主	甲寅
	乙亥

甲寅日元生於七月，日元甲祿在寅，身旺。月柱中，庚祿居申，煞印相生，寅申相沖，在乙卯運中煞刃相生，而可掌大權，但甲運不吉，因金剋木之故，會凶死。用神為『庚金』。行金水運。

吉方：西方、西北方。
財方：西北方。
忌方：東方。甲運。

例(二)

	己巳
	壬申
日主	甲寅
	壬申

甲寅日元生於七月，有兩壬出干，申中壬水長生，己土無法制壬，寅申相沖，又無丁火，甲木被三刑四沖，己年生見寅申為亡神劫煞，巳申為吞啗煞。三重亡劫，無能為力，故為小吏之命。若時干支改為戊辰則有較大一點的富貴了。但仍祖業不保。

用神：『戊土』。
吉方：南方。
財方：南方。
忌方：北方。

3. 日主『甲辰』類

例(一)

甲辰
壬申
日主 甲辰
丙寅

甲辰日元生於七月，有兩甲出干，寅辰夾卯支類東方，木氣轉旺。申辰會水局，又有壬水出干，壬在申宮長生。幸有兩辰剋壬水，寅申相沖。用庚金劈甲助旺丙火。

用神：『庚金』。
吉方：西方。
財方：西方。
忌方：東方。

例(二)

丁酉
戊申
日主 甲辰
丁卯

甲辰日元生於七月，此命局有二丁出干，丁在卯、酉皆異常虛弱無助。戊土可壓制申中之壬水，幸有申辰會水局，助甲茂盛生旺。為異途顯達，富中取貴的命局。

用神：『丁火』。
吉方：南方。
財方：南方。
忌方：北方。

4. 日主『甲午』類

例(一)

庚子
甲申
日主 甲午
戊辰

甲午日元生於七月，年干庚金生水、庚祿在申，申子辰會水局，雖有戊土制水，但仍嫌水多，故用丁火制金以暖土，護財。用神為『丁火』。

吉方：南方。
財方：南方。
忌方：北方。

例(二)

辛丑
丙申
日主 甲午
庚午

日元甲午生於七月，丙辛相合，庚金剋甲木，干上無見壬癸，宜用午中丁火制金，有富貴。用神為『丁火』。

吉方：南方。
財方：南方。
忌方：北方。

5. 日主「甲申」類

例(一)

庚寅
甲申
日主 甲申
甲戌

甲申日元生於七月，有三甲出干朝元，以年支寅祿為根，庚金獨為煞重，乘權為貴，可恃上蔭庇佑。丁火不透干。故為貴公子之命。用神為『庚金』。行金水運。

吉方：西方、西北方。

財方：西北方。

忌方：南方。

例(二)

丁酉
戊申
日主 甲申
乙亥

甲申日元生於七月，戊土制住申中壬水，申中庚煞之氣不洩，專用丁火傷官駕煞為用，行南方運，有大貴。用神為『丁火』，運行南方。

吉方：南方。

財方：南方。

忌方：北方。

例(三)

癸亥
庚申
日主 甲申
乙亥

日元甲申生於七月孟秋時節。庚金坐兩申祿旺之地。殺重。幸喜有癸水出干，與生於亥時來化殺。癸水出干，為元神透出，可顯其命清高，但命格中殺勢太重太旺，使日主虛弱。日主甲木坐於申宮，休囚無氣，無丁火出干相制，不能假煞為權，因此一生起起浮浮，終身無所靠，為一飄蕩一事無成之命也。如有火土運（如火年、火土年）沖剋，其運命蹇。

用神：『癸水』。

吉方：北方、西北方。

財方：西北方。

忌方：南方。

6. 日主『甲戌』類

例(一)

癸未
庚申
日主 甲戌
丙寅

甲戌日元生於七月，月柱庚祿在申，以丙火制庚金，以養戌中之土。此命格為富格。

用神：『丁火』。

吉方：南方。

財方：南方。

忌方：北方。

例(二)

己亥
壬申
日主 甲戌
丁卯

甲戌日元生於七月，丁壬相合，壬水合去丁火。己土又不能制壬。此命格不貴，為一平常命。

用神：『戊土』。

吉方：南方。

財方：南方。

忌方：北方。

例(三)

庚戌
甲申
日主 甲戌
乙丑

甲木生於七月孟秋之時，財生殺旺，天干有二甲一乙，但下坐地支卻無法通根，木性凋零，金氣銳利，故用土，成『從殺格』。以武職出身，行戊己土運。

用神：『戊土』。

吉方：西方、西南方。

財方：西南方。

忌方：木運、東方、東北方。

八月生，日主甲木用神取法

甲木生在八月，金旺木衰，因此先以『丁火』為主要用神，次用丙火，第三再以庚金為用。八月生之甲木，木氣休囚衰弱，金旺乘權，因此要用丁火來制住金，用丙火來調節氣候，在月令『酉』中，金神當旺（酉中有辛金），故以丁火為先。沒有丁就用丙。若有庚金在四柱天干上出現，就一定要用丁火制住它不可，若見辛金出干，也宜用丁火。但是丙與辛會相合，反而會失去了用處。

◎若四柱甲木多，乙木多，或者是支成木局（支上有亥卯未其中二字皆成木局），須用庚金來制木，也必須有丁火來制金。八月之木，為無用之枯枝，要以庚金為用神去裁制它。並且秋天氣候以殺為生，為『煞刃格』。四柱有庚金，須以丁火制煞，煞旺有制可為貴格。

◎八月生甲木之人，四柱有一丁一庚在天干上，主貴，但癸水透干，則不貴。因癸水傷剋丁火，庚金煞旺，不足以取貴了。

◎八月生甲木之人，四柱天干有丙，有庚，是富大貴小之人。而丙、丁全沒有的人，為無財無家室、為僧人之命。四柱上有丙透干，而干上無癸水的人，是富貴雙全的人。若有癸水出干制住丙火，則是平常人，無富貴可言了。

◎八月生甲木之人，四柱支成火局的人，裁制金太過，官星被傷，故是假貴之人。四柱上有戊己出干，戊己可洩火，格局就會變成『傷官生財格』。財星為用神（本命以戊己土為財星），為富翁之命。

倘若支成金局，又天干有庚金，木被金所傷，此人必定殘疾。命中若有丙、丁來破金，老年亦有暗疾。

倘若單見庚金出干，並沒有支見金局的命局，也一定要有丙、丁來相裁制。若大運或流年行壬癸水年，來剋制丙丁，必會破敗耗財、貧困。

舉例說明：

1. 日主『甲子』類

例(一)

乙巳
乙酉
日主 甲子
甲子

日元甲子生於八月，有二甲二乙出干，兩干不雜。巳酉會成金局，而形成煞印相生，（子中有癸水為印）。年支巳中有丙火暗藏制煞。故此命格主貴。

用神：『丙火』。
吉方：南方。
財方：南方。
忌方：北方。

例(二)

丁巳
己酉
日主 甲子
戊辰

日元甲子生八月，四柱支上子辰會水局，巳酉會金局，煞印相生。天干丁火與戊己土並透出，故富貴皆俱。用神為『丁火』。

吉方：南方。
財方：南方。
忌方：北方。

2. 日主『甲寅』類

例(一)

庚戌
乙酉
甲寅（日主）
庚午

日主甲寅生於八月，干上透出兩庚，支上又會寅午戌火局，庚金能制火局，但反洩日主『甲寅』之氣，故不喜會火局。以火為病』神。走子運時，能沖破火局，去午（火）之旺神，而引庚金生水滋潤甲木，有益助旺甲木之氣。寅為甲木之祿地。並且辰年為溼土，亦能洩火之氣，聯合子水，以培養供給日主甲木之需。故大運在子運辰年。

用神：『癸水』。走北方運。

吉方：北方、西北方。

財方：北方。

忌方：南方。

例(二)

丙戌
丁酉
甲寅（日主）
丁卯

日主甲寅生於八月，此命造有一丙、雙丁高透干上，『酉』中之辛金為官星，被火剋制太過，因此一生無法有大成就。行金水運。在申、子、辰年，可有好運，官祿稍好一點，走火運（火年、火土年）即敗。用神為『金水』。走西北運。

吉方：西北方、北方。

財方：西北方。

忌方：南方。

3. 日主『甲辰』類

例(一)

己亥
癸酉
甲辰（日主）
丙寅

日主甲辰生於八月，『酉』中辛金官星當旺之時。年上己土財星能生助金。又生於寅時，甲祿在寅。年干、時上，兩者逢生得祿。丙與癸雙雙透干，並無相剋，而有生化之情。財星又得地，四柱通根，五行上不悖逆，屬於和平之氣。故一生榮貴之命。

用神為『戊土』。行南方運。（以財星為用神）

吉方：南方。

財方：南方。

忌方：北方。

例(二)

甲子
癸酉
甲辰（日主）
乙亥

日主甲辰生於八月金神當旺之時，干上有二甲一乙，木多。支上又有子辰會水局。四柱無丙、丁出干，先用酉中辛金制木，次用丁火來制金方可。

用神：『辛金』。

吉方：西方。

財方：西南方。

忌方：東北方。

4. 日主『甲午』類

例(一)

丙申
丁酉
日主 甲午
庚午

日主甲午生於八月，有庚金煞透剋甲，木被金傷，雖有丙、丁相制，但庚金在時干上為貼身相剋。又丁祿在午，庚祿在申。此命造為官多用印生扶。

用神：『壬水』。

吉方：北方。

財方：北方。

忌方：南方。

例(二)

庚午
乙酉
日主 甲午
丙寅

日主甲午生於八月，支上寅午會火局，干上乙庚相合，官星被傷，僅有假貴。用戊己洩火生財，財星為用，可成富翁。

用神為『戊土』。走南方運。

吉方：南方。

財方：南方。

忌方：北方。

5. 日主『甲申』類

例(一)

辛未
乙酉
日主 甲申
丙寅

日主甲申生於八月，甲坐申上，木無盤根，幸時上有寅，甲祿在寅，辛祿在酉，而又寅申相冲，丙辛相合，用食傷制煞。金火兩透，富貴兩全。

用神：『丙火』。行南方運。

吉方：南方。

財方：南方。

忌方：北方。

例(二)

戊寅
辛酉
日主 甲申
庚午

甲申日主生於八月，金神當旺之時，有庚辛出干剋甲，寅午會成火局以制金。幸年上有戊土來洩火，以傷官生財，為富格。取午中『丁火』為用神。走南方運。

吉方：南方。

財方：南方。

忌方：北方。

例(三)

壬午
己酉
日主 甲申
甲子

日元甲申生於八月，月令官殺當權。支上有午火制金，子水化申金。此即謂『去官留殺』，殺印相生，使木凋零而金旺留之。以印星為用。

用神：『癸水』。走西北運。

吉方：北方、西北方。

財方：北方。

忌方：南方。

6. 日主『甲戌』類

例(一)

辛丑
丁酉
日主 甲戌
丙寅

日主甲戌，生於八月金旺之時，支上有丑酉會金局，寅戌會火局，相互戰鬥。甲祿在寅，辛祿在酉。又丑年生人見寅為劫煞。辛見寅為貴人，此為劫煞帶貴。此人會犯官事入獄，再大發。以丑中『癸水』做用神。

吉方：北方。

財方：北方。

忌方：南方。

例(二)

丁酉
己酉
日主 甲戌
丙寅

日主甲戌，生於八月，支上寅戌會火局，傷害官星，幸有己土生金，但甲己相合，酉年生人見時支上之寅為『破宅煞』。先富後貧。為背井離鄉之命。

用神：『己土』。

吉方：西方。

財方：西方。

忌方：東南方。

例(三)

戊午
辛酉
日主 甲戌
丁卯

日主甲戌生於八月，支上午戌會火局，八月為金旺之時。此命局中辛金得祿於酉，為正官格多食傷。應以印星為用神，但四柱無水，以胎元壬子中『癸水』做用神。以辛金生之。

吉方：北方。

財方：北方。

忌方：南方。

九月生，日主甲木用神取法

甲木至九月（戌月），木性枯槁凋零。戌又為燥土內含（戊土），又為火墓之地。因此不能缺少壬癸水的滋潤。並且九月又為深秋，氣候偏寒之際，亦需有火配合。四柱中有水有火，並有戊己土出干者，有中等之貴。九月生甲木為偏財格。

若支見水局，或有壬水出干者，又必須有戊在干上，配置中和，而有富貴。但是庚丁全無之人，官運不顯。

◎四柱上木多（甲、乙出干），而又通根到支上者，再見有庚金出干的人，才為上格。若四柱上多見一、二個甲木、乙木，無庚辛剋制，便是常人，倘若行運在用神不得地之地，會貧無立錐之地。

故四柱木多，用丙用丁皆不佳，用庚才最合適。用庚者忌用丁火傷官。若庚多以丁火制煞為奇。

九月生之甲木，值土旺，須用庚金取貴。甲木為犁，庚為犁嘴，才能疏土。因此四柱不可無丙丁、癸水來配合，有水潤火暖，再運行東北木氣生旺的地方，就能取貴。

◎九月戊土財星當旺，庚丙並透干上，用丙火去庚生財，成為『食神生財格』。以丙火為用，貴大富小。四柱有丁、戊，而不見水，以丁火傷官生財為用，亦可有富貴。否則需印（壬癸水）為正用。但若四柱丙丁多，地支又會火局，雖又有庚金，無水為救，亦為孤貧下賤之命了。

◎九月土旺用事，財多身弱的命格（戊己土多），專用比肩（甲木），亦會有富貴壽考的人。財多（戊己土多）用比肩，再行木運身旺之運，就是勤勞致富之人。財多無比劫（甲乙木），定作『棄命從財』來看了。

◎甲乙木生在秋天，四柱有丙丁火，而火非當令旺神。稱做『假傷官』。再加上地支有『寅』得長生之位，支上再有『午』，形成寅午戌火局。因火旺而木枯，必須用印（壬癸水），才能成貴命。此為『得地逢生』。亦稱做『甲乙秋生貴元武』。元武即是壬癸，為印。此命格必用壬水制傷官為用，是以印為用，戊土為病神。

◎九月甲木，以甲多庚金透干，有富貴。庚藏支中為小富貴。用庚金為用神者，忌丁火來剋制，難有富貴。倘若四柱中庚多，又要以丁制（午火剋制）為奇，也就是煞太旺，以食傷制伏，才能成為俱有富貴之人。

◎九月甲木須用財（戊己土）者，專用丁癸，須戊透干來中和，是以戊土財星為用。若支成水局而透壬水，或是水多，必須以戊為奇用。戌宮戊土出干（戊戌）用財損印，是富大貴小之命。須有庚丁才能顯達。財多身弱的人，在月、日之間夾『癸亥』。在日、時之間夾乙丑、丙寅、丁卯，使其木有生氣，再運行東北，就會有成就。

舉例說明：

1. 日主『甲子』類

例㈠

己丑
甲戌
日主 甲子
己巳

日主甲子生於九月（戌月），干上兩甲、兩己相配合，因在土旺之月，甲見己化土，日主甲木坐支上得子水，月支戌中戊土，與巳中戊土皆不足以剋子水。並取巳宮丙火為用。運行南方為貴。此命造四柱干上無庚金，以『丙火』為用神，食神生財。

吉方：南方。
財方：南方。
忌方：北方。

例㈡

己丑
甲戌
日主 甲子
甲子

甲子日主生於九月，日主甲木坐於印上（子），生於九月，為樹老根潤，只能專用財星。又因四柱無庚出干，不能取貴，亦無丙丁洩秀，丁火又歸火墓庫地（戌），故而幼年貧賤，晚年行己巳、戊辰土運大發，財旺致富，但為一庸碌之人。用神為『戊土』。行火土運。

吉方：南方。
財方：南方。
忌方：北方、西北方。

2. 日主『甲寅』類

例㈠

甲申
甲戌
甲寅（日主）
甲戌

日主甲寅生於九月，干上有四甲，地支有一寅，狀似強旺。但秋木休囚，戌中戊土乘權，又有兩支。年支上之申金，冲剋日主支上寅木，寅又為甲之祿神，故木已非旺。走木旺之運，衣食豐厚。走金運，即破敗不堪。以申中『壬水』為用神。行水木運大吉。

吉方：東北方、東方、北方。

財方：東北方。

忌方：西方。

例㈡

甲子
甲戌
甲寅（日主）
乙亥

日元甲寅，此為女命。生於九月季秋，土旺用事。生於亥時，亥為甲木長生之地，四柱天干皆為木。四柱無丙火助旺，群比爭財（甲木為比肩）。為君盛臣衰之格局。初行水運，刑喪破耗。火土運稍有家業。木運刑剋而亡。用神為『丙火』。行火土運。

吉方：南方。

財方：南方。

忌方：北方、東北方、東方。

例㈢

戊寅
壬戌
甲子（日主）
丙寅

甲子日主生於九月，有丙火出干，支上『寅』得長生之位，並且支上寅午會火局，得地逢生。必須佩印。此為假傷官格。亦為『甲乙秋生貴元武』，行東北癸運主貴。用神為『癸水』。東北運。

吉方：北方、東北方。

財方：東北方。

忌方：戊土運及南方。

例㈣

丙子
戊戌
甲子（日主）
庚午

甲子日主生於九月，九月土旺用事，財旺而生煞。幸午中有丁，子中有癸祿，滋扶甲木，相扶相成，主貴。用丙火制庚。丙火為用，貴大富小。

用神：『丙火』。

吉方：南方。

財方：南方。

忌方：北方。

例㈢

甲戌
甲戌
甲寅（日主）
丙寅

日主甲寅，生於九月，干上有三甲，甲祿在寅，戌為火墓。支上雙寅雙戌，寅戌會火局。此為傷官而無印，火旺木枯福澤不足。必須佩印，再行東北方旺地，就能取貴，南方為忌方。（此為革命先烈黃克強之命造。）用神為『癸水』。

吉方：東北方、北方。
財方：東北方。
忌方：南方。

例㈣

庚辰
丙戌
甲寅（日主）
庚午

日主甲寅生於九月，日主甲祿在寅有庚貼身相剋，由時支午火剋制之。使庚不剋甲木。支上寅午戌會火局。年上庚由丙剋制之。專取辰中『癸水』為用神。行西北運，主富。

用神：癸水。
吉方：北方。
財方：北方。
忌方：南方。

3. 日主『甲辰』類

例㈠

戊午
壬戌
甲辰（日主）
庚午

日主甲辰生於九月土旺之時，為財旺生煞，辰為溼土能滋潤甲木。又有庚金出干。支上雙午中有丁火制之。午戌又形成火局。庚、丁、癸配合得當，故主富貴。用神為『癸水』。行運東北。

吉方：北方、東北方。
財方：東北方。
忌方：西南方。

例㈡

甲辰
甲戌
甲辰（日主）
甲戌

甲辰日主生於九月，干上有四甲為天元一體。支聚辰戌四庫。月令財星（土）當旺。甲木生於戌月為養位，喜甲木坐辰溼土之上，有水土養根，因此此木為活木。財旺用比。此為富貴壽考之命。用神為『甲木』。行東方運。

吉方：東方。
財方：東方。
忌方：西方。

例(三)

戊辰
壬戌
甲辰（日主）
己巳

日主甲辰生於九月土旺，剋去壬水，甲木又無比劫（甲、乙木）。甲己有合化之情。走火土運大吉。東北水木之地運蹇。

用神：『戊土』。

吉方：南方。

財方：南方。

忌方：東北方、北方。

例(四)

庚辰
丙戌
甲辰（日主）
甲戌

日主甲辰生於九月，干上有庚丙出干，為『食神生財格』，用丙火去庚生財，以『丙火』為用神。此命主富貴。此為庚辰年千禧寶寶之命格。

吉方：南方。

財方：南方。

忌方：北方。

4. 日主『甲午』類

例(一)

壬午
庚戌
甲午（日主）
庚午

日主甲午生於九月，干支中庚午兩旺，支上午戌會火局。火旺木枯，甲木又為庚金所傷，幸得壬水洩庚金，並制火旺，以扶甲木。此為假傷官得地之命格。用神為『壬水』。

吉方：北方。

財方：北方。

忌方：南方。

例(二)

癸丑
壬戌
甲午（日主）
壬申

甲午日主生於九月，干上有二壬一癸，支上雖有午戌會火局，但無法向上通根，以致丁火無法生發。幸庚祿居申，可有一點作為，仍有富貴。此亦假傷官格。用神為『癸水』。行運東北吉。

吉方：北方、東北方。

財方：東北方。

忌方：南方。

5. 日主『甲申』類

例(一)

乙卯
丙戌
日主 甲申
丁卯

甲申日主生於九月，庚祿在申，甲刃在卯，煞刃皆不秉令居旺，有丙火出干，以『丙火』食神生財為用。用神為『丙火』。

吉方：南方。
財方：南方。
忌方：北方。

例(二)

丙子
戊戌
日主 甲申
壬申

甲申日主生於九月，庚祿在申。支上申子會水局，壬水又出干，用戊土制壬，此命局是富大貴小之命。用神為『戊土』。

吉方：南方。
財方：南方。
忌方：北方。

6. 日主『甲戌』類

例(一)

庚戌
丙戌
日主 甲戌
戊辰

日主甲戌生於九月，支上有三戌，戊土出干，時支上辰又為溼土，土重，又有丙火出干，以丙火食神幫身為用。是既富且壽之命格。干上有庚金為官煞，從武職可有小貴之格局。用神為『丙火』。

吉方：南方。
財方：南方。
忌方：北方。

例(二)

己丑
甲戌
日主 甲戌
甲子

日主甲戌生於九月，此命格中全靠『戊』中藏支二點丁火，加時支子中癸水，而稍有衣食。無庚金，為常人也。甲戌為枯木，以財為用。用神為『戊土』。

吉方：南方。
財方：南方。
忌方：北方、東北方。

十月生，日主甲木用神取法

十月（亥月）為甲木長生之地，壬水居臨官。水旺泛木，必須有戊土為制。再看丙火。四柱上丙戊都有，木氣則會生旺。才能再用庚丁為用。壬水不透干，不必用戊土。

◎有庚丁在四柱干上，加上戊土出干，名為『去濁留清』，為大富大貴之命。即使無丁火，亦可有小富貴。倘若四柱甲多，破戊土，或庚金無根，則為平常人。若四柱庚戊透干，雖多比劫（甲乙木），也定能富貴長壽。

◎四柱多比劫（甲乙木），只有一個庚金在干上，而庚坐祿逢生（如庚申），此為捨丁從庚，以庚金制劫煞。逢財（戊己土）則有小富貴。但必須運行東南運。行西北運為凶。

◎若四柱支上見申、亥，有戊土出干，可以救庚丁，主貴。若干上單有己土，其力量太弱，無法有大貴。

支上見申亥，壬水皆逢生得祿，壬水太旺會洩庚傷丁。十月甲木，以庚丁為正用。不論庚丁並用，或捨丁用庚，水旺時，必須用戊土來救。

◎十月甲木見食傷生財（丙火生戊土），為以武職大貴之人。因壬水太旺，生反為是剋。見才破印（見戊土制壬水），反剋為生。再見丙火，沒有不大貴的。

◎十月初冬之甲木，用神不外乎用煞（庚金）、用傷官（丁火）二者。

舉例說明：

1. 日主「甲子」類

例(一)

戊辰
癸亥
日主 甲子
乙亥

日主甲子，生於十月，亥為乾宮，甲日生亥月、亥時，為『趨乾格』。年干上有戊土出干，止住水局。此乃用財損印之格，為貴命。

用神：『丙火』。
吉方：南方。
財方：南方。
忌方：北方。

例(二)

壬辰
辛亥
日主 甲子
己巳

甲子日主生於十月，干上甲己化土，必須以火為用。今無丙，而壬辛透干，支上子辰又會水局。水多土蕩，為破格。幸時支巳宮中有丙戊得用，一生孤寡多疾，至晚年才稍好，有衣食無缺。

用神為『丙火』。走火土運。
吉方：南方。
財方：南方。
忌方：北方、西北方。

2. 日主「甲寅」類

例(一)

壬子
辛亥
日主 甲寅
甲子

日主甲寅生於十月（亥月）亥中有壬甲，為水旺木旺之局。四柱干支皆通根。無土混雜，不逆水性。水木運為其旺神。火運為忌。

用神：『癸水』。行東北運。

吉方：北方。

財方：東北方。

忌方：南方。

例(二)

乙卯
乙亥
日主 甲寅
己巳

日主甲寅生於亥月，干上有比劫（甲乙木）、支上亥卯會木局，甲祿在寅，故木旺，用時支上『巳』中丙火為用。

用神：『丙火』。

吉方：南方。

財方：南方。

忌方：北方。

3. 日主「甲辰」類

例(一)

丙子
己亥
日主 甲辰
丙寅

日主甲辰生於亥月，干上甲己合化土，支上子辰會水局。專用丙火，使寒木向陽，主貴。丙見亥為貴人。丙子納音水，臨官在亥為秀氣。故以取貴。用神為『丙火』。

吉方：南方。

財方：南方。

忌方：北方。

例(二)

庚辰
丁亥
日主 甲辰
壬申

日主甲辰生於亥月，干上庚丁為用，時干上有壬水傷丁為忌神。支上見申、亥，辰為溼土，又無戊土出干來救，行火土運為佳。至壬運大凶。用神為『丙火』。火土運。

吉方：南方。

財方：南方。

忌方：北方。

例(三)

	丙寅
	己亥
日主	甲辰
	甲戌

日主甲辰生於亥月，亥中有甲木長生之地，寅為甲祿之地。四柱無金，為武貴。用食神（丙火）生旺甲木為用。主貴。

（此為清代岳鍾琪將軍命造）。

用神：『丙火』。

吉方：南方。

財方：南方。

忌方：北方。

4. 日主『甲午』類

例(一)

	戊子
	癸亥
日主	甲午
	甲子

甲午日主生於亥月，癸祿在子，戊土出干，可止水，丁火藏於午中。為武貴。走火木運。用神：『丙火』。

吉方：南方。

財方：南方。

忌方：北方。

例(二)

	癸未
	癸亥
日主	甲午
	丁卯

日主甲午坐於亥月，有雙癸出干，其勢泛濫。甲木生於冬季喜火來溫暖，又喜生於卯時（卯中藏乙木），使丁火通根。支上卯、亥、未會木局，使日主生旺。並能洩水生火。全局無金混雜，至火土運而主貴。

用神：『丙火』。

吉方：南方。

財方：南方。

忌方：北方。

5. 日主『甲申』類

例(一)

丙午
己亥
日主 甲申
己巳

日主甲申生於亥月，午年生人見巳、亥為破宅煞、破碎煞，亦為亡神劫煞，主耗財破產。申巳相刑，主酒色破家。支上見申、亥，壬水太旺，己土不足救之，須用丙火食傷生財為用。

用神：『丙火』。

吉方：南方。

財方：南方。

忌方：北方。

例(二)

甲寅
乙亥
日主 甲申
癸酉

日主甲申生於亥月，支上有申、亥，壬水逢生得祿，壬水太旺，而干上無戊土為制。寅年生人見酉為破碎煞，主人狡滑夭命。寅生人見亥為亡神劫殺。

用神：『丙火』。

吉方：南方。

財方：南方。

忌方：北方。

6. 日主『甲戌』類

例(一)

乙未
丁亥
日主 甲戌
庚午

日主甲戌生於亥月，干上有庚丁透出，支上午戌會火局，未合午貴。故主貴。以煞刃遙合，為武貴。用神為『丁火』。

吉方：南方。

財方：南方。

忌方：北方。

例(二)

丁酉
辛亥
日主 甲戌
辛未

日主甲戌生於亥月，支上亥未會木局，年上丁火剋制住月干上辛金。以時上辛金為用。支上戌中戊土制住亥水。使財官得以生旺。戌中戊辛一同得用。

用神：『辛金』。

吉方：西方。

財方：西方。

忌方：東方。

十一月生，日主甲木用神取法

十一月生之甲木，木性至寒，必須先用丁，再用庚金，並用丙火輔助。十一月為癸水當令（十一月為子月，子中含癸），命格四柱中，癸不宜透干，癸水出干，則有洩庚制丁火之慮，此為火金之病神。十一月甲木為正印格。

◎四柱庚丁皆出干，支上見寅、巳的人，主貴。若癸水透干而傷丁火。無戊己為救的人，會成為殘疾之人。若四柱上有兩個壬水，而無庚丁的人，為一庸碌之人。有一丙出干才得救。

◎四柱支成水局時，再加以壬水出干，名為『水泛木浮』，主貧，一生流離顛沛，死無棺木。

十一月之甲木為寒木，專用庚丁，若無丁而有丙的人，是富中取貴之人，從武職會異途顯達。

冬木需調節氣候。要水金並用，無丁見丙亦可富貴。用庚丁，在四柱支中藏丙戊來配合，為上格。

◎十一月之甲木為仲冬之木，用庚金必須用丁火輔助。用丙火必須戊土輔助。用庚金，無丁火輔助之人，庚金為忌神、為煞，子孫多不肖。用丁火、丙火為用，寒木得到溫暖，子孫多而賢達。

舉例說明：

1. 日主「甲子」類

例(一)

壬戌
壬子
甲子（日主）
戊辰

日主甲子生於子月，此命格雙壬出干，水勢泛濫，幸時干上戊土剋壬，戊土又靠年支戌土而有根。戊為燥土，必須以火焙之，故行運南方火運，可發財，為異途顯達之命。用神為『丙火』。南方運。

吉方：南方。
財方：南方。
忌方：北方。

例(二)

辛酉
庚子
甲子（日主）
丙寅

日主甲子生於子月，仲冬木性衰弱，金體寒固，用丙火來取暖，亦可制金。幸得時辰生得好，寅為甲祿之地。丙為陽火，甲木遇暖而發。寒木必須有火在長生之地，命格才可有富貴。用神為『丙火』。南方運。

吉方：南方。
財方：南方。
忌方：北方、西北方。

2. 日主「甲寅」類

例(一)

庚寅
戊子
甲寅（日主）
丙寅

日主甲寅生於子月，丙戌助旺子中癸水而生甲木。支上有三寅，木氣旺而堅固。庚金煞氣無根（下無支通氣）剋木，成為忌神。時干戊土出干制水，而能生金。時干丙火暖木洩庚，成為用神。走木火運主貴。

用神：『丙火』，走木火運。

吉方：南方。
財方：南方。
忌方：北方。

例(二)

壬辰
壬子
甲寅（日主）
戊辰

日主甲寅生於子月，有雙壬出干，支上又會子辰水局，水勢太旺。幸甲祿在寅，日主上下通根堅固。時支辰為溼土，又為木之餘氣，既能蓄水、止水，又能託根，此格為『君賴臣生』。走火土運，富貴皆準。用神為『丙火』。南方運。

吉方：南方。
財方：南方。
忌方：北方。

例(三)

壬辰
壬子
日主 甲寅
乙丑

甲寅日主生於子月，此命造與前造近似，所差乃時辰不同而已。有二壬出干，支會子辰水局。地支尚有子丑、寅辰夾『卯』，甲刃在卯，雙重夾卯稱之『聯珠夾刃』為貴格。以寅宮丙火為用。

用神：『丙火』。走南方運。

吉方：南方。

財方：南方。

忌方：北方。

例(四)

乙亥
戊子
日主 甲寅
甲子

日主甲寅生於子月，四柱木多，冬木為寒木，幸有日主支臨寅宮而生旺，此格以財損印（以戊土制水），專用寅宮中之丙火，運行南方火鄉主貴。用神為『丙火』。南方運。

吉方：南方。

財方：南方。

忌方：北方。

3. 日主『甲辰』類

例(一)

辛亥
庚子
日主 甲辰
乙亥

日主甲辰生於子月，庚辛金生水，支上亥中有壬祿、甲木長生之地。支上子中有癸祿，煞印相生，扶助日元。印綬得所，主貴。支會辰子水局，用辰中戊土為用。走火土運。用神為『戊土』。火土運。

吉方：南方。

財方：南方。

忌方：北方。

例(二)

乙巳
戊子
日主 甲辰
癸酉

日主甲辰生於子月，支上有辰子會水局，有癸水出干，而戊癸相合，取年支巳宮中之丙戊為用，制水並暖甲，稍有衣食。（此命格為『燈花拂劍格』）用神為『丙火』。走火土運。

吉方：南方。

財方：南方。

忌方：北方。

例㈢

	乙巳
	戊子
日主	甲辰
	庚午

日主甲辰生於子月，支上有辰子會水局。此命造幸時辰生得好。有庚金劈甲引丁（午中藏有丁火），從武職主大貴。用神為『丁火』。走火土運。

吉方：南方。

財方：南方。

忌方：北方。

㊟：『燈花拂劍格』：即命格為冬木者又生於夜晚，四柱有水泛木浮之現象，專取支中一點火氣為用，稱之。

4. 日主『甲午』類

例㈠

	丙子
	庚子
日主	甲午
	丁卯

日主甲午生於子月，干上庚丁丙透，更有丙火可暖甲，制庚。甲刃在卯，兼具煞刃格，故大貴。月令為七煞，時見刃，宜用印解之。用神為『癸水』。

吉方：北方。東北方。

財方：東北方。

忌方：南方。

例㈡

	壬辰
	壬子
日主	甲午
	丙寅

日主甲午生於子月，有雙壬出干，年支、月支形成子辰會水局。而日支、時支有寅午會火局，又有丙火出干。甲祿在寅、午中有丁己祿。冬木寒凍，需用丙火解凍。故以丙火為用。為一富中取貴之命。用神為『丙火』。南方運。

吉方：南方。

財方：南方。

忌方：北方。

5. 日主『甲申』類

例(一)

甲子
丙子
日主 甲申
己巳

日主甲申生於子月，子月為印綬（癸水）當權，為殺印相生。日主甲申為甲木生於堅石之上，不受水生。而甲見己化土，須賴丙火生之。支上申子會水局，丙火坐於子水之上，不能生扶。故其人品不端正。遇金年剋木而不吉。

用神：『丙火』。南方運。

吉方：南方。

財方：南方。

忌方：西北方、北方、西北運。

例(二)

癸丑
甲子
日主 甲申
庚午

日主甲申生於子月，干上有二甲木旺坐印（子中癸水為印）。用庚金劈甲引丁（午中藏丁火）。子申會水局，子沖午火。又有癸水出干，須有戊土制水方可，丑中己土為溼土，雖制水，太弱。故雖有小貴，但骨肉刑傷。

用神：『戊土』，走火土運。

吉方：南方。

財方：南方。

忌方：北方。

6. 日主『甲戌』類

例(一)

戊辰
甲子
日主 甲戌
甲子

日主甲戌生於子月，有三甲出干，支上子辰會水局。日支上戌中有戊丁辛。官煞不足，專用戊土為用來制水固甲。此命格為性格豪邁，以俠氣著稱。

用神：『戊土』。走火土運。

吉方：南方。

財方：南方。

忌方：北方。

例(二)

辛丑
庚子
日主 甲戌
辛未

甲戌日主生於子月，干上有一庚二辛，官煞重，剋木，子月為煞印相生，幸支上丑、戌、未中皆有丁火，可暖甲，再用庚金劈甲引戌中之丁火為用。

用神：『丁火』。

吉方：南方。

財方：南方。

忌方：北方。

十二月生，日主甲木用神取法

十二月生之甲木，木性極寒，甲木至丑月雖是冠帶之地，但為寒氣束縛，一定要有丙火溫暖才能生發。以庚丁來取貴，卻不能沒有丙火解凍。只宜在生旺之方，切忌死絕之地，無丙火而用庚丁的人，只宜行東南木火運。

◎四柱上庚丁兩透出干者，主文貴。干上有庚，丁藏支中者有小富貴。干上有丁而庚藏支中者，亦是富貴之人。四柱無庚金的人是貧賤之人。四柱無丁火者為寒儒之人。此因用庚劈甲引丁，以庚取貴，以丁取富之故。

◎四柱上無庚金而干上有數個丁火的人，亦是富貴的人。但必須比肩（甲木）多，使丁火生發，其人才會有才德，才會有貴顯之日，如果沒有（甲木）便是平常人，稍有衣食之祿而已。

倘若四柱支中無丁火，而多見水，即使有比肩（甲木），仍是平常人。

◎四柱上無庚金的人，便要專用丁火，但須在支上有寅巳午，做為丁火之根，更要有甲木成林，如此雖沒有庚金，亦為富貴之人。若沒有甲木，丁火的火力便不足。四柱中雖有甲木而支中多有水，也是不吉，主貧。無丁可以用丙，無庚卻不能以辛來代替。因無庚不成格之故。

◎大寒之前所生之甲木之人，四柱干上有庚丁，而支中暗藏丙火之人，為大富大貴之人。四柱無丙火出干，而支上有午戌會火局的人，亦會主貴。大寒之後所生之人，用神專用丙丁。支上有『寅巳』的人，木火旺，有文明之象。有富貴。

◎臘月所生之甲木為假木（枯木），必須有庚，無庚不成格，難免夭病。而四柱庚旺，不可無丁火。庚金多而無丁火的人，行東南運，亦可主貴。

◎四柱甲木多之人，日元最好是甲寅、甲辰，寅辰為甲木生旺之地。不可為甲申、甲戌。申戌為甲木死絕之地。若甲子日主而生於寅時的人亦以生旺論之。但四柱有水多而困滅丁火的人，便是一般平常人，不會有什麼作為了。

舉例說明：

1. 日主『甲子』類

例(一)

丁亥
癸丑
日主 甲子
辛未

日主甲子生於丑月，支上有亥子丑支類北方。有辛癸出干，為官印之元神，剋去丁火。支上又有丑未相剋。未中丁火又被制，使水旺乘權而有病。此命格為清寒之命局。

用神為『丁火』。走火土運。

吉方：南方。

財方：南方。

忌方：北方。

例(二)

甲午
丁丑
日主 甲子
丙寅

日主甲子生於丑月，有雙甲出干，四柱無庚金，子午相冲，干上有一丙一丁，支上見寅午，為木火旺之格局，主富貴。用神為『丙火』。走木火運。

吉方：南方、東南方。

財方：東南方。

忌方：北方。

2. 日主『甲寅』類

例(一)

辛未
辛丑
日主 甲寅
戊辰

日元甲寅生於丑月，有戊土出干，支上未、丑、辰皆土，幸喜日元甲寅，甲木坐丙火長生之地，火土相生，此謂『財旺生官』格。主富貴。用神為『丙火』。走南方運。

吉方：南方。

財方：南方。

忌方：北方。

例(二)

壬午
癸丑
日主 甲寅
丁卯

日元甲寅生於丑月，支上見寅卯，甲木增旺。干上有壬癸出干為病，而傷丁火。幸有支上午火、助丁火之根，『戊土運』能合去癸水，制住壬水而治病得藥。主小貴。

用神為『丁火』。

吉方：南方。

財方：南方。

忌方：北方。

3. 日主『甲辰』類

例(一)

壬辰
癸丑
日主 甲辰
己巳

日元甲辰生於丑月，干上壬癸出干為病，但甲己合化土，時支上有巳，巳宮丙火得祿，使甲木在寒冬有向陽之火而暖，而有富貴。

用神為『丙火』。
吉方：南方。
財方：南方。
忌方：北方。

例(二)

己丑
丁丑
日主 甲辰
庚午

日元甲辰生於丑月，有庚丁出干，甲己化合，支上丑辰夾寅、卯，而辰午夾巳，使甲木有火氣。再以庚金劈甲引丁，時支上『午』中之火助丁火之勢，故大富大貴之命格。

用神：『丙火』。東南運。
吉方：南方、東南方。
財方：東南方。
忌方：北方。

例(三)

己丑
丁丑
日主 甲辰
癸酉

日元甲辰生於丑月，干上癸水傷丁，支上丑辰皆溼土，不足以引丁生燄。木火皆不旺，為貧且賤之命。

用神：『丁火』。
吉方：南方。
財方：南方。
忌方：北方。

4. 日主『甲午』類

例(一)

癸亥
癸丑
甲午（日主）
乙亥

甲午日元生於丑月，年支與時支上癸水臨亥為長生旺地，為長壽者之相。但日支午中丁火用神不透干，而水多又傷丁火，因此為長壽孤貧之人。

用神：『丁火』。

吉方：南方。

財方：南方。

忌方：北方。

例(二)

戊寅
乙丑
甲申（日主）
庚午

日主甲午生於丑月，有甲乙比劫出干，支上有寅午會火局，亦有庚金出干，主富貴。行東南運。

用神為『丙火』。

吉方：南方。東南方。

財方：東南方。

忌方：北方。

5. 日主『甲申』類

例(一)

辛未
辛丑
甲申（日主）
甲子

甲申日元生於丑月，有雙甲出干，申子會水局，未為木墓，丑為辛墓，未中一點丁火，被水局剋去。干上也無庚丁，此為貧者之命。

用神為『丁火』。

吉方：南方。

財方：南方。

忌方：北方。

例(二)

戊寅
乙丑
甲申（日主）
庚午

日主甲申生於丑月，有甲乙木出干，甲祿在寅，庚祿在申，支上又會寅午火局，制庚旺木。此命格主富貴。取午中丁火為用。用神為『丁火』。木火運。

吉方：南方。東南方。

財方：南方。東南方。

忌方：北方。

6. 日主『甲戌』類

例(一)

甲寅
丁丑
日主 甲戌
己巳

日主甲戌生於丑月，時支上己土通根巳宮，土臨旺。年上甲祿在寅，甲寅見月干丁火有相生之義。甲己雖化土，卻是假化。至南方火地。或火運。生助化神而得富貴。寅戌會火局，助丁火生旺。用神為『丁火』。

吉方：南方。
財方：南方。
忌方：北方。

例(二)

庚子
己丑
日主 甲戌
甲戌

日元甲戌生於丑月，有雙甲出干，支上雙戌，戌宮中丁火暗藏，運行南方主貴。用神為『丁火』。

吉方：南方。
財方：南方。
忌方：北方。

例(三)

丙午
辛丑
日主 甲戌
甲辰

日元甲戌生於丑月，年干與月干丙辛相合，失去作用，支上雖有午戌會火局。但丁火不透干，一片戊土，財多身弱，支上辰戌相冲，丑戌相刑，刑冲並見，孤寡貧賤之人。用神為『丁火』。

吉方：南方。
財方：南方。
忌方：北方。

例(四)

庚辰
己丑
日主 甲戌
庚午

日元甲戌生於丑月，有雙庚出干，甲己相合化土，支上午戌會火局。午中有丁祿，戌中亦有丁火，因此主富貴。以『丁火』為用神。

吉方：南方。
財方：南方。
忌方：北方。

第十二章

日主乙木喜用神選用法

◇◆ 乙木為花卉、稻麥、柔弱花草之木。

◇◆ 屬於已退氣之木。春木，專用丙癸。

◇◆ 夏木，以癸為貴。秋木，先丙後癸。

◇◆ 冬木，丙戊皆透主富貴。

第十二章　日主乙木喜用神選用法

乙木性質

乙木為柔弱之木，為園中花卉、田中稻黍稷麥等類的植物，屬於清和已退氣之木。它生於春季，必須好好的培養。生於夏季必須要有樹木蔭庇它。生於秋天要多灌溉它。生於冬季需火溫暖，更需要有陽光來照曬它才會長得好。

乙木最怕甲木參天來逼害它，也怕庚金來傷害它。因此甲庚都是乙木之病。

乙木性質柔和，可對己未、己丑之土能剋之。未為木庫、丑為溼土，可培植木之根，乙木根深蒂固，就能剋己土。乙木屬於草性的植物，儘管生於秋天，外表凋零殘落，即使剋制稍為過頭，亦不為害。因乙木本身為退氣，乙木又為陰干不怕衰之故。

日主乙木之人，只要四柱有丙丁，即使生於申酉月（七、八月），在金神秉令之時，也不怕。生於冬天的人，支上一定要有『寅巳』不可，否則即使支見有午（午中有丁火），也不足以使乙木生發。

日主乙木之人，四柱天干有甲，或是地支有寅，稱為『藤蘿繫甲』。這是稱乙木有如蔦蘿倚靠松柏之木而生，有堅木可倚靠。甲木為生旺之氣，乙木為衰弱之氣，乙隨甲可生旺，不論氣候的變化，木性增強，四時皆旺了。

春木

春天乙木忌專用丙癸，忌金水多

春天之乙木，如同蘭花、柳枝之木，必須有丙癸。丙為溫暖的陽光，癸水可滋潤乙木之根，有陽光、有水，便可花開富貴。日主乙木之人，四柱有丙癸透干者，要不逢化合（丙辛化合、戊癸化合），相剋相困，則有大富貴。

春天之乙木最忌四柱中見金水多，金為頑鐵會傷根，水多溼重，亦會損根使其枯萎。因此乙木以丙癸來生扶，以金水為忌神。

夏木

夏季乙木，以癸得貴

夏季乙木，木性乾枯，以調候為主，夏至以前專用癸水，夏至以後，先用丙後用癸水。也就是四月時專用癸水，五、六月時先用丙、再用癸水。

夏季乙木，以癸水為真用神，不論干上透出或支裡藏用，皆為主貴之人。若無丙火相助扶用，此人難由正途主貴，而是異途顯達之人。

夏季生乙木之人，四柱上有丙透干，支上又有丙火，稱之『木秀火明』，再有一癸水透干，主大富貴。若是干上有二丙一癸的人，只有小貴，但為高壽之人。乙木見丙為『木火傷官』格，不能無印（癸水），無癸而丙多之人，必會夭亡。若癸水多，四柱干上，有丁無丙，丁火被癸水所困，則為平常庸碌之人。

乙木生夏季，若四柱只有一癸出干，可由異途作官。若癸藏支子辰之中，為異途職小之人。若癸在時干上，己土在月干上，丙藏於支中，有異途顯達之相。若是戊土在干上，戊癸相合化火，則癸為無用，人亦為無用之人了。

乙木生夏季，若癸水出干者多，或支藏癸水者多而無丙火的人，由武職得貴。

秋木

秋季乙木，金神得令，先丙後癸

秋天的乙木，因秋季金神主旺，必須先用丙火剋金，再用印（癸水）化煞。九月（戌月）為土燥木枯，須水來滋潤木性，必須專用癸水。用丙火會更增戌中火土以為病了。

冬木

冬季乙木，丙戊透干有富貴

冬季乙木枯寒。必須取陽氣丙火為用。水多凍木使生氣受損。冬季寒木必須向陽，故不可取丁火，而專取丙火為用。兼取戊土為治病之藥，水多為病，戊土合癸去病。有丙戊透干者有富貴。

冬木以洩為生，有丙火在干上即不弱，能化木以生財，雖不大富亦不會貧寒了。

日主乙木，所臨支位不同，而有旺衰，其用神宜忌如下：

日主『乙丑』：乙丑為泥中剛植下之木，最喜歡氣候溫暖，有陽光、水來滋潤的環境。若是乾旱或水災來侵害，則會受到摧殘，一生刑剋多而不順。

日主『乙卯』：乙卯為稷黍稻麥有美麗果實之木。這是一種有珍貴可食的植物。生於此日的人，喜歡財官、印綬來相呵護，以及丙丁食傷使之揚眉吐氣。忌諱酉冲卯。子刑卯，甲木來劫財、辰土來相害。酉、子、甲、辰皆為忌神。

日主『乙巳』：乙巳為倒插於花瓶中之花木。必須要用泥漿深埋（需己土），並要用庚辰（金土）來穩固它，才能安穩的存活。若有陽火來照更好（丙火）。若一冲則死（遇亥，巳亥相冲）。搖動它則會枯萎，因此必須有庚金來穩固它則會生發而開花有富貴。

日主『乙未』：乙未為花架上的藤蘿之植物，最喜歡支上有寅亥等甲木來支助它，才能得雨露之惠，而有不凡的富貴。倘若無支架則會淪落塵土之中，泥濘不堪。

日主『乙酉』：乙酉為有香氣的盆中之花木。清香秀麗，可供賞玩。凡日主乙酉之人，四柱天干有財官、印綬（戊、庚、壬），地支無卯辰冲刑的人，則主貴。而最怕午破酉，亥刑酉，使花之精華破壞了。

日主『乙亥』：乙亥為寄生他木之植物，死處逢生，而有依附。日主乙亥者，多是移枝接木，若四柱中有甲木，則使乙木凋萎，有巳則冲亥。此命者多庶出或晚生之子，骨肉分離刑剋。若劫星甲木安穩，會有意外之奇遇。

正月生、日主乙木用神取法

正月生，日主乙木者，正月猶有寒氣，乙木又為柔弱的卉草之木，用神之取用，不離丙癸。丙為太陽，癸為雨露，丙癸都有，謂之不晴不雨，正好養花植草。丙癸兩透干者，必定主貴。四柱丙多無癸的人，為粗俗而富有之人。用財（戊土）洩丙火之旺。

◎正月乙木之人，若干上丙少癸多，又丙為所困，一生為寒士無財。若四柱戊己多，命格為溼土之木。亦為下格，有財不秀氣。癸水、已土多的人，而無丙火，陰溼之土亦不能使木繁茂，亦是下格。癸水宜少不宜多，以潤澤為主，水多損根無益。

◎正月乙木之人，若四柱有丙火而無癸水的，雖然有名聲，但難有顯達之日。

◎正月乙木，以丙火為正用。若火多，如支成寅午戌會火局者，則不能不用壬癸水為去病之藥了。火多、陽氣太盛，必須以印（壬癸）制傷（丙火）為用。

舉例說明：

1. 日主『乙丑』類

例(一)

丁巳
壬寅
日主 乙丑
丙子

此命主貴，幸有時干上得丙，時支上子中透癸，貴在逢子水。丁壬相合，隔丙，水火不相礙而得用。

用神：丙火。走南方運。
吉方：南方。
財方：南方。
忌方：北方。西方。

例(二)

辛酉
庚寅
日主 乙丑
壬午

日主乙丑生正月，四柱干上無丙火出干，乙、庚相合，又多金水。酉年生人遇寅為破宅煞。此為一平常人之命。幸有支上寅午會火局以救。

用神：丙火。
吉方：南方。
財方：南方。
忌方：北方、西方。

例(三)

日主

甲寅
丙寅
乙丑
丁丑

此為大陸四人幫，江青之命格。日主乙丑生於寅月，干上有甲丙丁，支上有雙寅，木氣生旺，寅中有甲祿，且是丙火長生之地。幸丑中有癸己辛，以辛生癸水，而有名聲、掌權。用神為『癸水』。癸運大發。戊運合去癸水，於獄中自殺身亡。

用神：癸水。
吉方：北方。
財方：北方。
忌方：南方、火土運。

例(四)

日主

壬午
壬寅
乙丑
庚辰

此為章孝嚴命格。日主乙丑生於寅月，有雙壬出干，乙庚相合，支上寅午會火局。丑辰為溼土，壬水無根，用庚生之。專用寅宮『丙火』為用神。寅中有甲祿，為『藤蘿繫甲』，寅辰夾卯，有暗祿生之。

用神：丙火。
吉方：南方。
財方：南方。
忌方：北方。

2. 日主『乙卯』類

例(一)

日主

甲申
丙寅
乙卯
庚辰

日主乙卯生於正月，此命造丙火出干，時支辰中藏癸水，而使乙木不燥，時干上庚金為病神，幸有丙火為去病之藥，故為貴命。

用神：丙火。
吉方：南方。
財方：南方。
忌方：西方、北方。

例(二)

日主

丁亥
壬寅
乙卯
壬午

日主乙卯生於正月，干上有丁壬相合。支上卯亥會木局，寅午會火局。可惜無癸水，主貴。但貴有不足。專用寅中丙火助旺。

用神：丙火。
吉方：南方。
財方：南方。
忌方：北方。

3. 日主『乙巳』類

例(一)

丁酉
壬寅
日主 乙巳
乙酉

日主乙巳生於正月，丁壬相合，酉中辛金為煞，『巳』又是金長生之地，以『寅』中丙火制煞為用。

用神：丙火。
吉方：南方。
財方：南方。
忌方：西方、北方。

例(二)

丙子
庚寅
日主 乙巳
丙戌

日主乙巳生於正月，有兩丙出干，支上寅戌會火局，子中癸祿得用。此命有富貴。但子年生逢巳為破宅煞，一生必有一破運之時。

用神：癸水。
吉方：北方。
財方：北方。
忌方：南方。

4. 日主『乙未』類

例(三)

辛亥
庚寅
日主 乙未
己卯

此為明崇禎皇帝命。日主乙未生於正月，初春之乙木，寒氣厚重，需丙火溫暖。此命造四柱無丙火，庚辛並見為煞禍。官煞混雜。乙未為藤蘿施架之木，最喜寅亥甲木架高蔭福。故生於帝王之家，沾君眷雇，富貴不凡，但乙未柔弱，終將委身塵土。用亥中壬水化煞，取寅中『丙火』為用神。

吉方：南方。
財方：南方。
忌方：西方、北方。

例(四)

己巳
丙寅
日主 乙未
己卯

日主乙未生於正月，有丙火出干，得祿於巳。此為陽火盛、木渴之狀。但四柱無癸水，不得已用己土洩火氣，為傷官生財格，為一富格，但為粗俗濁富之人。

用神：己土。
吉方：中部、東北方。
財方：中部、東北方。
忌方：南方。

5. 日主『乙酉』類

例(一)

戊午
甲寅
乙酉（日主）
己卯

日主乙酉生於正月，支上有寅午會火局，以制酉金。干上無丙癸，以戊土財星為用。財滋弱煞。

用神：己土。
吉方：南方。
財方：南方。
忌方：北方。

例(二)

丁丑
壬寅
乙酉（日主）
辛巳

日主乙酉生於正月，丁壬相合，支上巳酉丑會金局，而辛金透干，煞旺為病。幸時上『巳』宮為丙火得祿之地，故可主貴，有考試運，在戊丁丙運之中。

用神：丙火。
吉方：南方。
財方：南方。
忌方：北方、西方。

6. 日主『乙亥』類

例(一)

戊子
甲寅
乙亥（日主）
己卯

日主乙亥生於正月，月支寅中有丙火長生。年支『子』中有癸祿含用。此為『日祿歸時』格，丙癸得所。四柱無金傷，木氣純粹，故可富貴。

用神：丙火。
吉方：南方。
財方：南方。
忌方：西方。

例(二)

癸未
甲寅
乙亥（日主）
己卯

此為李鴻章之命。乙亥日主生於正月，癸水在年干上，丙火藏月支『寅』中，四柱無金傷，支上卯亥未會成木局，為『曲直仁壽格』。透癸者貴，故能出將入相。

用神：丙火。
吉方：南方。
財方：南方。
忌方：西方。

二月生、日主乙木用神取法

二月生，日主乙木者，因陽氣上升漸暖，乙木為花卉之木，得以繁盛開花。故乙木生於二月之人，以『丙』為首要用神，配合癸水。四柱天干丙癸兩透，又有庚藏於支用之中，必有富貴及考試高中之貴命。

乙木生二月，以水火相濟為正格。癸多則用丙。丙多則用癸。丙火為太陽，癸水為雨露，是乙木必須之物。丙癸皆有，並且無合化剋制的人，為大富大貴的命格。若有丁壬相合，會有化木之嫌，不如丙癸合宜。庚藏支用，因其會生癸水。若庚金在天干上，則會混雜成官煞不吉了。

◎若庚金透干，而下支不是『辰』，則不能化金，亦可稱貴。有『辰』則為假化，為平常人之命。

◎若干支不是庚辰，庚金透干在隔一位，庚金下支無辰，另外又干透癸水的八字，為官印相生，亦主貴。

◎二月乙木，月垣得祿（乙祿）為乘權秉令，不可從金而化。若見辰，則不化不可，此為乙被庚所剋，從化最易，故為平常人之命格。

◎若四柱支成木局，有癸在天干上，可養木，為貴命。若又有丙火來洩木氣，是為大貴之命。有丙無癸的人，是常人。

若四柱水多用丙。或是四柱戊土多而制癸水的人，是下格之命。

◎二月乙木，有丙癸二字在四柱天干之上，相濟為用，稱為『曲直仁壽格』。

此格中有癸水出干潤澤，又有丙火洩其旺氣，為上上之命。

此格中，若有丙透干，再有癸水的人，有功名勳業。

此格中，若有丙丁在四柱干上，而無癸水的人，是木火通明之格，有文名。

此格中，若癸水多而困丙，或有戊癸相合的命格，都為下格。

◎二月乙木，與正月一樣，丙癸並用，以丙為主，若四柱天干丙多，才用癸水，以制火木旺壯木渴之故。

舉例說明：

1. 日主『乙丑』類

例(一)

時	日主	月	年
丁亥	乙丑	丁卯	己未

日主乙丑生於二月，有丁己出干，支上亥、卯、未會木局。日時支上有亥丑夾子貴。此命局木盛水縮，用丑中『癸水』為用。甲乙木運不吉，行水運，用神生旺，引貴人出，有富貴。

用神：癸水。
吉方：北方。
財方：北方。
忌方：東方。

例(二)

時	日主	月	年
己卯	乙丑	癸卯	壬午

日主乙丑生於二月，支上丑卯夾寅，故為『夾祿格』。午中丁火為壬水所困，己土出干為財星透出，財又居於祿上，官煞臨於絕地（丑中金墓）故子女多刑剋。以丙火食神生財為用。

用神：丙火。
吉方：南方。
財方：南方。
忌方：北方。

2. 日主『乙卯』類

例(一)

時	日主	月	年
丙子	乙卯	辛卯	丙子

日主乙卯生於二月，雙丙出干，合去辛金（丙辛合）。卯中有乙祿，子中有癸祿，丙火照癸，故貴。出將入相之命格，家道昌和，妻賢子肖。

用神：癸水。
吉方：北方。
財方：北方。
忌方：西方。

例(二)

時	日主	月	年
戊寅	乙卯	乙卯	癸亥

日主乙丑生於二月，有雙乙出干，支上兩卯，再加寅亥甲木藏支，木多，木旺無洩。年支亥中有甲木長生。寅中有甲祿，為壽者之相。戊癸相合，旺氣只及自身。用寅中『丙火』為用神。

吉方：南方。
財方：南方。
忌方：北方、西方。

3. 日主『乙巳』類

例㈠

丁丑
癸卯
日主 乙巳
丙子

日主乙巳生於二月，四柱丙癸兩透干，丙祿在巳（日支），巳宮又有金生。癸祿在子（時支），乙祿在卯，故大貴。

用神：丙火。
吉方：南方。
財方：南方。
忌方：北方。

例㈡

壬戌
癸卯
日主 乙巳
丙戌

日主乙巳生於二月，有丙癸出干，乙祿在卯、丙祿在巳，巳宮又有金生，戌中藏辛金，故為貴格。

用神：丙火。
吉方：南方。
財方：南方。
忌方：北方。

4. 日主『乙未』類

例㈠

己亥
丁卯
日主 乙未
己卯

日主乙未生於二月，干上無丙癸，但以丁火洩木之秀氣。支上亥卯未成木局，木旺，為文明之象，為當代法學家吳經熊之命格。此亦為『曲直仁壽格』。

用神：丁火。
吉方：南方。
財方：南方。
忌方：北方。

例㈡

甲寅
丁卯
日主 乙未
丙子

日主乙未生於二月，未為木之墓庫，雖丙火出干，癸在子中不透，此亦為『曲直仁壽格』，有中等之貴。

用神：癸水。
吉方：北方。
財方：北方。
忌方：南方。

5. 日主「乙酉」類

例(一)

丙申
辛卯
乙酉（日主）
丙戌

日主乙酉生於二月，此命格雖有二丙出干，但無癸，而丙辛又相合，乙木又坐酉上絕地，卯酉相沖，酉戌相害，乙木埋根不成，反傷月令之祿，故為孤貧之命。

用神：癸水。
吉方：北方。
財方：北方。
忌方：南方。

例(二)

丁酉
癸卯
乙酉（日主）
庚辰

日主乙酉生於二月，四柱無丙，有癸水出干，但『辰』為水墓，無根。支上卯酉相沖，卯辰相害，亦為孤貧之命。

用神：丁火。
吉方：南方。
財方：南方。
忌方：北方。

6. 日主『乙亥』類

例(一)

乙丑
己卯
乙亥（日主）
癸未

此為國民政府時期，段祺瑞之命造。亦為『曲直仁壽格』。乙亥日主生於二月，無丙，有癸水出干，支上卯亥未會木局，癸透可養木，專用『未』中丁火為用。

用神：丁火。
吉方：南方。
財方：南方。
忌方：西方。

例(二)

丙午
辛卯
乙亥（日主）
甲申

日主乙亥生於二月，有丙出干，無癸，支上卯亥會木局。申亥相害，干上丙辛相合。午年生人見亥為破宅煞，此為一平常孤貧之命。

用神：丙火。
吉方：南方。
財方：南方。
忌方：西方。

三月生、日主乙木用神取法

日主乙木生於三月，三月陽春氣盛，必先用癸水，其次用丙火。乙木為柔弱之草卉之木，雖在春天，也不能用庚金制裁。若丙火多，則宜用癸水滋潤。木多則宜用丙火洩其木氣。這是甲乙木不一樣的地方。

◎日主乙木者，若四柱丙癸兩透干，而不見己土、庚金的人，主貴。四柱有己庚出干的人，為平常人之命格。

◎若有一乙逢庚相合，而沒有己土出干的人，有小富貴，但不會顯達。若四柱有庚己混雜，而無丙癸出干的人，為下命之格。因用丙癸為用神，則不宜有己庚。己土會傷癸水。庚金為傷官見官星，都是格局中之病神。

乙木為陰木，不用財官，故不用己庚。

◎若四柱水多，又有己土出干，是具有高才而不被重用之人。若不是己土而是戊土出干的人，會有異途發展。

若四柱支上會水局，有丙戊出干的人，是武職貴顯之人，亦可能是前途不明朗的官途。若支成水局，而柱上沒有丙戊的人，為離鄉奮鬥之命格。

◎三月生的乙木，以癸丙為正用神，四柱水多時用戊己，取財破印。四柱壬癸多，須用戊土做堤防，可在異途得貴，若天干無壬癸，而支上有申子辰會水局的人，再見丙火出干，須用戊土做堤，主富中取貴。

◎若四柱皆是癸水，又有辛金，則作旺格看待，取戊己土制癸，可有小富貴。四柱全是壬癸，是貧賤夭折之人。有戊制癸的人才有壽，並有技術格以維生。

◎若庚辰在時上或月上，與乙木日主並列，稱之二庚爭合。此乃貧賤之人。若年干上有丁來破庚，則可稱從化，雖無法以考試、讀書主貴，亦可掌武職之權位。丁年無庚辰月，故乙木無用庚之法，乙木見庚與煞相同，喜丁火制之，為食神制煞，故有武權。

舉例說明：

1. 日主「乙丑」類

例(一)

乙亥
庚辰
乙丑（日主）
丙子

日主乙丑生於三月，丙火出干，可破庚，癸藏子中，子辰會水局，以丙火傷官制煞為用，主武貴。

用神：丙火。
吉方：南方。
財方：南方。
忌方：北方。

例(二)

辛丑
壬辰
乙丑（日主）
戊寅

日主乙丑生於三月，四柱土多財旺，本命屬木，喜寅宮甲木幫身。丙火藏寅中支用，癸水藏丑中支用，行戊土財運，主貴。

用神：戊土。
吉方：南方。
財方：南方。
忌方：北方。

2. 日主「乙卯」類

例(一)

丁未
甲辰
乙卯（日主）
丁亥

日主乙卯生於三月土旺之時，支上未卯亥會木局，四柱木旺，無庚。用丁火洩木氣為用。

用神：丁火。
吉方：南方。
財方：南方。
忌方：西方。

例(二)

癸巳
丙辰
乙卯（日主）
己卯

日主乙卯生於三月，癸丙兩透干，己土傷癸，卯辰相害。用癸水潤木為用。

用神：癸水。
吉方：北方。
財方：北方。
忌方：南方。

3. 日主「乙巳」類

例(一)

丁酉
甲辰
日主 乙巳
甲申

日主乙巳生於三月，巳中藏丙，辰中藏癸，但丙為申中壬水所困。辰酉相合，時支申金，用丁火破之，而以日支巳中丙火得祿，有賢妻。巳申相刑，而難偕老。支上「辰」、「巳」、「申」中皆有戊土，為病神。喜行西北運。

用神：金水。西北運。
吉方：西北方。
財方：西北方。
忌方：南方。

例(二)

甲辰
戊辰
日主 乙巳
丙子

日主乙巳生於三月，干上有丙戊出干，支上辰子會水局。巳宮又有丙祿，此命格以武職貴顯。

用神：丙火。
吉方：南方。
財方：南方。
忌方：北方。

4. 日主「乙未」類

例(一)

乙丑
庚辰
日主 乙未
癸未

日主乙未生於三月，干上乙庚相合，四柱土重。用未中丁火制煞為用。此為一平常人之命格。

用神：丁火。
吉方：南方。
財方：南方。
忌方：北方。

例(二)

丙子
壬辰
日主 乙未
戊寅

日主乙未生於三月，有丙戊出干，支上子辰會水局，壬水又出干，水多，幸有戊土為堤，更見丙火暖土，主富中取貴，異途功名。

用神：丙火。
吉方：南方。
財方：南方。
忌方：北方。

5. 日主「乙酉」類

例(一)

庚午
庚辰
日主 乙酉
丁亥

日主乙酉生於三月，乙從庚合，雙庚爭合，幸有丁火出干破庚，時上丁火獨透，食神生財，富而不貴。

用神：丁火。
吉方：南方。
財方：南方。
忌方：北方。

例(二)

癸丑
丙辰
日主 乙酉
甲申

日主乙酉生於三月，癸丙並透干，支上申辰會水局，辰酉相合，辰丑相刑，水雖多，在丑、辰、申中亦有土制，用丙火暖土為用。

用神：丙火。
吉方：南方。
財方：南方。
忌方：北方。

6. 日主「乙亥」類

例(一)

甲寅
戊辰
日主 乙亥
丙子

日主乙亥生於三月，年干、月干上有甲、乙合力破戊土。時支上又有子中之癸祿得力，丙火高透，戊土又可制支上子辰所會之水局。剋制有功，為大貴之格。此為『六乙鼠貴格』。

用神：癸水。
吉方：北方。
財方：北方。
忌方：南方。

例(二)

辛巳
壬辰
日主 乙亥
壬午

日主乙亥生於三月，有二壬出干，辛金又生之，春水汪洋。辛喜巳、辰中皆有戊土，以戊土制水，專用時支午中之丁火為用神，丁運運時主貴。

用神：丁火。
吉方：南方。
財方：南方。
忌方：北方。

四月生、日主乙木用神取法

四月因巳宮中自有丙火得祿，故乙木之人，專取癸水為用神為最高之命格。乙木生四月，因丙火在臨官之位，而水至巳宮為絕地，必須有庚辛生之來輔佐，這是主要的取用之法。

◎四月生之乙木，四柱若有癸水出干，庚辛又透出，必定主貴。若只有一點癸水，而無庚辛、申酉等金做根源，雖癸水透干，只為小富而已。必須由水運扶助才會運好。

若四柱土多困住癸水，為貧賤之人。丙戊太多也不行，若支上再會火局，為瞎眼病盲之人。

◎四月生之乙木，專用癸水為用神，並以官煞（庚金）為佐，官煞可生印。雖專用癸水，但丙火可酌用，以辛金透干為清奇貴格。

◎四月乙木，以癸印為正用，四柱多金水時，用丙火傷官制衡為例外。但庚金必須不與乙木相合才可生發水源，故應以辛金輔佐癸水為清貴之格。

舉例說明：

1. 日主「乙丑」類

例(一)

辛未
癸巳
日主 乙丑
辛巳

日主乙丑生於四月，辛癸並透，且支上巳丑會金局，有生癸水之效。取癸水為用。

用神：癸水。
吉方：北方。
財方：北方。
忌方：南方。

例(二)

戊午
丁巳
日主 乙丑
壬午

日主乙丑生於四月，時干有壬水出干，但與丁有相合之情，又會被戊所制。但支上巳丑會金局可生壬，煞印相生，戊土又可生金，化忌為喜，專用丑中癸水為用神。此格主貴。

用神：癸水。
吉方：北方。
財方：北方。
忌方：南方。

2. 日主「乙卯」類

例(一)

丙子
癸巳
日主 乙卯
庚辰

日主乙卯生於四月，干上有乙庚相合，癸又為丙所制，幸有支上子辰會水局，且日支坐卯祿，癸祿在子，丙祿在巳，故有富貴。

用神：癸水。
吉方：北方。
財方：北方。
忌方：南方。

例(二)

癸酉
丁巳
日主 乙卯
辛巳

日主乙卯生於四月，干上有癸辛出干，支上巳宮丙火得祿。巳酉又會金局，辛祿在酉，官煞相生。

用神：癸水。
吉方：北方。
財方：北方。
忌方：南方。

3. 日主『乙巳』類

例(一)

乙亥
辛巳
日主 乙巳
乙酉

日主乙巳生於四月，有三乙出干，巳宮丙火臨官，急需癸水來救助，此格只能取亥中壬水為用，異途發達之命格。

用神：壬水。
吉方：北方。
財方：北方。
忌方：南方。

例(二)

戊寅
丁巳
日主 乙巳
壬午

日主乙巳生於四月，此格四柱火多，支上寅午會火局，干上壬水又為丁戊所制。以巳宮庚金以生之。

用神：壬水。
吉方：北方。
財方：北方。
忌方：南方。

4. 日主『乙未』類

例(一)

己亥
己巳
日主 乙未
乙酉

日主乙未生於四月，干上不見辛癸，支上巳酉會金局，巳亥相沖。支上酉未夾申與亥相刑。巳未夾午與酉相破。亥酉夾戌與未相刑。支上刑局太多，不吉。專取亥中壬水為用。

用神：壬水。
吉方：北方。
財方：北方。
忌方：南方。

例(二)

戊辰
丁巳
日主 乙未
癸未

日主乙未生於四月，乙未為藤類植物，需要有支架靠山幫扶。月令巳宮火旺會傷乙木。干上戊癸相合，但仍要靠巳宮金生助癸。此命為一平常人之命格。

用神：癸水。
吉方：北方。
財方：北方。
忌方：南方。

5. 日主「乙酉」類

例(一)

	年	月	日主	時
天干	庚	辛	乙	戊
地支	寅	巳	酉	寅

日主乙酉，生於四月，庚辛出干，無癸。支上巳酉會金局。此命格專取胎元癸酉為用。此為清朝大儒翁同龢之命格。

用神：癸水。

吉方：北方。

財方：北方。

忌方：南方。

◎胎元即是懷胎月份之干支。當八字四柱無所需之喜用神時，可追溯本命懷胎之月份干支以為救濟，故胎元在選取八字喜用神時也佔有重要地位。

例(二)

	年	月	日主	時
天干	辛	癸	乙	丙
地支	巳	巳	酉	戌

日主乙酉生於四月，丙火干透支藏巳宮。有癸透干，制火潤木，且丙辛相合去火。支上巳酉會金局，可生癸。用神以癸為主。

用神：癸水。

吉方：北方。

財方：北方。

忌方：南方。

6. 日主「乙亥」類

例(一)

	年	月	日主	時
天干	丙	癸	乙	癸
地支	戌	巳	亥	未

日主乙亥生於四月，有雙癸透干、亥宮有壬祿不是癸祿，故水雖通根不若金生為好。年干丙火傷官生財。此命格無金不能化財生印。支上戌未土旺，而水無源。此命格以取富為主，行金運而發，行土運運蹇。

用神：取戌中『辛金』為用神。

吉方：西方。

財方：西方。

忌方：戊土。南方。

例(二)

	年	月	日主	時
天干	乙	辛	乙	壬
地支	丑	巳	亥	午

日主乙亥生於四月，壬祿在亥，辛金在巳宮得土生之。用丑中癸水為用神。

用神：癸水。

吉方：北方。

財方：北方。

忌方：南方。

五月生、日主乙木用神取法

五月生乙木之人用神取法以夏至為界線。夏至以前生的人，因陽氣較盛，必需先用癸水次用丙火。夏至以後因為陰氣漸生，必須以丙癸二者一起並用。四、五、六月稱為三夏，用神取用以調節氣候為重要。除非四柱金水多，用丙火為用神為例外的。其餘皆以癸水為要用。

◎四柱上多見乙木，木氣朝南方，其人性情會軟弱膽怯。此因木氣至夏日根莖枯萎，一定要癸水滋潤，才能挽回。癸透有根（癸出干，支上有水支應）的人，是富貴俱全的人。但水一定要有金生，才能言吉。

◎四柱乙木多逢火位。稱為『氣散之文』。若支上又成火局，洩木之氣，都必須用癸水來滋潤。癸透有根，富貴雙全。若有年干為庚辛金，時干有癸，亦是既富且貴之人。無癸水者為常人之命格。

◎四柱丙透，又支上會火局，而無癸水的人，是殘疾夭折的人。四柱見天干有壬可解。

若火土在四柱中出現太多，為愚賤之人，或為僧道之流。

◎四柱中丙透天干，支又成火局，為火多之人，本性枯槁，若無癸水滋潤，或金水運程，不殘疾，也會夭折。

舉例說明：

1. 日主「乙丑」類

例㈠

戊寅
戊午
日主 乙丑
己卯

乙丑日生於午月（此命格在潤五月，夏至以後出生），戊土厚重，支上寅午又會火局，用丑中癸水為用。

用神：癸水。
吉方：北方。
財方：北方。
忌方：南方。

例㈡

丙午
甲午
日主 乙丑
戊寅

日主乙丑生於五月，有丙火出干，支上寅午會火局，一派火多之勢。戊土又制住丑中之癸，此為貧賤愚昧之流之命格。

用神：癸水。
吉方：北方。
財方：北方。
忌方：南方。

2. 日主「乙卯」類

例㈠

丁丑
丙午
日主 乙卯
丁亥

日主乙卯生於五月，此命日主乙木自坐卯祿。年支丑中藏癸，時支亥中藏壬水。亥丑又夾子，丑中辛金並能生癸水。使乙木根枝潤澤，因此不懼丙丁出干，成為木火通明之象。以丑中癸水為用。主貴。

用神：癸水。
吉方：北方。
財方：北方。
忌方：南方。

例㈡

癸酉
戊午
日主 乙卯
戊寅

乙卯日主生於五月，年柱上癸水得酉中辛金而生之。雖雙戊困癸，有金生，癸水則源源不斷，有潤澤的功效。支上卯午夾辰巳，午酉夾未申，剛好是東南、西南巽坤兩宮，故為貴命。

用神：癸水。
吉方：北方。
財方：北方。
忌方：南方。

3. 日主『乙巳』類

例(一)

戊申
戊午
日主 乙巳
壬午

日主乙巳生於五月，有雙戊出干，壬水又隔甚遠，支上巳宮丙火自旺，又有午中丁火，丙丁肆虐，卻不見癸水。此命有父母祖蔭庇佑。但為殘疾之命。取申中壬水為用。

用神：壬水。
吉方：北方。
財方：北方。
忌方：南方。

例(二)

丁丑
丙午
日主 乙巳
辛巳

日主乙巳生於五月，有丙丁出干，支上巳午所含丙丁猖獗，幸丑中含癸水，得時上辛金以生之。

用神：癸水。
吉方：北方。
財方：北方。
忌方：南方。

4. 日主『乙未』類

例(一)

癸酉
戊午
日主 乙未
乙酉

日主乙未生於五月，乙未為藤類之木，性弱，有癸水出干，但戊癸相合，幸有酉中辛金生之。

用神：癸水。
吉方：北方。
財方：北方。
忌方：南方。

例(二)

甲戌
庚午
日主 乙未
癸未

日主乙未生於五月，干上乙庚相合，年干有甲木相扶幫身，支上有午戌會火局，幸有癸水出干，由年支上戌中辛金而生之。此命格靠祖上蔭福而祿。

用神：癸水。
吉方：北方。
財方：北方。
忌方：南方。

5. 日主『乙酉』類

例(一)

戊戌
戊午
日主 乙酉
癸未

日主乙酉生於五月，干上戊土重重，支上午戌會火局，有癸水出干，幸有酉中辛金生之，而不至於殘疾。

用神：癸水。
吉方：北方。
財方：北方。
忌方：南方。

例(二)

癸丑
戊午
日主 乙酉
辛巳

日主乙酉生於五月，干上戊癸相合去癸水，支上巳丑酉會金局，辛祿在酉，丑中有癸水及辛金可生之，故有富貴。

用財：癸水。
吉方：北方。
財方：北方。
忌方：南方。

6. 日主『乙亥』類

例(一)

庚辰
壬午
日主 乙亥
癸未

日主乙亥生於五月，月上壬祿在亥，辰中有癸，故壬癸通根而制火。辰土亦可洩火生金，火土不燥烈，水亦不枯涸為相生之格。此命主貴。專用癸水。

用神：癸水。
吉方：北方。
財方：北方。
忌方：南方。

例(二)

癸未
戊午
日主 乙亥
丙戌

日主乙亥生於五月，乙木在亥，有癸水之根，干上戊癸相合，支上亥未會木局，午戌會火局，為木火通明之象，此格主貴。

用神：癸水。
吉方：北方。
財方：北方。
忌方：南方。

六月生、日主乙木用神取法

三夏（四、五、六月）出生之乙木之人，用神專用癸水。但在大暑之後，因近秋，逢水氣進氣而生寒，是故生在六月大暑之後的乙木之人，其人四柱又多金水的，則以丙火為要用。

◎倘若乙木生於六月之人，四柱天干有丙癸兩透，支成木局，乙木無傷，為大富大貴之人。四柱無癸水者，為一平常人之命格，且運不行北方運，用神不得地，更是困苦一生。

◎五、六月所生乙木之人，以癸水調節氣候為主，用神為癸水的人，四柱干上不可有戊己土來混雜，否則便是下格命人。若有甲木在干上制土，去濁留清，其人可成俊秀之材。若土多無甲之人，只是庸俗常人而已。

◎六月乙木生人，四柱有丙癸透干，又有甲木在干上制戊土的人，必定主貴。若沒有丙癸，只有丁火在干上，是常人。再有壬水出干，有衣食之祿。

◎若六月生乙木之人，四柱中無水，又無比劫（甲、乙木）出干，稱為『棄命從財』。為富大貴小之人。為從財格，以土做用神，以火來配合。

◎六月生乙木之人，四柱戊土多而出干者，卻又不見比劫（甲、乙木）與印（壬、癸）的人，稱之財多身弱，為富屋貧人。有一甲出干制土，才有福壽。

此為木見土為財之故。乙木生人，四柱見戊土多而不見己土，不是『真從』。日主太弱，只能助人發財，自已不能發財。財多以『劫』為救，故有甲則有福壽，再行比劫（甲、乙木）之地，也能勞碌致富。

◎六月生乙木之人，若四柱多土，且有丙辛貪合的人，是嫖賭之人。四柱有丙辛相合，又有戊癸相合的，為勞碌、離鄉背井之人。丙合、癸不合的亦屬下格。

此因四柱上丙癸見辛戊相合，而失去作用。癸水被戊土合去水。丙火為辛金制絆，而失去原性之故。六月乙木之用神大都以癸、丙為用。但此二種用神不可傷，被傷即不吉，其人變無用。

◎六月生乙木，在四柱之上有多個乙木出干，或支中亦多乙木的人，而無丙及癸者，稱做『亂臣無主』格。為平常人之命，主勞碌。倘若支上藏有辛金，為孤命閒士及僧道之流。

◎六月生乙木，在四柱上有多個甲木，而無癸、丙，又無庚金的人，是一生不實在且虛偽的人。若有庚來制甲，就會有作為。無庚制甲的人，為敗德、好酒色、無品行之人。

◎六月生乙木，月令未土即為財，四柱甲木多，為比劫奪財，須庚金以制之。故六月乙木，專用癸水，丙火酉用，庚辛金又次之。

舉例說明：

1. 日主「甲子」類

例(一)

己亥
辛未
日主 乙丑
己卯

日主乙丑生於六月，有雙己出干，未宮又有己土，丑中亦有己土，因此土旺。幸有丑中癸水，得辛以生之，金水相生，而主貴。

用神：癸水。
吉方：北方。
財方：北方。
忌方：南方。

例(二)

庚辰
癸未
日主 乙丑
丙戌

日主乙丑生於六月，支聚辰、戌、丑、未四庫土旺，無甲制土，用丙制庚，用丑中辛金生癸。

用神：癸水。
吉方：北方。
財方：北方。
忌方：南方。

2. 日主「乙卯」類

例(一)

戊寅
己未
日主 乙卯
丁丑

日主乙卯生於六月，干上戊己透出，支上卯未會木局，以疏土。以時支丑中癸水為用神，運行西北而發富貴。

用神：癸水。
吉方：北方。
財方：北方。
忌方：南方。

例(二)

辛丑
乙未
日主 乙卯
丙子

日主乙卯，生於六月，有雙乙出干，支上卯未會木局，子中有癸祿，丑中有癸，亦有辛金生之。年干上辛金又可生子中癸祿。故有富貴。

用神：癸水。
吉方：北方。
財方：北方。
忌方：南方。

3. 日主「乙巳」類

例(一)

丁亥
丁未
日主 乙巳
庚辰

日主乙巳生於六月，有雙丁出干，亥未會木局而拱卯，乙木之祿在卯，故有暗祿。專用辰中癸水為用，而使癸丙庚得以中和，取貴。

用神：癸水。
吉方：北方。
財方：北方。
忌方：南方。

例(二)

甲戌
辛未
日主 乙巳
丙戌

日主乙巳生於六月，四柱無水，干上丙辛相合化水，甲木出干，制住戌中戊土。此命格胎元為癸亥，具有水，故貴。

用神：壬水，走壬癸水運。
吉方：北方。
財方：北方。
忌方：南方。

4. 日主「乙未」類

例(一)

庚辰
癸未
日主 乙未
癸未

乙未日主生於六月，支上有三未，乙木通根。干上透兩癸，辰中亦有癸，亦通根。干上庚金獨透，癸水潤土而養金。生化不悖，為『財旺生官』格。主貴，一生平順。用未中丁火為用，走南方運。

用神：丁火。
吉方：南方。
財方：南方。
忌方：北方。

例(二)

壬辰
丁未
日主 乙未
癸未

日主乙未生於六月，有壬癸出干，支上有三未一辰，乙木雖能通根，但無法制土，四柱無金，辰中有癸水通根。以食神生財。

用神：丁火。
吉方：南方。
財方：南方。
忌方：北方。

5. 日主『乙酉』類

例(一)

丁亥
丁未
乙酉（日主）
丁亥

日主乙酉生於六月，有三丁出干，支上亥未會木局而拱卯，乙祿在卯，為暗藏祿。乙木靠亥中甲木幫身生旺，日支與時支，酉中辛金生水，以亥中壬水為用，假煞為權，為武貴之人。

用神：壬水。
吉方：北方。
財方：北方。
忌方：南方。

例(二)

辛卯
乙未
乙酉（日主）
辛巳

日主乙酉生於六月，雙乙雙酉出干，支上卯未會木局，巳酉會金局。乙祿在卯，辛祿在酉。四柱無丙、癸，為孤命閒士之命格。傳此為清咸豐皇帝命造。取巳宮丙火為用。

用神：丙火。
吉方：南方。
財方：南方。
忌方：北方。

6. 日主『乙亥』類

例(一)

丁亥
丁未
乙亥（日主）
己卯

日主乙亥生於六月，丁火兩透，洩乙木之氣。時支上卯中有乙祿幫身。支上卯亥未成木局，氣勢升旺。年支上亥中有壬水，可滋潤。取『傷官用印』為一貴格。

用神：壬水。
吉方：北方。
財方：北方。
忌方：南方。

例(二)

庚戌
癸未
乙亥（日主）
丁丑

日主乙亥生於六月，干上癸庚並透，又有丁火。支上亥未會木局，暗拱卯，卯中有乙祿，為暗祿。日支與時支亥丑夾子貴，故為大富貴之命格。

用神：癸水。
吉方：北方。
財方：北方。
忌方：南方。

七月生、日主乙木用神取法

七月為申月，申中藏庚，雖然乙庚有相合之情，但乙在天干，申支中藏庚而不能合，只會傷乙木。

◎七月生乙木之人，四柱若有丙癸在干上，並有三己，稱做『污金』，可主貴。一定要己在干上，再加天干有丙，才是上等命格。以木火為用。

七月乙木喜己土（溼土）為用，若四柱不見丙癸、己土必不可少。不失富貴。若四柱天干有丙癸出，主大富貴。

◎七月月令中含庚金，為官煞。乙木至申宮木氣已絕，故不能用官。有庚出干，乙木必受傷，申宮壬水長生，雖官印相生，亦為無情，有進退兩難之困境。因此在丙癸之外，還須己土混壬水為泥漿，以培植乙木之根。故有三己出干，（支見丑未，又有己土出干），加丙癸，為上命。

◎乙木生在七月，乙木為退氣之木，木性休囚，申中有進氣之水，如四柱支上沒有寅卯相助，就必須有濕土（己土）來培植根基。若四柱干上有癸，而丙藏支用，庚金亦少的命格，則用神不取己土，而用癸水，取官印相生，不過格局平庸，只是平常人而已。若四柱都無丙的人，格局更次之。

◎乙木生七月，若癸水藏支，四柱多見庚金。必須取用丙、己二位用神，才能使乙木生旺。四柱沒有丙己，又無癸水的命格，無法用癸洩庚來生木，故為下等格局。

◎乙木生七月，又因生於庚辰時，生時為從化及時的人，有大富貴。此為『從化格』之用。例如說乙木生在七月，四柱天干上有庚，與乙相合。生在申月，支上又有巳酉丑會金局，或是支上有成為支類西方的申酉戌三者全的格局，就以戊土做用神。此格忌諱丙丁來傷害破格。有丙丁破格者，主妻招刑。

◎乙木日元生於辰時，必生於庚辰時，又生在七月，有庚金當令，化金及時，主有大富貴。並且夫妻和睦，子孫賢孝。此命格若年干見寅巳，則有刑剋，火土傷金之故，必刑剋妻子。凡從化格，化神喜旺，不以日元為主，以生日元之化神為用神。化金者以戊土為用神。

舉例說明：

1. 日主『乙丑』類

例(一)

戊午
庚申
日主 乙丑
戊寅

日主乙丑生於七月，干上乙庚相合，支上寅午會火局，年支上又見午火，不能化金。故以丑中癸水為用神。

用神：癸水。
吉方：北方。
財方：北方。
忌方：南方。

例(二)

戊子
庚申
日主 乙丑
壬午

日主乙丑生於七月，干上乙庚相合，時支不是辰，而是午，無法化金。子午相沖，申子會水局而不是金局。故用神取子中之癸水。運行北方為吉。

用神：癸水。
吉方：北方。
財方：北方。
忌方：南方。

2. 日主『乙卯』類

例(一)

庚午
甲申
日主 乙卯
丁丑

日主乙卯生於七月，乙木坐卯有根，庚金出干，庚祿在申，有丁火制庚，此命格庚旺無丙，貴氣不足，為一富僧命。

用神：癸水。
吉方：北方。
財方：北方。
忌方：南方。

例(二)

戊午
庚申
日主 乙卯
庚辰

日主乙卯生於七月，干上乙庚相合，時上又是庚辰、化金及時。主有大富貴。以戊土為用神。

用神：戊土。
吉方：南方。
財方：南方。
忌方：北方。

3. 日主『乙巳』類

例(一)

	己巳
	壬申
日主	乙巳
	丙子

日主乙巳生於七月，有壬丙出干，壬祿在申，丙祿在巳，又有己土出干。支上申子會水局。己土混壬以培乙木。以丙火為用。

用神：丙火。
吉方：南方。
財方：南方。
忌方：北方。

例(二)

	乙丑
	甲申
日主	乙巳
	庚辰

日主乙巳生於七月，乙庚相合，支上丑巳會金局，乙庚相合化金，此格為從化格。巳申相刑，以辰中戊土為用神。

用神：戊土。
吉方：南方。
財方：南方。
忌方：北方。

4. 日主『乙未』類

例(一)

	丙戌
	丙申
日主	乙未
	庚辰

日主乙未生於七月，有雙丙出干，乙庚相合，庚金通根申宮，庚金生旺，用丙己兩位用神。

用神：丙火或己土。
吉方：南方。
財方：南方。
忌方：北方。

例(二)

	癸亥
	庚申
日主	乙未
	辛巳

日主乙未生於七月，有庚辛出干，乙庚相合，又有癸水，丙藏時支巳中為用。

用神：丙火。
吉方：南方。
財方：南方。
忌方：北方。

5. 日主「乙酉」類

例(一)

	日主		
戊	乙	丙	丙
寅	酉	申	寅

日主乙酉生於七月，干上有兩丙，支上有兩寅，煞旺，制之也強。四柱中無一點癸水，運入北方運時主貴。用申中壬水為用神，有武貴之顯。

用神：壬水。

吉方：北方。

財方：北方。

忌方：南方。

例(二)

	日主		
丁	乙	庚	癸
亥	酉	申	丑

日主乙酉生於七月，干上有乙庚相合，支上丑酉會金局，形成『從化格』，但有丁來破格傷乙，刑妻。以丑中己土為用神。

用神：己土。

吉方：南方。

財方：南方。

忌方：北方。

例(三)

	日主		
己	乙	戊	丁
卯	酉	申	卯

此為星雲法師命格。日主乙酉生於申月，干上無丙有丁，四柱無癸水，乙木日主坐於酉金之上，得己土出干，使酉中辛金不傷乙木，乙木得祿於卯，月支申中壬水為戊土所制。支上卯酉相沖，申酉為西方。卯為東方，兼具東西方之氣，故為異途顯達之人。以『丁火』為用神。行木火運發吉。

吉方：南方。

財方：南方。

忌方：北方。

6. 日主『乙亥』類

例㈠

辛巳
丙申
乙亥 日主
己卯

日主乙亥生於七月，干上有丙己出干，乙祿在卯，丙祿在巳，辛金根源在申，專用亥中壬水為用。

用神：壬水。
吉方：北方。
財方：北方。
忌方：南方。

例㈡

乙未
甲申
乙亥 日主
己卯

日主乙亥生於七月，有二乙一甲出干，支上卯亥未又成木局，木旺，有一己出干，但無丙火。專用年支未宮丁火藏用為用神。

用神：丁火。
吉方：南方。
財方：南方。
忌方：北方。

例㈢

戊申
庚申
乙亥 日主
丙子

日主乙亥生於申月，有庚出干，庚祿在申，干上乙庚相合化金。支上申子會水局，用戊土制水。以『戊土』做用神。

吉方：南方。
財方：南方。
忌方：北方。

八月生、日主乙木用神取法

八月裡所開花繁盛的乙木，主要以丹桂為主，其他的草卉芝蘭等花卉已凋謝。故以秋天所開花的丹桂為乙木。在秋分之前，桂花含蕊未開。秋天又是金神當令，木在絕胎之位，必須用癸水作用神。用印化煞。秋分以後，寒氣更增，寒木必須有陽光溫暖，因此用癸之外，還必須有丙火。丙癸兩透干者，有大富貴。

◎八月生乙木之人，四柱若支成金局，必須丁火暗藏支用以制之。沒有丁火制金，木會被金所傷。無癸水、丙火在四柱之人，為帶病延年之人。

◎八月生乙木之人，以丙癸並用為貴。若辛金出干，或四柱支上成金局者，須有丁火制金。四柱癸辛丁並透之人，為食神制煞，以武貴為大貴之格。若無丁制金，木被金傷，為殘疾夭折命。正合『秋乙逢金，非貧即夭』。

◎乙木生於八月，若四柱有癸水出干，有小貴。其人一生豐盈。四柱有丙癸在干上透出，有戊亦在干上，為異途顯職之命格。此因秋天之戊癸，不能化火，戊土得癸水滋潤，反能培木之根，只有丙癸之用較不清楚，故主異途顯達。

◎八月生乙木之人，生於秋分之後，四柱有丙無癸的人，有小富貴。有癸無丙的人，名和利較虛幻。四柱中若有丙而癸藏支中，是平常人中較能幹的一族。無丙癸在四柱之中的人，木被金傷，為下等命格，貧困夭折。

◎八月月元『酉』中自會生癸水，四柱不見癸水，亦無多大妨礙。寒木以丙為先要條件。有丙無癸，有小富貴。丙癸皆藏支中，須行運南方運，並在南方，引出丙火，可有富貴。

◎八月生之乙木，四柱中若有丙在時干之上，癸藏在支中，稱為『木火文星』，必須生於秋分之後才算，主其人顯貴。為上格。

◎八月生之乙木，生於秋分前，或生於上半個月，四柱無癸則用壬水做用神。連壬水也沒有的人，為平常無用之人。

秋分前所生之人，四柱無癸、無水，而多見戊己土的人，亦為貧賤下等之命格。

◎八月生乙木之人，秋分前可以無癸，秋分後必須有癸水。

◎書云：『秋乙逢金，非貧即夭』。又云：『乙木生於酉，莫逢巳酉丑，富貴坎離宮，貧窮申酉守。』此言木逢金旺遭傷，再遇金局，而損壽。甲木為向旺之木，怕弱。乙木為陰木，本性即衰，不怕弱。只要有癸水透出，即不畏丙辛（七煞）剋制，但必須辛金出干，更要有丙丁制煞，則此命格一定大貴。用神以四柱火旺用水，水多用丙丁火，而不必定限於上半個月或下個月來看了。

2. 日主「乙卯」類

例(一)

辛巳
丁酉
日主 乙卯
己卯

日主乙卯生於八月，支上有雙卯支應乙木，秋木旺盛。丁火緊臨辛金，制煞有功。支上巳酉會金局，又有己土出干。專用巳中丙火為用。行午運最佳。水運至凶。

用神：丙火。
吉方：南方。
財方：南方。
忌方：北方。

例(二)

戊午
辛酉
日主 乙卯
丙戌

日主乙卯生於八月，丙辛雖並透隔乙不能合，支上午戌會火局，又有丁火藏午，主貴。

用神：丁火。
吉方：南方。
財方：南方。
忌方：北方。

例(三)

丙寅
丁酉
日主 乙卯
乙酉

此為中國大陸國家主席江澤民之命格。日主乙卯生於八月，干上有丙丁，支上雙酉中有辛金，有丁火制之，日主乙坐卯祿，丙在寅火長生，八月酉中自生癸水，胎元戊子，子中亦有癸水。故主貴。

用神：癸水。
吉方：北方。
財方：北方。
忌方：南方。

3. 日主『乙巳』類

例(一)

癸酉
辛酉
乙巳 日主
丁亥

日主乙巳生於八月，癸水透干，丙藏日支巳中，支上巳酉會金局又有辛金出干，煞旺，幸有丁火以制之。四柱天干皆為陰干辛金又為陰煞，得制，官可至極品，有陰福。以武貴。

用神：癸水。
吉方：北方。
財方：北方。
忌方：南方。

例(二)

戊子
辛酉
乙巳 日主
癸未

日主乙巳生於八月，有癸辛出干，癸祿在子，辛祿在酉，支上巳酉會金局，用未中丁火制煞，貴多就武職。有戊土出干，為異途顯達之命格。（生在秋分之前，以癸水為用）

用神：癸水。
吉方：北方。
財方：北方。
忌方：南方。

4. 日主『乙未』類

例(一)

辛酉
丁酉
乙未 日主
丁丑

日主乙未生於八月，乙木坐未有根。有雙丁出干，可制辛金官煞。但丑未相沖，丁火被丑中辛癸所傷。支上又有丑酉會金局，煞旺。用神為丁火。

用神：丁火。走南方運。
吉方：南方。
財方：南方。
忌方：北方、西北方。

例(二)

丁丑
己酉
乙未 日主
辛巳

日主乙未生於八月，丁辛兩透，己土出干，支上又有巳酉丑會金局，以丑中癸水為用。行北方運有大富貴。

用神：癸水。
吉方：北方。
財方：北方。
忌方：南方。

5. 日主『乙酉』類

例(一)

癸未
辛酉
日主 乙酉
丁亥

日主乙酉生於八月，有癸辛丁出干，支上又有兩酉，支上亥未會木局助旺乙木。未中有丁火，可通根，專用丁火為用神。

用神：丁火。行南方火運。
吉方：南方。
財方：南方。
忌方：北方。

例(二)

乙亥
乙酉
日主 乙酉
乙酉

此為元世祖忽必烈之命格。天干有四乙，無癸水透干，三酉在地支為煞，喜亥中有壬來化煞為用。

用神：壬水。
吉方：北方。
財方：北方。
忌方：南方。

6. 日主『乙亥』類

例(一)

戊辰
己酉
日主 乙亥
甲申

日主乙亥生於八月，有戊己出干，而生酉金官殺。支上有申辰會水局。日支亥中有壬水，助酉金，引通官殺之氣。時上有甲透干，此格為『藤蘿繫甲』格。此命格用神為亥中壬水。能生乙木並化煞。

用神：壬水。
吉方：北方。
財方：北方。
忌方：南方。

例(二)

丙申
丁酉
日主 乙亥
戊寅

日主乙亥生於八月，辛金藏支酉中，並不透干，支上申與亥中都有壬，兩壬緊貼辛金，並洩弱之。有丙丁並透干，屬於木火文星，是『傷官生財』的格局。秋木見火，以印為用。

用神：壬水。
吉方：北方。
財方：北方。
忌方：南方。

九月生，日主乙木用神取法

九月已是深秋，月令戌宮燥土秉令，必須以癸水為先抉用神。但如果四柱上有亥寅二字，木得到長生祿旺的人，不以此論。財官食傷（戊己為財、庚辛為官、丙丁為食傷），都可以取用，並可至貴命。

◎乙木為衰木，是柔軟和藤蘿的木，見甲而變生旺。與甲相同，稱之『藤蘿繫甲』。九月生乙木，如時干支有甲申時的人，其命格稱為『藤蘿繫甲』。申宮為木之絕地。雖在深秋，乙木仍可附甲而榮盛。此因五行之中，凡陰干遇到劫才透干，並且通根長生、臨官，本氣變為生旺的，便以陽干來論斷它。乙木亦是如此，見甲木出干（劫才透出），支上有寅亥（甲木之臨官、長生之位），其氣勢便成生旺，而以陽干來論之。

◎乙木生在九月，若四柱中有癸水，又有辛金生之，一定主貴。

倘若四柱有癸無辛發水源的人，為一平常人之命格。

倘若四柱中有辛而無癸的人，為一貧賤之人。

倘若四柱中壬水多，而無癸，或癸少的人，壬水泛濫傷乙，此命格為平常人物，但為上品之格。

◎九月燥土當旺，土旺乘權，四柱壬水多的人，因木枯必用水，水多必用戊，即以從財來看（戊土為財星），故為庸俗之輩中的佼佼者。

◎九月生乙木之人，若四柱支上亥多、戊土多出干，也作『從財』來看。在此格中以沒有比印（乙癸）的，才為有財之人。有乙癸在四柱的人，是富屋窮人。此因秋季木氣休囚，土多一定從財，必須沒有比印（乙癸）。但有乙癸，只以『財多身弱』來論之，不以『從財格』來看了。此格中用神為癸水的人，因戊土剋制而子息艱難。

舉例說明：

1. 日主『乙丑』類

例㈠

庚申
丙戌
日主 乙丑
丁亥

日主乙丑生於九月，四柱無癸辛出干，而有丙丁在干上，火旺。年柱上又有庚申煞重，用丙制庚，專取丑中一點癸水，由戌中辛金而生之。此為常人之命格，一生貧苦刑剋。

用神：癸水。
吉方：北方。
財方：北方。
忌方：南方。

例㈡

壬戌
庚戌
日主 乙丑
庚辰

日主乙丑生於九月，有雙庚出干，乙庚相合，支上丑戌相刑。癸藏丑辰之中，辛藏丑戌支中，專用丑中癸水為用神。為一固執之人。

用神：癸水。
吉方：北方。
財方：北方。
忌方：南方。

2. 日主「乙卯」類

例(一)

	庚午
	丙戌
日主	乙卯
	丁丑

日主乙卯生於九月，丙丁並透天干，並且通根午戌。支上午戌會火局。可以制庚。四柱無水，喜財星歸庫，而木火通明。有中等富貴。用丑中癸水為用神。

用神：癸水。
吉方：北方。
財方：北方。
忌方：南方。

例(二)

	辛丑
	戊戌
日主	乙卯
	癸未

日主乙卯生於九月，干上有辛癸兩透干，支上卯未會木局，可以破戊土。走金水運，主貴。

用神：癸水。
吉方：北方。西北方。
財方：西北方。北方。
忌方：南方。

3. 日主「乙巳」類

例(一)

	癸巳
	壬戌
日主	乙巳
	戊寅

日主乙巳生於九月，戊土為財，在巳宮得祿，在戌中生旺。壬癸出干，但壬水無庚金以生之。癸水靠戌中一點辛金生之不足。此命格至金運有蔭庇有小貴。至戊己運不吉。

用神：辛金。走辛酉、庚申運。
吉方：西方。
財方：西北方。西方。
忌方：南方。戊己運。

例(二)

	丁丑
	庚戌
日主	乙巳
	甲申

日主乙巳生於九月，乙為衰木，逢時上甲申為『藤蘿繫甲』。乙木增旺。干上乙庚相合，庚祿在申。專取丑中癸水為用。

用神：癸水。
吉方：北方。
財方：北方。
忌方：南方。

4. 日主『乙未』類

例(一)

辛卯
戊戌
乙未（日主）
戊寅

日主乙未生於九月，乙木通根在卯，有雙戊出干，支上寅戌會火局。局中無癸水，火土生旺。支上有寅，木得生旺，以食傷生財。專取寅中丙火為用。

用神：丙火。
吉方：南方。
財方：南方。
忌方：北方。

例(二)

丁亥
庚戌
乙未（日主）
戊寅

日主乙未生於九月，干上戊庚丁出干，無癸。支上寅戌會火局，亥未會木局。支上寅亥臨木之長生、祿旺之地，乙木得以生旺。戊土在寅中得土生。專取亥中壬水為用。

用神：壬水。
吉方：北方。
財方：北方。
忌方：南方。

5. 日主『乙酉』類

例(一)

甲寅
甲戌
乙酉（日主）
丙子

日主乙酉，生於九月，有雙甲出干，乙木逢甲為『藤蘿繫甲』。支上寅戌會火局，丙火在寅得長生之地。專用子中癸祿為用。主貴。

用神：癸水。
吉方：北方。
財方：北方。
忌方：南方。

例(二)

庚寅
丙戌
乙酉（日主）
己卯

日主乙酉，生於九月，四柱中天干金木火土俱全，但四柱無水，回溯胎元丁丑，丑中有一點癸水，用神暗藏。

用神：癸水。
吉方：北方。
財方：北方。
忌方：南方。

例(三)

日主

時	日	月	年
庚辰	乙酉	丙戌	庚辰

此為弘一大師之命格，日主乙酉生於戌月。有丙火出干，乙庚相合。支上辰戌相沖，酉戌相害，辰與辰自刑時上疊逢華蓋，主僧道孤獨，辰與酉合，亦主僧道。乙酉為精緻香奇，可供賞玩之花木。故早年出身富家，晚年為高僧。取辰中『癸水』為用神。洩煞生身。

吉方：北方。

財方：北方。

忌方：南方。

6. 日主『乙亥』類

例(一)

日主

時	日	月	年
己卯	乙亥	甲戌	己卯

日主乙亥生於九月，有甲木出干幫乙。支上又有亥卯會木局，為身財兩旺。亥宮木氣長生，並有壬水臨官，乙木得以滋潤。此命格須以食傷為用，但四柱無丙。用戊中丁火，洩木生財為用。

用神：丁火。行午運。

吉方：南方。

財方：南方。

忌方：北方。

例(二)

日主

時	日	月	年
丁丑	乙亥	庚戌	丁卯

日主乙亥生於九月，有雙丁出干制庚。支上亥卯會木局助旺乙木。支上並有亥丑夾子為貴命。丁運有貴命。

用神：丁火。

吉方：南方。

財方：南方。

忌方：北方。

十月生、日主乙木用神取法

十月為亥月，壬水司令，木氣在長生之地，丙火在亥為絕地。冬季之乙木，必須有陽和日暖才會榮盛繁茂。故專取丙火為用神。壬水為當令之神，雖不透干而居旺，壬水旺，使乙木生機不佳，故以戊土制之。因此四柱壬多時用戊土為用神。

◎十月生乙木之人，用神以丙火為第一考量。戊土為去病之藥，以壬水多時才用。四柱上有戊土無丙火的人，是富而不貴，亦有儒士風範的人。四柱中支藏丙火，再走火土運的人，有富貴。四柱中丙戊兩透干的人，一定主貴，考試致仕。

◎十月生乙木之人，四柱上水多無戊土來制衡，是一個游手好閒之人。四柱上沒有丙己在天干的人，是刑剋妻與子的人。若四柱上有戊土出干，支上有一點壬水，為一平常人之命格。

十月生乙木之人，因十月壬水秉令，乙木陰柔，容易隨水漂浮，須戊土來救。己土不能制住壬水，但可混壬以培木。四柱無丙戊的人，必用丙己，此為印多（水多）以財（己土）損印為救助之藥。

◎十月生乙木之人，若四柱只有亥宮一點壬水者，不必見戊己，專用丙丁為用神即可。有財（土）破印（水），即是平常人之命格。必須用『甲』木來救之。

◎十月生乙木之人，四柱天干戊土多，須甲木出干制土，此因水少土多，比劫爭財。其人恃才而多生是非禍亂，廣交朋友、善於言談，爭訟不停。四柱中壬多用戊土為用神。戊多用甲做用神。若四柱上時干、月干皆有甲木出干的人，須用庚金為用神。

時月皆有甲木透干，壬水多而沒有庚、丙、戊的人，一生貧賤。

◎十月生乙木之人，若四柱支上成木局，為木旺。再有癸水出干，以戊土為用神。因十月亥宮木氣長生，支上有卯未會局，則為旺木。有戊土制癸，再加以丙火出干，必定有大器，可成富貴。若四柱無丙戊二字，成敗起伏，無法有大成就。

◎十月生乙木之人，四柱中水旺，則用戊土做用神。四柱戊土多，就用甲做用神。四柱甲木多，則用庚金做用神。並且要有丙火配合為用，才能用藥治命理之病。

舉例說明：

1. 日主『乙丑』類

例(一)

乙未
丁亥
日主 乙丑
丙子

日主乙丑生於十月，有丙丁出干，以丑中辛金偏官七殺為夫星。可惜辛金不出干。支上有亥未會木局。乙木生旺。運行東南，木火旺運掌權。此為清慈禧太后之命格。

用神：丙火。
吉方：南方。
財方：南方。
忌方：北方。

例(二)

庚寅
丁亥
日主 乙丑
己卯

日主乙丑生於十月，亥宮壬水得祿，支上卯亥會木局，支上寅亥中又有甲祿、木生，故木氣居旺。干上有丁己，而無丙戊，以寅中丙火為用神。

用神：丙火。
吉方：南方。
財方：南方。
忌方：北方。

2. 日主『乙卯』類

例(一)

戊寅
癸亥
日主 乙卯
壬午

日主乙卯生於十月，壬癸並透出干，支上有亥卯會木局，寅午會火局。干上無丙，有戊土制壬癸。專用戊土為用神。此為平劇名伶楊小樓之命格。

用神：戊土，走火土運。
吉方：南方。
財方：南方。
忌方：北方。

例(二)

丙子
己亥
日主 乙卯
戊寅

日主乙卯生於十月，丙戊兩透干，支上亥卯會木局。時支上寅宮為丙戊長生之地。子中有癸，亥中有壬，得戊制之。專用丙火為用神。主貴。

用神：丙火。
吉方：南方。
財方：南方。
忌方：北方。

3. 日主「乙巳」類

例(一)

年	月	日主	時
己	乙	乙	丁
亥	亥	巳	亥

日主乙巳生於十月，支上有三亥，亥中壬祿生木，故乙木居旺。干上無丙戊，但巳宮有丙戊祿。支上巳亥相沖，專用巳宮丙戊為用神。但驛馬逢沖，戌中有敗局，無法大貴。

用神：丙火。走火土運。
吉方：南方。
財方：南方。
忌方：北方。

例(二)

年	月	日主	時
庚	丁	乙	己
寅	亥	巳	卯

日主乙巳生於十月，干上無丙戊，巳宮暗藏丙戊祿，亥卯會木局，乙木生旺。巳亥相沖，用神為丙戊。運行東南幫身旺地主貴。

用神：丙火。火土運。
吉方：南方。東南方。
財方：南方。
忌方：北方。

4. 日主「乙未」類

例(一)

年	月	日主	時
戊	癸	乙	丙
子	亥	未	子

日主乙未生於十月，有丙戊透干。支上亥未會木局。干上癸透，亦有戊制，並可制子中癸水。最重要的是有丙透干主貴。

用神：丙火。
吉方：南方。
財方：南方。
忌方：北方。

例(二)

年	月	日主	時
乙	丁	乙	己
丑	亥	未	卯

日主乙未生於十月，支上亥卯未俱全會木局，又有雙乙出干。木旺。四柱無丙火。有丁火出干，為『食神生財格』。白手成家，鄉中之長，為一常人中之能幹典型。

用神：丁火。
吉方：南方。
財方：南方。
忌方：北方。

5. 日主『乙酉』類

例(一)

乙丑
丁亥
日主 乙酉
戊寅

日主乙酉生於十月，支上丑酉會金局，此為女命，以酉金七殺為官星（夫星），用戊土化煞生官，在年、月支上丑亥夾子貴，故主富貴。用戊土為用神。

用神：戊土。
吉方：南方。
財方：南方。
忌方：北方。

例(二)

丙子
己亥
日主 乙酉
壬午

日主乙酉生於十月，乙木本衰，有壬水緊臨，有己土透干混壬為救。壬水為病。地支午中丁火，緊制酉中辛煞。丙己通根在午宮，支上子亥酉全酉北方金水陰寒之地。以丙火為用神。再行運東南木火之旺地主貴。此命格四柱有情，陰陽配合極妙。

用神：丙火。
吉方：南方。
財方：南方。
忌方：北方。

6. 日主『乙亥』類

例(一)

丙子
己亥
日主 乙亥
丙子

日主乙亥生於十月，有雙丙出干，支上雙亥壬多木旺，雙子，癸多，己土不足以擋水，火土無根，水木太過，火土受傷。四柱無金，其人必主清高貧困。

用神：丙火。火土運。
吉方：南方。
財方：南方。
忌方：北方。水木運。

例(二)

甲戌
乙亥
日主 乙亥
己卯

日主乙亥生於十月，月、日有雙乙亥，有己土出干，甲出干助乙生旺，此命格取胎元丙寅中之丙火化劫（甲木）生財（戊己土）而大富，並有小貴。

用神：丙火。
吉方：南方。
財方：南方。
忌方：北方。

十一月生、日主乙木用神取法

十一月為子月，天氣寒凍，乙木為柔弱之木，須用丙火解凍，故專以丙火為用神。若四柱中有癸水出干，就會凍木，必須用戊土去癸水之病。有壬癸透干的命格，更須戊土制煞。沒有壬癸出干，則不需戊土，仍以丙火為用。

◎冬至前用丙火為用神的命格，為平順祥和之富貴命格。冬至以後用丙火為用神的命格，主大貴顯。

◎十一月生乙木之人，四柱有一、二個丙火出干，沒有癸水在干上的人，主富貴，有科考致仕之顯途。

四柱有二丙藏在支中，此人命格不貴。

若四柱有壬水出干，有戊土制之，為一能幹之平常人之命格。丙藏支用的人，有小貴。四柱壬多。無戊土以制煞的人，為貧賤之人。

◎十一月乙木之人，四柱支成水局，有壬癸出干，四柱全無丙火的人，會貧困到老。行南方運時，會稍有衣食。四柱中有丁火也無用。因丁火不能解凍，亦為無用之人。

若四柱中，丙、丁、戊全都沒有，四柱中金水如壬申、辛酉、庚子之類，金水重重相見者，為勞碌卑賤之人。

若支成水局，四柱全無戊己土，有火亦是常人。此人貧困但不至於下賤。

若四柱丁火多見，為大奸大惡之徒，無甲引丁者，為孤鰥之夫。四柱中有丁火見甲而出干者，則有妻賢子肖之生活。

◎丙火在子月為主要之物。有戊土制壬，卻又沒有丙火，乙木仍無生機，故為平常之人。

丙火為太陽之火，丁火為燭光微弱之火。為命局調節氣候，必須用丙火。丁火太微弱而無用。若命局中沒有丙，有丁火的人，可以丁火通根午未，附於甲木，也是可用，但力量薄弱。

若四柱丁火多，且在干上，力量生旺者，自然以丁火為用神。但乙木為陰木，再用丁火，其人有木火聰明，性情陰沈，為奸詐之徒。再加以丁火從甲，乙木又得以『藤蘿繫甲』，與甲木一般。丁火見甲，氣趾高張。無甲引丁，主一生孤寡。

十一月生乙木之人，四柱有丙丁不至於下賤，無戊己難免貧困。此氣候調節配合之故。

◎十一月生乙木之人，四柱支上會水局，又有壬癸在干上透出，乙木遇水多漂浮，不只為貧賤之人，並且易夭折。有一戊土制水，才可言救。有戊土來救，可免夭折，但是沒有丙火，仍然貧窮一生。

◎三冬乙木，必須有丙為用，取戊土只可補救。不可用丁火為用神。四柱壬癸水多，用戊土制之可免孤寡夭亡。

◎十一月乙木之人，生於冬至以後，坐下為卯亥（乙卯、乙亥），再支成木局，並且天干有丙火之人，為有大富貴之命格。即使無丙而有丁火出干，亦有食祿豐盛之命格。但怕癸來制丁。故乙木生於冬，己土出干，又有丙火透干者，有大富貴。

◎十一月乙木之人，四柱無丙，而有丁火出干，不可見癸水在干上。用丁要有支上寅、巳、午為根苗，也會如同丙火般生旺。四柱有丙己透干，是以己土制癸，用神還是用丙火。若此命格中再有地支上子丑相合更好。

◎冬至以後，乙木之人，四柱支成木局，若有壬水出干，則己土無用，仍必須以戊土為用神。

舉例說明：

1. 日主『乙丑』類

例(一)

己亥
丙子
日主 乙丑
壬午

日主乙丑生於十一月，有壬水出干，支上亥子丑北方形局。水旺。壬水貼近乙木為煞，丙火隔己，己土無能為力。子午相冲，丙火無生扶。丑為溼土，能洩火而不能制水，大運又行西北陰寒之地，故一生清貧。

用神：丙火。
吉方：南方。
財方：南方。
忌方：北方。

例(二)

戊寅
甲子
日主 乙丑
丙戌

日主乙丑生於十一月，有丙出干，寅中丙火長生。支上寅戌會火局。子丑相合，又有戊土出干制子中癸水。戊土有甲制之，癸水有丑中辛金生之。四柱體和，故主貴命，有大富貴。

用神：丙火。
吉方：南方。
財方：南方。
忌方：北方。

2. 日主『乙卯』類

例(一)

辛亥
庚子
日主 乙卯
丙戌

日主乙卯生於十一月，干上乙庚相合，丙辛相隔不能合化，化不逢時。支上亥卯會木局，辛有丙火解凍，但無根生助，為一孤兒改姓後由武職小貴。

用神：丙火。
吉方：南方。
財方：南方。
忌方：北方。

例(二)

甲寅
丙子
日主 乙卯
戊寅

日主乙卯生於十一月，生於冬至後，乙木坐下乙祿，有甲木出干，支上有雙寅、木旺。癸水並未出干，故戊土無用。此格有大富貴。

用神：丙火。
吉方：南方。
財方：南方。
忌方：北方。西方。

3. 日主「乙巳」類

例(一)

庚申
戊子
乙巳（日主）
乙酉

日主乙巳生於十一月，有雙乙出干，但乙木無根。有戊土出干，制住支上申子會水局，丙藏巳宮之中，幸乙木柔弱不怕金剋煞印。此命格有中等富貴。

用神：丙火。
吉方：南方。
財方：南方。
忌方：北方。

例(二)

丁巳
壬子
乙巳（日主）
戊寅

日主乙巳生於十一月，有丁火出干，戊土制壬，支上巳宮有丙戊祿，寅中亦有丙火長生。丙火暗藏支。但寅巳相刑。此命格有富貴，亦有刑剋。

用神：丙火。
吉方：南方。
財方：南方。
忌方：北方。

4. 日主「乙未」類

例(一)

丁未
壬子
乙未（日主）
丙子

日主乙未生於十一月，干上丁壬相合化木，去子中癸病為貴命。以丙火為用神。此為亡國之主元順帝之命格。行申運，助長金水而喪國。

用神：丙火。喜火土運。
吉方：南方。
財方：南方。
忌方：北方、西方。金水運。

例(二)

壬戌
壬子
乙未（日主）
戊寅

日主乙未生於十一月，雙壬出干，有戊土制之，支上寅戌會火局。專用寅宮支藏丙火為用神。有小貴。

用神：丙火。
吉方：南方。
財方：南方。
忌方：北方。

5. 日主「乙酉」類

例(一)

辛巳
庚子
日主 乙酉
丁亥

日主乙酉生於十一月，有庚辛出干，支上巳酉會金局，金旺，干上有丁火制庚。再用巳宮丙火為用神。有小富貴。

用神：丙火。

吉方：南方。

財方：南方。

忌方：北方。

例(二)

甲申
丙子
日主 乙酉
丙戌

日主乙酉生於十一月，支上申酉戌支類西方。有雙丙出干並透，而金不寒冷，水不結凍，使寒木向陽趨旺。可惜支上申、戌中皆有戊土，會合子中癸水，行戊運，不利讀書。故以富為主。

用神：丙火。火運。

吉方：南方。

財方：南方。

忌方：北方。土運。

6. 日主「乙亥」類

例(一)

庚午
戊子
日主 乙亥
丙戌

日主乙亥生於十一月，有丙戊出干，支上又有午戌會火局，丙火生旺，有戊制癸。取時干上丙火為用神。

用神：丙火。

吉方：南方。

財方：南方。

忌方：北方。

例(二)

甲戌
丙子
日主 乙亥
甲申

日主乙亥生於十一月，有雙甲出干，甲又在亥宮長生，木旺。支上申子會水局，用甲引戊中丁火制壬。專用丙火為用神。

用神：丙火。

吉方：南方。

財方：南方。

忌方：北方。

十二月生、日主乙木用神取法

十二月為丑月，天寒地凍，乙木為枯枝凍木，有丙火溫暖，可以回春。故丑月乙木之用神取法，只有用丙火為用神一途。

◎十二月乙木之人，四柱有一丙出干，無癸水在干上的人，有大顯貴。有癸水出干者為破格。丙火藏於支上寅巳之中，運行東南木火之鄉，也會貴顯。但無運助的人為貧士。

◎十二月乙木之人，四柱上戊土多，又見甲木，則專用丙火為用神，衣食無缺，但不能大富，為平常人之命格。此因戊土多，財多身弱，必須有甲破戊土為救應。仍是以丙火為用神。命中財多，有劫，才有救助，故有出有進，有衣食之祿。

◎十二月乙木，四柱皆是戊己土，而不見甲乙木的命格以『從財格』而論之。主大富。若有比劫（甲乙木）破財（戊己土），則貧困。

◎十二月乙木，四柱天干皆己土，『從財格』成立，有大富之資。亦必須有丙火暖土才可。乙不能破己之故，若有甲在干上，而甲又合己土，因甲己相合，而不能形成『從財格』，即為財多身弱，而為貧窮之命格了。冬天之木，以洩氣為生氣，見有丙火洩木氣，並不怕弱，況且乙木是陰木更不怕。可化比劫（甲乙木）以生財，故衣食無缺。

舉例說明：

1. 日主『乙丑』類

例(一)

壬申
癸丑
日主 乙丑
辛巳

日主乙丑生於十二月，干上有壬癸而無丙。丙在巳宮藏用。運行東南火木之鄉，有小貴。用神取巳宮丙火為用神。

用神：丙火。行東南運。
吉方：南方。
財方：南方。
忌方：北方。

例(二)

丁巳
癸丑
日主 乙丑
辛巳

日主乙丑生於十二月，有癸水出干，干上無丙，而有丁火，專用巳宮丙火為用神。此命格為平常人中之能者命格，子女多。

用神：丙火。
吉方：南方。
財方：南方。
忌方：北方。

2. 日主「乙卯」類

例(一)

時	日主	月	年
辛	乙	癸	壬
巳	卯	丑	午

日主乙卯生於十二月，有壬癸出干，干上無丙火，丙火藏於時支巳中，巳宮丙戊得祿，以制癸。主貴。時辰生得好。

用神：丙火。
吉方：南方。
財方：南方。
忌方：北方。

例(二)

時	日主	月	年
丙	乙	癸	丁
子	卯	丑	酉

日主乙卯生於十二月，干上有丙丁，但無根。又有癸水出干為破格。支上酉丑又會金局。卯酉相冲。故只為一平常之能者命格。

用神：丙火。
吉方：南方。
財方：南方。
忌方：北方。

3. 日主「乙巳」類

例(一)

時	日主	月	年
庚	乙	己	庚
辰	巳	丑	子

日主乙巳生於十二月，有雙庚出干，支上子辰會水局，巳丑會金局。庚金之氣本洩於水，不能傷木，但有己土制癸水，庚金變得有力，乙庚不能合化。巳中丙火藏用，但力量單薄，不能制庚，木被金傷，為煞重身輕之命格，貧夭之命。

用神：丙火。
吉方：南方。
財方：南方。
忌方：北方。

例(二)

時	日主	月	年
庚	乙	乙	戊
辰	巳	丑	午

日主乙巳生於十二月，地支中丑辰，巳午夾寅卯二字，乙木暗中增強，戊土在巳宮得祿，巳宮亦有金生。運行己巳、庚午運主貴。用神取巳宮丙火為用。取財官生旺。此為民國初年副總統馮國璋之命格。

用神：丙火。
吉方：南方。
財方：南方。
忌方：北方。

4. 日主『乙未』類

例㈠

己亥
丁丑
日主 乙未
己卯

日主乙未生於十二月，有雙己出干，支上亥卯未會木局，乙木生旺。支上丑未中皆有己土，為『從財格』。四柱無丙用丁火為用神。行火土運有食祿之富。

用神：丁火。火土運。
吉方：南方。
財方：南方。
忌方：北方。

例㈡

戊辰
乙丑
日主 乙未
丙戌

日主乙未生於十二月，有雙乙出干，地支辰戌丑未皆土宮，乙木通根在辰未。有丙戌出干，此為『從財格』，以丙火為用神。

用神：丙火。
吉方：南方。
財方：南方。
忌方：北方。

5. 日主『乙酉』類

例㈠

丁丑
癸丑
日主 乙酉
己卯

日主乙酉生於十二月，有癸水出干，干上無丙，支上丑酉會金局。卯酉又相冲，使日支受損。煞旺身弱。而丁火又為癸水所剋。

用神：丁火。火土運。
吉方：南方。
財方：南方。
忌方：北方。西方。金水運。

例㈡

甲戌
丁丑
日主 乙酉
丙戌

日主乙酉生於十二月，干上甲、丙、丁並透出干，支上丑酉會金局為煞，丙丁可制煞生財。專用丙火為用神，主貴。

用神：丙火。
吉方：南方。
財方：南方。
忌方：北方。

6. 日主「乙亥」類

例(一)

壬申
癸丑
乙亥（日主）
庚辰

日主乙亥生於十二月，乙木臨亥，得長生之氣而旺，不能和庚化合，有壬癸出干，制庚煞，洩金而生木。四柱無丙火。運行南方有名利。全靠行運而成。運過後為一寒士。

用神：丙火。
吉方：南方。
財方：南方。
忌方：北方。

例(二)

辛卯
辛丑
乙亥（日主）
辛巳

日主乙亥生於十二月，支上有卯亥會木局，巳丑會金局，干上有三辛出干，金木對峙，用丑亥中之壬癸，化辛金之煞。用巳宮丙戊制水。專用巳宮丙火為用神。

此命主貴。

用神：丙火。
吉方：南方。
財方：南方。
忌方：北方。

例(三)

庚寅
己丑
乙亥（日主）
丙戌

日主乙亥生於丑月，有丙火出干，支上寅戌會火局。丙火在寅中長生，可制庚煞為用。用神為丙火，運行東南主貴。

用神：丙火。
吉方：南方。東南方。
財方：南方。
忌方：西北方。

第十三章

日主丙火喜用神選用法

丙火就是太陽，是具有光和熱的陽氣。春火喜木來幫扶生旺。夏火喜歡『及時雨』，忌木。秋火喜木來生助、化剋為生。冬火有木為絕處逢生，更需要有火土來配合。

第十三章　日主丙火喜用神選用法

丙火性質

丙火為太陽之光熱，屬陽氣。亦是暑熱之氣。火生於寅宮，寅宮亦有甲木居祿位當旺，寅宮也有丙火居長生之位。命理上稱之『母旺子相』，即丙火與甲木當旺之氣，勢力並行不悖。

天地中之氣，即『水火』而已，也就是說，在天地五行之中，以水火為主，亦即陰陽，也稱寒暑。故而在自然界氣象中，火生於寅，水生於申，木生於亥，金生於巳。由於木是火之前導，而金是水的前導，正月中木旺而火生，是同時並行的。申月中金旺而水生，也是並行的。亥月中，水旺而木生也是並行的。巳月中，丙火、戊土居旺而金生也是並行的，這就是自然界的自然現象，同時存在，也同時在運行、循環，彼此也並不相擾、混亂。

春火

丙火喜木生扶，不宜過旺

初春正月，寅中有木火會合之象，初春尚有餘寒，故木藉火生，火藉木生，彼此幫扶。二、三月時陽氣漸旺，木少而火明，木多火晦，故不宜過旺。火太旺，火炎燥渴，必須有水來調和。

春天木旺，自然能洩水生火，稱之為『天和地潤』。若水太多，木洩之不成，就要以土來制之。失去調和之意，即辜負陽和之天恩了。

春火不能用食傷制煞（丙火見戊己為食傷，見壬癸為煞）用土制水，為下格。

丙火遇土，土多土盛，則會晦去丙火之光芒

在命格中，土得水潤，則萬物有生機。若土見火為燥土，有火土傷官（丙火見己土）其人失去秀氣。土盛火少，則會晦去丙火之光芒。火盛土多，則為燥土，同樣是不好的。

丙火不懼怕壬水，但怕戊土，若人命格局中火多土燥，必須用印（丙火以甲乙木為印）、用財（丙火見庚辛為財），且必須用水來相輔。倘若四柱火旺成方

局（例如支上有寅午戌會火局，或支類巳午未南方）只能在四柱中有一、二點溼土（己土、辰丑）才是有益的格局。

丙火見庚辛合爲財

春火丙火正值向旺之時，而春金在胎養之位，氣勢較弱，春天之丙火極能剋金，金再多也不會困住丙火。因此命格四柱中天干出現多個金，遇春之丙火，為財為我用，為大富之命格。

夏火

三夏四、五、六月為火旺秉令。正值丙火當權的時刻。夏火喜煞（丙火見壬癸為煞，見甲乙為印）忌印。夏季之丙火喜歡『及時雨』，有水調節。若再有木助旺，即會太過，有折損夭命之災。

夏日之丙火遇金（庚辛）為財。遇土成『稼穡格』。但必須有水配合，格局才完美。

夏日之金很微弱，遇旺火如金器送入爐中冶煉成器具一般。是故命格日主丙火生於夏季，四柱中再有重重金（庚辛）的人，必為鉅富之人。

夏火見金，宜用濕土（己土），洩火來潤金，可成完美的器具。否則會燒成灰燼。如果四柱再有木來相助，更助火旺，會傾倒成災。故不能沒有水的配合。夏日丙火得土，以洩火之氣，成為『稼穡格』。再有水配合，大雨及時，土潤則禾稼茂盛。無水則土焦，萬物枯死，不能成為『稼穡格』了。

秋火

丙火至七、八、九月火性旺度已過，類似黃昏餘暉。此時得木生之，則有助旺復明。四柱多遇水來剋，則有毀滅之虞。生於秋季的日主丙火之人，四柱有木來相救，則可化剋為生。秋天用官用煞，皆不可無印。丙火以壬癸為官煞以甲乙為印。此即為秋天丙火要用壬癸，就必須要有木來助旺。

秋火用土、用金，也不能沒有丙丁火來助旺。四柱土多則晦滅丙火。金旺、金多，秋火不能剋，則會傷本命。土重、金多只有四柱上有丙丁火可增加其助力，因此四柱上丙丁多出干，再加土金，而有利本命增富貴。

冬火

冬季為十、十一、十二月即亥、子、丑月，丙火至亥宮為絕地。丙火在子丑二宮為醞釀之時，氣勢衰絕。冬火見木為絕處逢生，稱為『有救』。亥子丑三宮水旺而剋衰火，必須有木來救，甲乙木為印，故冬火不能離印。

冬火用甲乙木，更必須有土，有丙丁火來配合。亥子丑三宮水旺，見火必剋制，用木生火，再有土制水，更有丙丁火，火土相助，才能保衛冬火延續趨旺。

十二月（丑月）丙火，再見四柱有丙丁火之命格，作為旺論。因丑中有辛金、冬金衰絕，冬火不能剋，丑宮癸水旺，得金助以逼冬季衰火。故四柱再有丙丁火助強火勢，火勢便居旺不畏金水相剋了。

日主丙火，所臨支位不同，而有旺衰，其用神宜忌如下：

日主『丙子』：丙子為沐浴、咸池之地，出生於白天的人，為宜清靜養晦之人。喜命柱支上全西北方。並且支上有申辰亥丑為上乘格局。出生在夜間的人，勤勞自助，支上有支類東南方，並有『寅卯巳午未』等字，才會成為有用之人。

日主『丙寅』：丙寅為日升暘谷（太陽升在山谷上）。出生在白天的人，若四柱有『午』，為有豪氣英雄之人。出生在夜裡的人，可保元氣不傷。最怕四柱有申刑沖，會有傷剋。

日主『丙辰』：丙辰為日經天羅。辰宮為天羅宮，丙火為太陽。故稱之。辰亦為墓宮，故太陽行此，會有一些滯殆的現象。白晝所生之人，命格中要有多個陽性干支來扶身。夜生之人，要有戊己土在天干上，並且支上要會申子，才能中和成為上格。

日主『丙午』：丙午為日麗中天。此命主聲威顯赫，必須得左右有支柱，再有金水相幫扶，才能稱上格。若再加炎火燥熱，便不能享全福。

日主『丙申』：丙申為日照崑崙。傳稱崑崙山下有泯池，太陽照至此，與水相激盪，而成美麗畫面。亦即『丙臨申位火無煙』。日主丙申，生於夜間之人，喜歡恬靜安詳的生活。生於日間的人，若日主前後年、月、時、干支沒有輔助，是一個多學少成就的人。因為日落西山，紅霞反照，光芒不久。

日主『丙戌』：丙戌為日入地網。戌宮為地網宮，亦是墓宮。太陽入地網宮，極為困頓無光。白日所生之人，必須四柱支上有寅午。夜生之人，必須支上有亥子，才能有成就。否則終身無發達之日。

正月生，日主丙火用神取法

正月為寅月屬三陽開泰之月，火氣漸趨炎熱。正月生日主丙火之人，以取壬水為首要用神，再以庚金為次之。因寅宮為水之絕地，故以庚金來生壬水。

◎正月生丙火之人，四柱上有壬庚兩透干，主富貴。若壬透干而庚藏支中，亦有異途顯達之路。若四柱壬透干而庚金藏申中，與寅相沖，寅為丙長生之地，申為壬水長生之地，皆為用神所在之地，彼此相沖則不吉。申與寅相隔則無害，稱之『水輔陽光』，仍可由異途顯達。

◎正月生丙火之人，若四柱中有一壬水出干，而有一、二個丙火藏於支上寅巳之中，是一個光明磊落有才氣的人。

◎正月生丙火之人，丙少、壬水多又無戊土制水的人，是煞重身輕，膽大妄為的光棍之徒。有戊土制住壬水，便是大富大貴之格局。若再見一、二個丁火更好。

◎正月生丙火之人，四柱多是庚辛金來混雜，為常人之命。若時干、月干上有兩個庚金如庚寅月、庚寅時，四柱無辛出干的人，有清貴。若四柱上為辛年、辛時，與日主丙辛貪合，會是一個沈迷酒色之人，昏庸無能之輩。

◎正月生丙火之人，四柱甲不出干，而有多個戊土洩火，為貧賤之人。若有戊土出干，又支成火局之人，專取壬水為用神，此人為清貴之人，無財富。倘若四柱無壬水，癸水暫用。若壬癸都沒有，則取戊土洩火氣，只屬平常庸人。

◎正月生丙火之人，若四柱支成火局，是為『炎上格』。主貴。能成為『炎上格』者，必須生於巳月、午月，支會寅午戌火局，四柱無壬癸方可。但正月為寅月，所生丙火之人，必須行東南運程輔助，才會有富貴，否則為貧賤孤寡之命。若運不得時，以運行西北者，即為膽怯、拘謹、毫無作為之人。

◎正月生丙火之人，四柱有甲木，必須得庚金暗制，可有小貴。

◎正月生丙火之人，有丙火無壬，主貧賤。四柱火多無木，運行水運必有夭亡、災禍。丙火以及炎上格，不喜水來破格，用癸無根，會有目疾。

◎正月生丙火之人，以庚壬為用神之正軌，採『財滋弱煞』之格。用庚金為用神的人，是四柱中木多，而以金來破木。土多會洩火，都是次等格局。四柱中壬多用戊土以制之。戊多用甲以疏之，都是更次級的命格了。

舉例說明：

1. 日主『丙子』類

例(一)

丁酉
壬寅
丙子（日主）
戊子

日主丙子生於元月，干上丁壬相合，戊土制住子中癸水，年上酉金又可生壬，故先富。後因時逢戊子，行戊運制壬，後貧。

用神：壬水。
吉方：北方。
財方：北方。
忌方：南方。火土運。

例(二)

丁酉
壬寅
丙子（日主）
己亥

日主丙子生於元月，有丙丁出干，時支上亥宮壬水長生，又臨天乙貴人。故有子貴。己土不能制壬，因此火旺。用寅中戊土為用神。

用神：戊土。
吉方：南方。
財方：南方。
忌方：北方、西方。

2. 日主『丙寅』類

例(一)

丁丑
壬寅
丙寅（日主）
庚寅

日主丙寅生於正月，干上有壬庚透干，支上有三寅，支藏甲丙戊，為財滋弱煞格。主富貴之命。

用神：壬水。
吉方：北方。
財方：北方。
忌方：南方。

例(二)

庚寅
戊寅
丙寅（日主）
壬辰

日主丙寅生於正月，有庚壬出干，戊土會制壬而為病神，喜庚透化食生煞，化戊生水，以至貴格。

用神：壬水。庚辛運。
吉方：北方。
財方：北方。
忌方：南方。

3. 日主『丙辰』類

例(一)

庚寅
戊寅
日主 丙辰
戊子

日主丙辰生於正月，庚金透干，癸藏子中，庚透化戊土，生時支子中之癸水，為鉅富之命格。因癸水藏在時支子中，故子貴。

用神：癸水。
吉方：北方。
財方：北方。
忌方：南方。

例(二)

甲子
丙寅
日主 丙辰
庚寅

日主丙辰生於正月，有雙丙出干，火旺。又有庚金出干，無壬，支上子辰會水局，地支子寅夾丑，甲庚遇丑，財印臨貴。寅辰夾卯，氣全東方。申運沖寅，破拱夾，故遭禍。

用神：癸水。東方運。
吉方：北方。
財方：北方。
忌方：南方。西方運。

4. 日主『丙午』類

例(一)

壬子
壬寅
日主 丙午
庚寅

日主丙午生於正月，有雙壬一庚出干，支上會寅午火局，身煞兩旺，主貴。用寅中戊土為用神。

用神：戊土。
吉方：南方。
財方：南方。
忌方：北方。

例(二)

丙午
庚寅
日主 丙午
庚寅

日主丙午生於正月，干上有二丙二庚，兩干不雜。而庚金無根。支上寅午會火局。有比肩（丙火）出干，故不能用財（金），此格為『炎上格』，但失時，喜其運行東南，故貴。

用神：丙火。行東南運。
吉方：南方、東南方。
財方：東南方。
忌方：北方、西北方。

5. 日主『丙申』類

例(一)

乙未
戊寅
日主 丙申
庚寅

日主丙申生於正月，有庚出干，庚祿在申，丙祿在寅，財印交差，富貴中等。專用申宮壬水為用神。

用神：壬水。
吉方：北方。
財方：北方。
忌方：南方。

例(二)

戊戌
甲寅
日主 丙申
己亥

日主丙申生於正月，干上有戊己土晦火，用甲木破戊己土。支上寅戌會火局。用神以申宮壬水為用。此命格主貴。

用神：壬水。
吉方：北方。
財方：北方。
忌方：南方。

6. 日主『丙戌』類

例(一)

辛卯
庚寅
日主 丙戌
己丑

日主丙戌生於正月，時柱己土旺而生金，宜用印劫為用神，幸丙辛相隔不合，而主貴，為武貴。

用神：丁火。行東南運。
吉方：南方、東南方。
財方：東南方。
忌方：北方、西方。

例(二)

乙亥
戊寅
日主 丙戌
戊戌

日主丙戌生於正月，有雙戊出干，寅為戊土長生之地，故土旺晦火。支上寅戌會火局，乙木無力制土，用寅亥中之甲木疏土。專用亥中壬水為用神。

用神：壬水。
吉方：北方。
財方：北方。
忌方：南方。

二月生，日主丙火用神取法

二月為卯月，丙火陽氣增旺，專用壬水。卯月為壬水病死之地，取用神為壬水，必須有庚辛金相生助才可生發。

◎二月生日主丙火之人，四柱有壬透干，而不見丁來相合，並且有庚辛透干，壬水有根，就會有富貴。若四柱中有壬水藏支，例如壬水藏於亥申之中，必須有庚辛生之，亦有小貴。若四柱透丁出干，忌合用神，不可有丁壬相合之事，否則不佳。

◎二月生日主丙火之人，四柱若無壬癸，就用己土做用神，但只是衣食充足之平常人之命格。因月令卯中有乙木為印，與天干丙火不相礙，土旺自能生財，雖不貴，但能富。

◎二月生丙火之人，若四柱壬水多，天干有戊透出，有異途顯達之路。若無戊土透干，用支上辰戌丑未中之戊土，辰丑為溼土，不能制壬水，未見卯會成木局，會洩壬水而不能制壬。只有戌與戊土一樣可制壬。壬為七煞，七煞無制，必為奔波勞碌在外流蕩之人。若再加以金多生水，為下賤之命格。

◎二月生丙火之人，四柱多戊土，仍是以壬水為用神，但必須以東方木運為主。土運則有災。行火運亦困頓不吉。

日主丙火之人，以壬水為貴，若四柱有多個戊土，會剋制壬水，必須以甲木救助，四柱若不見甲木，仍以東方木運來補足。此命格中，金運還好，水運不佳，火運反助土旺，一生困頓。

◎二月生丙火之人，若生於丙子日、辛卯時。丙辛相合，貪財壞印，無法承繼祖業。倘若有兩個丁火出干來破辛，壬水得位，也可有異途富貴。此命格的人，多妻妾子息。

◎二月生丙火之人，若生於丙子日，而時柱、月柱皆是辛卯的人，丙辛爭合，其年柱上若沒有丁火透干，必是沈迷酒色，破敗家產之人。若年柱上有丁火出干，支上又有未。即是丁未年所生之人，反會是因奸險得錢財，因酒色獲利之人。

此因丙子與辛卯相合相刑，貪財壞印。丙見卯為咸池桃花煞，木以子為咸池桃花煞。木火交差，為滾浪桃花之故。有丁火剋辛，或壬水出干，使丙辛不合，辛則洩氣於壬，再用壬辛相輔助，亦可顯達，但多妻妾。時上有己亥，壬水得位，主多子息。並且支成木局，則子卯不刑，日主向財，而戀財，以官為用神，故多奸商得富。

◎二月生丙火之人，以壬水為用神者，以金為妻，水為子。用金來配合生水。用神為己土者，以火為妻，土為子。用火來配合生土。

舉例說明：

1. 日主「丙子」類

例(一)

乙亥
己卯
日主 丙子
辛卯

日主丙子，生於二月，丙子與辛卯相刑，有貪財壞印之象。支上亥卯會木局，乙木又透干，木太旺。宜用財損印，用辛金來剋制乙木，天干更有己土出干，傷官生財為用。以亥中壬水為用神。

用神：壬水。
吉方：北方。
財方：北方。
忌方：南方。

例(二)

戊申
乙卯
日主 丙子
壬辰

日主丙子生於二月，干上有戊制壬，支上申子辰會水局，辰為溼土只能洩壬而不能制壬。用神為戊土。

用神：戊土。走火土運。
吉方：南方。
財方：南方。
忌方：北方。

2. 日主「丙寅」類

例(一)

丁亥
癸卯
日主 丙寅
己亥

日主丙寅生於二月，支上寅宮為火土長生之地，壬水藏於亥中，支上又有卯亥會木局，干上無壬無庚，有癸水出干。

用神：己土。
吉方：南方。
財方：南方。
忌方：北方。

例(二)

乙丑
己卯
日主 丙寅
戊戌

日主丙寅生於二月，有戊己出干，支上寅戌會火局。四柱無水，只有丑中一點癸水，由丑中辛而生之。用神癸水。此命局必須行東方木運才會較佳，一生困頓多災。

用神：癸水。
吉方：北方。
財方：北方。
忌方：南方。

3. 日主『丙辰』類

例(一)

丁巳
癸卯
丙辰（日主）
癸巳

日主丙辰生於二月，地支卯辰巳連珠。丙丁火在巳宮得祿。巳宮自有金生可以養癸，有雙癸出干，可滋潤乙木，助旺丙火。癸水亦通根至辰。此命格主貴。

用神：癸水。
吉方：北方。
財方：北方。
忌方：南方。

例(二)

癸未
乙卯
丙辰（日主）
庚寅

日主丙辰生於二月，癸庚遙隔，不能相顧，並且無根休囚。支全寅卯辰東方，剋盡春土，不能生金，金臨絕地，又不能生水。癸水之氣又盡洩於乙木，木之氣旺盛，助長丙火。本命行運北方，又傷丙火元神之氣。以致碌碌終身。

用神：癸水。
吉方：北方。
財方：北方。
忌方：南方。

4. 日主『丙午』類

例(一)

癸未
乙卯
丙午（日主）
丁酉

日主丙午生於二月，干上有乙丙丁三奇，支上有卯未會木局，木火兩旺。癸水正官坐傷位，因未中有丁火剋之。酉金財星又遭劫，此稱之『財劫官傷』。一生貧困早夭。

用神：癸水。壬運。
吉方：北方。
財方：北方。
忌方：南方。木火運。

例(二)

戊戌
乙卯
丙午（日主）
庚寅

日主丙午生於二月，干上有丙乙，支上寅午戌會火局，火旺，為炎上格。有戊土出干晦丙之光，不貴。喜甲木出干，運行東南主富。

用神：甲木。
吉方：東方。南方。
財方：東方。
忌方：西北方。

5. 日主「丙申」類

例(一)

庚辰
己卯
日主 丙申
戊戌

日主丙申生於二月，丙申日和戊戌時夾丁酉，稱為『連珠夾貴』。但丙臨申位，又有戊己出干，洩火氣太重，以卯中乙木印綬為用，行卯運主貴。此為炎上格。

用神：乙木。
吉方：東方。
財方：東方。
忌方：西方。

※炎上格及丙火日干，見戊己出干多不貴而主富。獨有丙申、丙子日見生於戊戌時，是以夾酉、夾亥而取貴。賦云：丙臨子申，戊當頭而貴擬王侯是也。

例(二)

己亥
丁卯
日主 丙申
己亥

日主丙申生於二月，丙丁出干，支上亥卯會木局。又有雙乙出干，申宮壬水長生，並有庚金生之，亥中亦有壬水，水多。以己土做用神。

用神：己土。
吉方：南方。
財方：南方。
忌方：北方。

6. 日主「丙戌」類

例(一)

丁亥
癸卯
日主 丙戌
壬辰

日主丙戌生於二月，有壬水出干，支上亥卯會木局，專用煞印相生。用神為壬水，主貴。

用神：壬水。
吉方：北方。
財方：北方。
忌方：南方。

例(二)

丁丑
癸卯
日主 丙戌
辛卯

日主丙戌生於二月，印正官清，日主丙火生旺。有丙辛相合，不顧用神。支上更有卯戌合而化劫(丁火)。此命格之人幼年聰明，後以酒色傷身，一事無成。用神為癸水。

用神：癸水。
吉方：北方。
財方：北方。
忌方：南方。

三月生，日主丙火用神取法

三月月支為辰，天氣漸炎熱，丙火向旺，因此三月出生，日主是丙火的人，用神以壬水為主。命格四柱中以有壬水出干的人為貴命，會有一番作為。

◎三月生日主丙火，生在穀雨（節氣）之後的人，因月令中土旺，四柱中雖沒有戊土出干，或多個戊土在支上，也自然會有晦滅丙火，堵塞了壬水生旺的病象。因此還是要用壬水做用神，並且要以甲木來輔助疏土。有甲木出干，丙壬之氣得到中和，自然能有富貴。四柱上支成土局（就是支上有辰戌丑未），亦稱『支聚四庫』，更不能無甲。此時丙火日主，以壬水為用神，稱之為『水輔陽光』，為貴命。

◎三月生日主丙火之人，四柱天干上有壬甲兩個都在天干之上的人，有富貴命格。但不能有庚辛金在天干上來破甲。否則就只是一般常人較為能幹一點的命格而已。若四柱只有壬透干上，甲藏於支用之中，是一個富多、貴小的人。四柱若沒有甲，就用庚金來助生壬水，並能洩土氣。

◎三月生日主丙火之人，四柱中天干有甲無壬的人，是一個具有小富格局而勞碌一生的人。倘若四柱中只有壬水藏於支中，而四柱無甲的人，是一個寒儒之士，貧窮。四柱無壬也無甲的人，為一生貧賤之命格。

◎三月生日主丙火之人，用神用壬甲有一定的規則：四柱有甲，不喜有庚金。四柱無甲的人，喜用庚金。因為四柱土旺而無甲，不能不用庚生助壬水，來洩丙火之氣。此用庚金助壬水之法，也必須日主丙火夠旺才行。

◎三月生日主丙火之人，最好的命格就是用甲木制土而保衛住壬水，此甲木也會助旺丙火，因此具有三種功效。故用甲木來化壬水生丙火是最好的方法。無甲就會困苦一生。

◎四柱中丙旺壬弱，可用庚助壬，稱做『取財滋煞』為用。四柱土多壬弱，不得已用庚洩土生壬，此因日主丙火較弱的原故，不是上等命格。

四柱中天干上丁己混雜，是一般平庸之命格而已。

◎三月生丙火之人，四柱支成水局，只能用戊土為用神，戊土透干會有一點富貴，戊藏支中為平庸之命。仍以木運為最佳運程。

四柱中壬水太旺，月支辰為水墓。但其他支上有申子而成水局的人，仍以甲木來化煞生丙火為上格。無甲出干的人，就用戊土來制壬水為用神，但必須丙火主旺才行。

◎三月生日主丙火之人，以壬水為用神為第一要用。用甲木為用神的情形有兩種：一、四柱土太多用甲木為用神。二、四柱壬水太多，日主弱，也要用甲木做用神。

舉例說明：

1. 日主『丙子』類

例(一)

丁卯
甲辰
丙子（日主）
戊戌

日主丙子生於三月，四柱無水出干，而支上子辰會水局，有戊土出干，支上辰戌也土多，幸有甲木出干，用甲木制土以護壬，子戌夾亥為貴。主貴。

用神：甲木。
吉方：東方。
財方：東方。
忌方：西方。

例(二)

甲辰
戊辰
丙子（日主）
壬辰

日主丙子生於三月，有壬水出干，支上子辰會水局。用甲木制戊土，護壬，並助旺丙火。主貴。

用神：甲木。
吉方：東方。
財方：東方。
忌方：西方。

2. 日主『丙寅』類

例(一)

甲寅
戊辰
丙寅（日主）
丙申

日主丙寅生於三月，寅中支藏甲木祿旺，年柱又逢甲寅，木太旺。三月土雖當令，木更堅固，幸寅申相沖，沖出庚金為用，卻嫌有丙在申之上，使沖之無力。早年行運南方火運，起伏不佳，行金水運，沖剋寅木，而發財，此格為『棄印就財』。

用神：庚金。
吉方：西方、西北方。
財方：西北方。
忌方：南方。

例(二)

壬申
甲辰
丙寅（日主）
丙申

日主丙寅生於三月，寅中甲木亦在三月季春居旺。年干上有壬水出干，足以生甲木。支上有兩申沖寅，甲木之根不保。（支上有申辰會水局）幸而壬水洩金生木，此命格有小貴。走火運吉。走土金運不吉。

用神：丙火。
吉方：南方。
財方：南方。
忌方：西方、西北方。

3. 日主「丙辰」類

例(一)

戊子
丙辰
日主 丙辰
戊子

日主丙辰生於三月，支上子辰會水局，支上有雙子雙辰名為照象，干上有雙丙，雙戊出干，而無甲木，故富而不貴。

用神：戊土。
吉方：南方。
財方：南方。
忌方：北方。

例(二)

壬戌
甲辰
日主 丙辰
丙申

日主丙辰生於三月，有壬水出干，支上又有申辰會水局，一派水多，用甲木化煞生丙為用神。

用神：甲木。木運。
吉方：東方。
財方：東方。
忌方：西方。

4. 日主「丙午」類

例(一)

癸未
丙辰
日主 丙午
戊子

日主丙午生於三月，丙午為日坐陽刃，支上辰午夾巳祿，又有子午相冲，故夾祿不成。戊土合去癸水官星為病。木火運佳，水運冲剋大凶。

用神：戊土。
吉方：南方。
財方：南方。
忌方：北方。

例(二)

庚申
庚辰
日主 丙午
戊戌

日主丙午生於三月，丙臨午刃，有雙庚出干，支上午戌會火局，申辰會水局。申宮藏壬，以庚洩戊土生壬。

用神：壬水。
吉方：北方。
財方：北方。
忌方：南方。

5. 日主『丙申』類

例(一)

己巳
戊辰
日主 丙申
甲午

日主丙申，生於三月，年與時形成祿刃，午中有已祿，午又為煞刃。有戊己土出干，土重會晦火，有甲木制之，申宮亦有壬水長生，並自有庚金生之。此命格主貴。

用神為『壬水』。行東方木運。

吉方：北方、東方。

財方：北方。

忌方：西方。

例(二)

乙亥
庚辰
日主 丙申
壬辰

日主丙申生於三月，乙木印綬通根亥支，使日主丙火生旺，申中有庚祿，時干又透壬水，通根至申中。必以乙木為用神。但乙庚相合化金，為生殺壞印，有惡妻無子之命。

用神：乙木。

吉方：東方。

財方：東方。

忌方：西方。

6. 日主『丙戌』類

例(一)

辛卯
壬辰
日主 丙戌
癸巳

日主丙戌生於三月，有壬水出干而無甲。時上巳中有丙祿。取辛金佐壬為用神。只嫌官煞混雜（壬癸辛在干上）不佳。有小貴。

用神：辛金。

吉方：西方。

財方：西方。

忌方：東方。

例(二)

丁丑
甲辰
日主 丙戌
庚寅

日主丙戌生於三月，有甲木出干，寅中有甲祿，支上又有寅戌會火局，助旺丙火，火旺。用庚破甲引壬。專取丑中『癸水』為用神。

吉方：北方。

財方：北方。

忌方：南方。

四月生，日主丙火用神取法

四月為巳月，巳中有丙祿，故日主增旺。四月丙火，因屬三夏，火性炎熱，要解開炎熱之威力，達到中和相濟的目的，必須以壬水為用神。並且用庚來輔助生壬，才會為有源頭之活水。

◎命格四柱中有壬庚兩透出干上，四柱上又沒有戊己在天干上堵塞壬水的命格，稱之為『湖海汪洋』。廣映太陽，有極光輝文明的特徵。有此命格的人，不但在政府中有顯貴之職，學問知識也很淵博。

命格四柱無壬水及庚透之人，稱之為『孤陽失輔』，難有作為。

◎四月生日主丙火之人，四柱最好有壬庚出干，支臨申宮，也就是年柱或時柱有壬申二字的人，命格最佳，主貴。雖然申與亥中都藏有壬水。但是申宮為長生之水，又有得祿之庚金相生。而亥中壬水會與月柱巳亥相沖，戊土有回剋之憾，會損傷用神。

用申中壬水為用神者有大富貴。用亥中壬水者為小貴常人。

四月生丙火之人，生在大暑前，專以壬水為用神。水旺通根，即可取貴。大暑之後，土旺秉令，就必須以金相輔來生壬水為用神。四柱若無壬水，以癸水暫用。庚癸兩透干者，主富而不貴，且有善辯、多計謀之能事。

倘若四柱壬癸都沒有之人，為無用之人。若四柱火多土燥，為僧道之人，易夭折貧賤。

◎四月生丙火之人，若四柱之上金水全無而有甲木的命格，為『炎上格』。若四柱庚金多，而無丙丁出干，是主富不貴之人。四柱有金而無水稱之為『火長夏天金疊疊』。是身財兩旺之人，必主鉅富。但最好有濕土（己土）晦火存金為佳。

◎四月生丙火之人，若日干為丙午，四柱壬多在干上，沒有戊土，稱為『陽刃煞重』。為光棍之流。若丙午日干，支成水局，而有一、兩個壬在天干上，而無戊土出干制壬的人，為盜賊之命。干上有己土的人，是見財起意的卑鄙小人。

◎四月生丙火之人，若更有丁火出干，支上有午字（如日主丙午）。干上又有壬透。是煞刃兩停之格局。稱之『陽刃合煞』。有威權萬里之貴命。

凡『煞刃格』，有一煞一刃相互制衡，就主威權。若有兩三重煞，或是具有兩三重刃，都主其人凶暴不吉。有戊土制煞（壬癸水為煞）為貴命。四、五月之『煞刃格』，都不能以甲木化煞助刃，會有倒戈之可能，亦不吉。巳月丙火逢祿，身強煞旺，必須取食神制煞，用戊土制煞。

舉例說明：

1. 日主『丙子』類

例(一)

丁巳
乙巳
日主 丙子
戊子

日主丙子生於四月，干上有丁乙出干，身旺。支上有兩巳兩子。巳宮含丙戊祿。子中含癸祿，巳宮又為金生之地。雖四柱無金相輔，亦不致乾涸。有戊土制水，故為小貴。喜運行金生水之地。以子中癸水為用神。

用神：癸水。行金水運大吉。
吉方：北方。
財方：北方。西北方。
忌方：南方。

例(二)

壬辰
乙巳
日主 丙子
己丑

日主丙子生於四月，丙火生巳月火旺，又有乙助，身旺。干上有壬水，支上子辰會水局，但時支丑合去子水，使壬水無根失勢，而助己土。使日元丙火洩氣。一點乙木不能疏土，故為異路顯達之命，有小貴。

用神：壬水。
吉方：北方。
財方：北方。
忌方：南方。

2. 日主『丙寅』類

例㈠

丁卯
乙巳
日主 丙寅
丙申

日主丙寅生於四月，干上有丙丁出干，無壬水，以申宮中之壬水為用神。此命主貴。

用神：壬水。
吉方：北方。
財方：北方。
忌方：南方。

例㈡

庚子
辛巳
日主 丙寅
丙申

日主丙寅生於四月，有雙丙出干，日主丙火坐下寅支中又有甲祿，火之長生之地，故身旺。專取申宮壬水以解丙火之炎。申運主貴。

用神：壬水。
吉方：北方、西北方。
財方：北方。
忌方：南方。

3. 日主『丙辰』類

例㈠

乙亥
辛巳
日主 丙辰
癸巳

日主丙辰生於四月，支上有兩巳逢丙祿，本做身旺。年干乙木通亥中之木根。但乙被辛所剋制，支上巳亥相沖，破祿去火。使金與水得到生扶。木火失勢。日主丙火不通根。時干癸水蓋頭。使支上巳火受傷。故做身弱論之。以巳中丙火為用神。行東方木運最佳。

用神：丙火。
吉方：南方。
財方：南方。
忌方：北方。

例㈡

庚申
辛巳
日主 丙辰
乙未

日主丙辰生於四月，丙火生於巳月建祿，庚辛出干，使乙木受傷，故身弱。支上有申辰會水局。此命格為財多身弱之局。以巳宮丙火為用神。

用神：丙火。
吉方：南方。
財方：南方。
忌方：北方。

4. 日主『丙午』類

例(一)

癸未
丁巳
丙午（日主）
癸巳

日主丙午生於四月，支上巳午未支類南方。支上兩巳，火氣太旺。天干有兩癸，但無通根，卻緊貼丙丁，有滅火之嫌。以時支巳宮丙火為用。

用神：丙火。
吉方：南方。
財方：南方。
忌方：北方。

例(二)

丙申
癸巳
丙午（日主）
甲午

日主丙午生於四月，生於巳月午時，巳宮丙火得祿，午宮丁火得祿，群比爭財。火旺熬乾癸水。日主丙火遇午為陽刃。以申中壬水為用神。

用神：壬水。
吉方：北方。
財方：北方。
忌方：南方。

例(三)

癸酉
丁巳
丙午（日主）
壬辰

日主丙午生於四月，日主坐祿臨旺，支上巳酉會金局。財生官（金生水）。官制劫（癸水制丁）。時干上透壬水，生助癸水。以致相濟中和。日元身旺，以官殺混雜而發。此命格主富貴。

用神：癸水。北方運。
吉方：北方。
財方：北方。
忌方：南方。

例(四)

乙未
辛巳
丙午（日主）
甲午

日主丙午生於四月，干上無壬戊，為『炎上格』之正格。有木生丙火，無土出干，支上有巳午未支類南方。用未宮己土制火之炎，以生金。運行東方主大貴。水運有禍。

用神：己土。行東方運。
吉方：南方、東方。
財方：南方。
忌方：北方。

5. 日主『丙申』類

例(一)

庚辰
辛巳
日主 丙申
壬辰

日主丙申生於四月，巳宮丙火得祿，有壬庚出干，支上申辰會水局。專取申宮壬水為用神。此命格主富貴。干上庚辛為輔助生水。

用神：壬水。金水運。
吉方：北方。
財方：北方。
忌方：南方。

例(二)

甲子
己巳
日主 丙申
丁酉

日主丙申生於四月，巳宮丙火得祿。又有丁火出干相助生旺。干上有甲己相合。支上申子會水局，巳酉會金局。專取申宮壬水為用神。

用神：壬水。
吉方：北方。
財方：北方。
忌方：南方。

6. 日主『丙戌』類

例(一)

癸酉
丁巳
日主 丙戌
甲午

日主丙戌生於四月，干上甲丁助丙，巳宮丙火得祿，支上酉巳會金局以生癸。支上又有午戌會火局，火勢炎烈。以癸水為用神平衡火勢。

用神：癸水。行金水運大吉。
吉方：北方、西北方。
財方：北方。
忌方：南方。

例(二)

壬申
乙巳
日主 丙戌
丁酉

日主丙戌生於四月，支上巳酉會金局。年支申中有壬祿，為壬水之根。此命格主貴。用神為壬水。

用神：壬水，北方運。
吉方：北方。
財方：北方。
忌方：南方。

五月生，日主丙火用神取法

五月為午月，天氣炎熱，火氣愈炎。

◎五月生，日主丙火之人，命格四柱中有二壬一庚在四柱天干上的人，為上格之命。有大富貴。若命格四柱中只有一壬在天干，無庚，必須有好運配合才行。因水無金生，而無根源。如果再無運程相助，則無法顯貴。

◎五月生日主丙火之人，天干有一壬水，四柱又有戊己出干，再有丁在干上，與壬水化合的人，為平常無用之人。

◎若四柱不透庚壬，四柱有申宮長生之水，濟之以坐祿之金，金水相生，也可主貴。但不宜有戊己雜亂於四柱干上，水失其清，為異路顯達，富中取貴之象。

◎五月生丙火之人，若支成火局，四柱中不見一滴水之人，為鰥寡孤獨僧道之命。若有一、二個癸水，在四柱中，又多遇火土，為眼瞎傷殘之人。此命格中若能得戊己土出干來洩火氣，則不會傷殘瞎眼，而主刑剋孤寡貧窮了。此人行水運、北方運則凶，因命格中過於燥烈，有水相激而成災禍。

◎五月丙火之人，命格為『炎上格』，即四柱不見庚辛，而多見甲乙木的人，有大富大貴。但是決不可在命程中行水運。四柱無金水，支成火局，或支聚巳午未南方，則為『炎上格』。喜甲乙木生之，若見有土洩火，火炎土燥，主富不貴。『炎上格』不可見水運，見水則為破格。主有不測之災禍。行東南運助旺。行西北運則破格主凶，西北方同樣不利。

◎五月生丙火之人，以『壬庚』為正格之用神。無壬用癸水為用神的人，癸水不能解丙火之炎，使丙火氣勢不夠清純，故主富而不貴。癸水主眼目，支上成火局、火重的人，會眼瞎。若支上火輕，癸水不致熬乾，則無目疾。若支上成水局的人，為異途顯達的人。

◎五月生丙火之人，若四柱支成土局，又成為對丙火洩氣太過。必須有壬水來輔丙火，用甲木出干疏土，會俱有福壽雙全且有富貴之命格。故支成土局之人，不用壬庚，而用壬甲。若庚金來洩土氣，也可以用，但只算有水潤土，不足以取貴命。

舉例說明：

1. 日主「丙子」類

例㈠

庚戌
壬午
丙子（日主）
壬辰

日主丙子生於五月，干上兩透壬水，坐下又是子水，三面受敵。柱中無木生火，反有庚金生水洩土。全賴午火旺刃當權為用神，戊中燥土制水，並會火局支援丙火。以午中丁火為用神。

用神：丁火。
吉方：南方。
財方：南方。
忌方：北方。

例㈡

辛巳
甲午
丙子（日主）
甲午

日主丙子生於五月、午時，有雙甲出干，木從火勢極烈，四柱無土，辛金亦無根，水無源，子中癸水激其猛烈之性，幼失父母，好勇無品性之人。用巳宮戊土為用神。

用神：戊土。
吉方：南方。
財方：南方。
忌方：北方。

例㈢

丁卯
丙午
丙子（日主）
壬辰

日主丙子生於五月，干上有丁壬相合，為陽刃合煞，威權萬里之格。支上子辰會水局，解去子午之沖，年支卯木助旺，運行北方煞地而主貴。

用神：壬水。
吉方：北方。
財方：北方。
忌方：南方。

例㈣

乙亥
壬午
丙子（日主）
丙申

日主丙子生於五月，有一壬出干無庚，幸支上有子申會水局，申中有長生之水與坐祿之金。可金水相生，並防子午之沖。亥中有壬亦有木氣。煞刃相停。可主小貴。

用神：壬水。
吉方：北方。
財方：北方。
忌方：南方。

2. 日主『丙寅』類

例(一)

壬戌
丙午
日主 丙寅
己丑

日主丙寅生於五月，支上寅午戌會火局，而干上壬水無根。時支上丑中辛金無力支援壬水。幸而行運西北運而有異途顯達。主貴。

用神：壬水。西北運。
吉方：北方。
財方：北方。
忌方：南方。

例(二)

丙申
甲午
日主 丙寅
壬辰

日主丙寅生於五月。支上寅午會火局，申辰會水局。但干上壬水與支上申宮相隔甚遠，申金不接壬水之氣，又被干上丙火制住。申運，甲子年會成殺局，沖去陽刃，有小貴，但一生前途不佳。

用神：壬水。
吉方：北方。
財方：北方。
忌方：南方。

3. 日主『丙辰』類

例(一)

戊子
戊午
日主 丙辰
戊戌

日主丙辰生於五月，丙日有午提，強刃當令。有年支子與午相沖。有辰中濕土洩午之氣，因此極弱。有三戊出干晦火。支上午戌會火局，子辰會水局。用神為丙火。

用神：丙火。
吉方：南方。
財方：南方。
忌方：北方。

例(二)

癸酉
戊午
日主 丙辰
甲午

日主丙辰生於午月，火旺至極。干上有一點癸水，有戊土相合化火，又助火烈。支上辰酉為午相隔不能相合，一生行運又行東南木火之地，故刑傷破耗。

用神：癸水。
吉方：北方。
財方：北方。
忌方：南方。

4. 日主『丙午』類

例(一)

丙寅
甲午
日主 丙午
癸巳

日主丙午生於五月，月支午坐刃。年支寅中逢火生。時支巳中得丙祿。年月兩支中又透甲丙。此命格為烈火焚木，旺極。時干上一點癸水被熬乾。逢木火運有財喜。逢金水運大凶。

用神：丙火。東方運。

吉方：南方。

財方：南方。

忌方：北方。

例(二)

己巳
庚午
日主 丙午
甲午

日主丙午生於五月，支上有三午，四柱中滴水全無。午中有己土，年支巳中有庚金。年月兩干為真火土傷官生財格，用神為己土。

用神：己土。

吉方：南方。

財方：南方。

忌方：北方。

例(三)

壬辰
丙午
日主 丙午
壬辰

日主丙午生於午月，有兩壬出干，兩煞逢四制（干上雙丙，支上雙午），四柱干上不見甲乙木。辰中有戊土，喜其煞透食神藏（戊土為食神）。通根身庫。夏火當權，必須有金生水。此命格無金，必須行金運，才有富貴。

用神：壬水。行金運為吉。

吉方：北方。

財方：北方。

忌方：南方。戊土運。

例(四)

丁丑
丙午
日主 丙午
壬辰

日主丙午生於五月，月日皆丙午，重逢劫刃，又有丁火出干，火旺至極。喜時干壬水坐於辰上，通根身庫。年支丑土為北方濕土，能生金晦火而蓄水，故為有根。此命格主貴。

用神：壬水。

吉方：北方。

財方：北方。

忌方：南方。

例(五)

癸巳
戊午
日主 丙午
庚寅

日主丙午生於五月，陽刃當權，又逢生旺。干上戊癸相合化火。庚金為財星被眾劫所奪。此命格兄弟多而不成器，頻遭拖累。

用神：癸水。
吉方：北方。
財方：北方。
忌方：南方。

例(六)

乙亥
壬午
日主 丙午
庚寅

日主丙午生於五月，支上有寅午會火局，年支亥中有壬祿。干上有壬庚出干，以壬水為用神，以庚金為佐生水。此命格大貴。

用神：壬水。金水運。
吉方：北方。
財方：北方。
忌方：南方。

例(七)

丙子
甲午
日主 丙午
庚寅

日主丙午生於五月，年支子中有癸水，為旺火所沖（子午相沖）。但時干上庚金可相生水，故用神為癸水。主貴。但不能再行子運。

用神：癸水。須行木火土運。
吉方：北方。
財方：北方、東方。
忌方：南方。水運。

例(八)

甲午
庚午
日主 丙午
甲午

日主丙火生於五月，干上有兩甲一丙，四支皆午，無水，為『炎上格』。可惜行西北運。其胎元辛酉，比劫爭財，為破格，其人一生懦弱拘謹無大用。

用神：丙火。木運。
吉方：南方。
財方：南方。
忌方：北方。

5. 日主『丙申』類

例(一)

丙寅
甲午
丙申（日主）
壬辰

日主丙申生於五月，丙火生於午月為陽刃格局。支上寅午會火局，干上又有甲木，其身旺可知。此命格最佳處乃時辰生得好。壬水透干，坐下辰土。支上又有申辰會水局，洩水生金拱水。水火既濟，掌生殺大權，主貴。

用神：壬水。
吉方：北方。
財方：北方。
忌方：南方。

例(二)

辛未
甲午
丙申（日主）
戊戌

日主丙申生於五月，天干有甲丙戊，為寅宮之舍用。申沖寅。支上午戌拱寅，午戌並會火局。月柱甲午、日柱丙申夾乙未。甲戌得貴。日時夾丁酉，丙得貴。為夾拱聯珠。支上申午為煞刃，掌兵權。運行東方主貴，行土運主富。水運大凶。

用神：丙火。木火土運。
吉方：南方。
財方：南方。
忌方：北方。水運。

6. 日主『丙戌』類

例(一)

庚寅
壬午
丙戌（日主）
己亥

日主丙戌生於五月，干上有壬庚出干，又有己土在干上。支上寅午戌會火局。亥中亦有壬祿。專用壬水，以庚為佐，大貴之命。

用神：壬水。
吉方：北方。
財方：北方。
忌方：南方。

例(二)

丙寅
甲午
丙戌（日主）
乙未

日主丙戌生於五月，支上寅午戌會火局。干上有兩丙及甲乙，無水，為『炎上格』。可惜旺木剋土，傷秀氣，為武職出身，逢水運大凶。

用神：丙火。木火運。
吉方：南方。
財方：南方。
忌方：北方。水運。

六月生，日主丙火用神取法

六月為未月，大暑之前，火炎土燥，與五月一樣以壬水為用、庚金為輔。大暑之後有金水進氣，並且未月己土當旺，會洩丙火之氣，故丙火不旺，用神以壬水為主的人，必須以庚金相佐，並且須運行東南，西北運不吉。

◎六月生丙火之人，干上有庚壬兩透，緊貼日主，可做大官，有大貴。若月柱、時柱無庚，干上有壬，沒有戊土的人，主有小富。有戊土制壬，只能成為一個能幹的凡人。若有己土出干，格局混濁，便為平庸之俗人。

◎六月生丙火之人，四柱中若壬水藏於支中，有己土出干，為貧苦之人。四柱無壬水的人，為卑賤而頑劣之人。

◎六月生丙火之人，干上多丙火，干支上兩透庚壬，陽極生陰，專取才煞，雖同樣以用神取用為庚壬主貴，但運宜行西北運。因原局印比（木火）多，丙火生旺之故。

舉例說明：

1. 日主「丙子」類

例(一)

丁丑
丁未
丙子（日主）
己丑

日主丙子生於六月，有雙丁出干，支上子丑相合化土，為火土傷官格。主貴。運行東南運。以己土為用神。

用神：己土。
吉方：南方。
財方：南方。
忌方：北方。

例(二)

己卯
辛未
丙子（日主）
辛卯

日主丙子生於未月，子中癸水被未土剋盡。應以辛金為用神。但未為燥土，不能生金，又暗藏劫刃（未中有乙丁）。年干己土又坐於卯木之上，為吉神顯露，凶神暗藏之格局。金土運主財，火運有刑剋。

用神：辛金。
吉方：西方。
財方：西方。
忌方：南方。

2. 日主「丙寅」類

例(一)

癸丑
己未
丙寅（日主）
辛卯

日主丙寅生於未月，干上一點癸水，己土出干傷癸，支上丑未相冲，冲去丑中金水根源。辛金坐於卯上臨絕，不能生相隔之癸水。己土也無法生相隔之金。此命格又行東南木火運，故為離鄉之常人命格。

用神：癸水。
吉方：北方。
財方：北方。
忌方：南方、東南方。

例(二)

甲戌
辛未
丙寅（日主）
乙未

日主丙寅生於六月，支上寅戌會火局，干上有甲乙出干，原命火土傷官，印綬太旺（甲乙木旺）。生於大暑前以壬水為用神。生於大暑後，金水進氣，以壬水為用神，必須以庚辛為佐，運行東南，有大富貴。

用神：壬水。
吉方：北方。
財方：北方。
忌方：南方。

3. 日主『丙辰』類

例(一)

丙子
乙未
日主 丙辰
乙未

日主丙辰生於六月，丙日生未月，火土傷官。四柱無金，子中癸水被逼乾。以未中己土為用神，但兩乙出干根深疏土。丙申、丁酉運制化乙木，有財喜。戊己運。土無根，木回剋，有刑耗。水運大凶。

用神：己土。
吉方：南方。
財方：南方。
忌方：北方。

例(二)

壬午
丁未
日主 丙辰
甲午

日主丙辰生於六月，丁壬相合化木，午未相合化火。煞刃相合。獨壬出干無根。不足取貴。

用神：壬水。
吉方：北方。
財方：北方。
忌方：南方。

4. 日主『丙午』類

例(一)

己巳
辛未
日主 丙午
丁酉

日主丙午生於未月，支上巳午未支類南方，火旺至極。為火土傷官生財格。有丁火出干。劫刃肆虐，幼孤苦無依。行丑運，有北方濕土晦火生金，支上巳酉會金局，成為鉅富，有福有壽。

用神：己土。行北方運。
吉方：北方。
財方：北方。
忌方：南方。

例(二)

戊午
己未
日主 丙午
己亥

日主丙午生於六月，干上有一戊二己出干，土洩火神，時支上亥中又有壬甲，洩火太過，幼年貧困。行北方運時主富。喜亥宮壬水潤土，傷官旺而生財，為富格。

用神：壬水。北方運。
吉方：北方。
財方：北方。
忌方：南方。木運。

5. 日主『丙申』類

例(一)

	年	月	日主	時
干	壬	丁	丙	丁
支	寅	未	申	酉

日主丙申生於六月，四柱地支上不見午，丁火不算刃。丁壬相合化木助丙火。干上有兩個丁火，群劫爭財，為煞重身輕。寅申相沖，行運又行西北運。貧困而亡。用神為取未中丁火為用。

用神：丁火。
吉方：南方。
財方：南方。
忌方：北方。壬運。

例(二)

	年	月	日主	時
干	壬	丁	丙	甲
支	寅	未	申	午

日主丙申生於未月午時，年干壬水無根，申金相隔，無法生水，寅申又相沖，又為午劫。再加丁壬相合化木從火，心火旺，腎水枯，至戌運大凶。用未中己土為用神。晦火生金助壬。

用神：己土。北方運吉。
吉方：北方。
財方：北方。
忌方：南方。

6. 日主『丙戌』類

例(一)

	年	月	日主	時
干	戊	己	丙	己
支	申	未	戌	丑

日主丙戌生於六月，四柱戊己為傷官多見。生於未月，火有餘氣。以未中丁火為用神。可惜運程走西北金水運。主貧困。

用神：丁火。
吉方：南方。
財方：南方。
忌方：北方、西方。

例(二)

	年	月	日主	時
干	甲	辛	丙	甲
支	辰	未	戌	午

日主丙戌生於六月，有雙甲出干印旺。丁火、己土、乙木皆為月令之神。體用同宮。為火土傷官生財格。運行西北主貴。此命格為清朝名臣紀曉嵐之命格。

用神：己土。
吉方：北方、西北方。
財方：北方、西北方。
忌方：南方。

七月生，日主丙火用神取法

七月為申月，丙火至申為病地，就像太陽日暮西山，陽氣漸衰，見土則有晦火之嫌。只有夕陽映在湖海中反射映照出來的光芒最亮麗刺眼。稱之『日照湖海，暮夜燃光』。故七月生日主丙火之人，專以壬水為用神，來輔助照映夕陽餘暉變為燦爛。

◎七月生丙火之人，用神不能用食傷（戊己土）。申宮有庚金得祿，壬水長生，倘若丙火通根寅巳，如日主丙寅，或年柱、時柱有寅巳，則為身強。用財滋煞，用庚辛金生壬水，為七月丙火用神之正格。用壬尚須有印比來助（甲乙木及丙火）。

◎七月生丙火之人，四柱若壬多，須用戊土來制。月令申中有壬，若又有壬水出干，並見戊土在干上，主富貴。如果四柱支上有辰戌中所藏之戊土，為小貴。若四柱壬多而無戊土制之，為平常人之命格。

◎若申中支藏一壬，為許多戊土制之，也屬常人之命格。主富。

申中一壬，被許多戊制，制過七煞（壬水），只能用申中庚金，化土以生水，故富而不貴。有癸與戊相合，是牽制用神，只能取富，不能主貴。若壬多而無癸水，得一戊在天干上制之，稱之『眾煞猖狂，一仁可化』。主大貴。

◎七月生丙火之人，四柱中庚金多，而沒有丙丁火及甲乙木，及辛金出干的人為『棄命從財』。為多依靠親戚而發達進身，異途顯達之人。凡『從格』多富。申宮有庚祿壬生，見丙辛相合，又成水局，則成『化格』，只是化不逢時，為平常一般人之命格。

◎七月生日主丙火之人，陽氣衰，要生扶。專用煞印相生，用壬水必須有甲乙木相助。有戊制壬，會晦火。必須用甲木來救。有甲木救之，丙壬氣清而生旺，命格才能主貴。水亦能化煞幫身，有妻必賢能相助。

◎七月日主丙火之人，選取用神，專取壬水。以戊土次之。

舉例說明：

1. 日主『丙子』類

例(一)

丙子
丙申
日主 丙子
丙申

日主丙子生於申月，天干四丙，地支無根。地支兩申兩子。申子會水局。水逢生旺。須以木運中和。可惜五行行運不順，五十年西北運程，五十歲以後走東方木運發財主富。

用神：甲木。東方木運。
吉方：東方。
財方：東方。
忌方：北方、西方。金水運。

例(二)

癸酉
庚申
日主 丙子
丙申

日主丙子生於七月，年支酉為主（年命）在前面。申為煞在後面。為『主前煞後』。癸酉、庚申相互為我剋，化煞為權。時柱丙申，火臨病位，氣勢衰弱。支上有申子會水局。癸酉金居旺地。主大富貴。

用神：壬水。
吉方：北方。
財方：北方。
忌方：南方。

2. 日主『丙寅』類

例(一)

戊寅
庚申
日主 丙寅
庚寅

日主丙寅生於七月，干上有雙庚一戊出干，支上有三寅，寅申相冲。寅中有甲祿與火長生之地，日主趨旺。寅中亦為土之長生，戊土可通根至寅。以食神生財格。為富格。用神以戊土為用神。

用神：戊土。走西北運。
吉方：北方。
財方：北方。
忌方：南方。

例(二)

乙亥
甲申
日主 丙寅
癸巳

日主丙寅生於七月，丙火坐於長生之地。又有甲乙出干，身旺。但寅申相冲。巳亥相冲，癸水坐於巳宮為水之絕地，無根。

用神：庚金或壬水皆可。行金水運。
吉方：西方、北方。
財方：北方。
忌方：南方。

3. 日主『丙辰』類

例(一)

乙酉
甲申
丙辰（日主）
戊戌

日主丙辰生於七月，有甲木出干破戊土，用申中壬水為用神，為『財滋弱煞』格。土運大凶。

用神：壬水。木運。

吉方：北方。

財方：北方。

忌方：南方。土運。

例(二)

乙酉
甲申
丙辰（日主）
甲午

日主丙辰生於七月，干上甲乙木印多，用申中壬水制印。支上辰午夾巳，為夾祿。午申夾未為夾貴。主掌權有大富貴。

用神：壬水。

吉方：北方。

財方：北方。

忌方：南方。

4. 日主『丙午』類

例(一)

丙申
丙申
丙午（日主）
丙申

日主丙午生於七月，干上有四丙，支上有三申，煞刃相停，人元有氣。為煞刃格。用財生煞主貴。用申中庚金生壬水為用。此為劉銘傳之命格。

用神：壬水。

吉方：北方。

財方：北方。

忌方：南方。

例(二)

戊辰
庚申
丙午（日主）
丙申

日主丙午生於七月，支上申辰會水局，有戊出干制壬，用庚金化食神以生煞。

用神：壬水。

吉方：北方。

財方：北方。

忌方：南方。

5. 日主「丙申」類

例(一)

癸未
庚申
日主 丙申
己亥

日主丙申生於七月，月支與日支有兩申，有癸水出干，時支上亥中有壬祿甲生，煞重身輕。未年生人見申為孤劫同辰。更兼隔角煞。主中年以後刑剋喪敗。以申中戊土為用神。

用神：戊土。
吉方：南方。
財方：南方。
忌方：北方。

例(二)

己未
壬申
日主 丙申
丙申

日主丙申生於七月，支上有三申，煞重。己年見申為天乙貴人，而逢凶化吉，但仍刑剋父母子女。

用神：戊土。
吉方：南方。
財方：南方。
忌方：北方。

例(三)

庚戌
甲申
日主 丙申
癸巳

日主丙申生於七月，干上庚甲並透，專取煞印相生。用申中壬水滋木助丙。支上巳申相合化水。土運較佳。

用神：壬水。土運。
吉方：北方。
財方：北方。
忌方：南方。丁運、子運。

例(四)

辛巳
丙申
日主 丙申
壬寅

日主丙申生於七月，日主雖弱，但干上辛貴在寅。壬貴在巳，年柱與時柱互換得貴。辛巳、壬寅皆納音金。金至寅巳為無生氣。故為中等之貴。

用神：壬水。
吉方：北方。
財方：北方。
忌方：南方。

6. 日主『丙戌』類

例㈠

丙寅
丙申
日主 丙戌
己亥

日主丙戌生於七月，干上有三丙，支上寅戌會火局，火旺。丙貴在亥主秀氣。己見申為貴人。月時互換為貴。主大富貴。

用神：壬水。
吉方：北方。
財方：北方。
忌方：南方。

例㈡

丁丑
戊申
日主 丙戌
癸巳

日主丙戌生於七月，干上戊癸相合，支上巳丑會金局。以金化土生水為用。

用神：壬水。
吉方：北方。
財方：北方。
忌方：南方。

八月生，日主丙火用神取法

八月為酉月，八月之丙火，猶如日暮黃昏，太陽猶有餘光，但照耀在湖海之中，相映成輝。八月之丙火比七月更衰弱。仍是用壬水相輔助映照出來的。

◎八月生，日主丙火之人，用神以壬水為主，但不可沒有比印（甲乙木和丙火）相輔助。用財（庚金）為用神，則會聚煞（生水）。用土為用神則會晦暗丙火的光芒。只有用壬水輔助映照，並且以甲乙木及丙火配合，就會成為上等命格。

◎八月生，日主丙火之人，四柱若丙多，有一壬出干，為一奇格。主有大富貴。如果只有一壬藏於支中，有小貴。因用神力量薄弱，若行運金水運程，亦可引出用神而顯達。若四柱土多困水，只不過是一個平凡的能幹之人。若有己土混濁，為無用之人。若四柱無壬水，癸水也可以做用神，但是發達不久。

◎八月生，丙火之人，若四柱多見辛金出干，不能以『從化』論。可享祖蔭，父母亡則貧困。若有丁制辛，其人為奸詐之人，主淫賤。婦女合此命吉者為長舌婦。丙火逢辛金而怯懦。有多個辛金出干，必須支成金局，即會成為『

從財格』，可為富貴上等命格。

若四柱中有丁火，或甲乙木，或者是丙火有微根，不能『從化』（也可稱假從）不做佳命論之。可享餘蔭。

◎八月生，丙火之人，四柱支成金局，無辛出干，不做『從財』論，乃財多身弱，為朱門餓殍。如果支成金局，又有辛金出干，不見比劫（丙丁火），為『正從財格』。為有富有貴之人，也可得貴人提拔、親戚扶持而富貴。並且擁有賢內助之妻室。

◎八月生，丙火之人，身強用壬為用神，財旺生煞為上格。若壬癸出干，而丙火不旺之人則不能不用印（甲木），八月火臨酉地為死地，沒有甲木便不能化壬水而生丙火。

八月生，丙火之人，以壬水為用神第一要用。次用癸水。用水為用神，以金生水而輔之。以木為用神，以水生木而輔之。

舉例說明：

1. 日主『丙子』類

例(一)

己卯
癸酉
日主 丙子
戊子

日主丙子生於八月，癸水出干，為己土所傷，丙火靠卯中乙木來相生。但支上卯酉相沖，卯為印綬被傷，印刑殺重。以傷官生財為用。以己土為用神。逢卯運大凶。

用神：己土。
吉方：西方。
財方：西方。
忌方：東方。卯運。

例(二)

丙寅
丁酉
日主 丙子
丙申

日主丙子生於八月，干上有三丙一丁出干，寅為丙火長生之地。支上申子會水局。以申中壬水為用神。有小貴。

用神：壬水。金水運。
吉方：北方。
財方：北方。
忌方：南方。

2. 日主『丙寅』類

例(一)

辛巳
丁酉
日主 丙寅
己亥

日主丙寅生於八月，日主身旺用財，干上有丁制辛，支上巳酉會金局。專用己土傷官為用神。丙寅為紅艷桃花，己見寅，傷官合起桃花，故為一代名伶之命格。

用神：己土。
吉方：北方。
財方：北方。
忌方：南方。

例(二)

丙寅
丁酉
日主 丙寅
壬辰

日主丙寅生於八月，干上比劫多，日主旺，有一壬出干，有富貴。

用神：壬水。
吉方：北方。
財方：北方。
忌方：南方。

3. 日主「丙辰」類

例(一)

丙寅
丁酉
日主 丙辰
丁酉

日主丙辰生於八月，日元丙火坐辰，為冠帶之地，丙火氣旺，年逢丙寅，寅為丙火長生之地。加以兩干不雜（干上有雙丙、雙丁），格局清純。主貴。專以財星為用，以酉中辛金為用神。

用神：辛金。
吉方：西方。
財方：西方。
忌方：南方。

例(二)

己卯
癸酉
日主 丙辰
戊戌

日主丙辰生於八月，四柱無壬出干，癸水為戊己所困。用傷官生財，主富。支上卯辰酉戌，東西夾拱，有小貴。

用神：己土。金水運。
吉方：北方。
財方：北方。
忌方：南方。

4. 日主「丙午」類

例(一)

丙子
丁酉
日主 丙午
甲午

日主丙午生於八月，八月酉金秉令，財旺生官，官刃為用。在壬寅、癸卯運中可出將入相。喜子隔酉，不冲午刃。兩干不雜，財滋七煞格。若生子時則不貴。

用神：癸水。
吉方：北方。
財方：北方。
忌方：南方。

例(二)

丁丑
己酉
日主 丙午
己丑

日主丙午生於酉月，日主丙火坐於午上，火旺用金，支上丑酉會金局。更得己土而生之，傷官生財格。為鉅富之命格。

用神：己土。
吉方：西方。
財方：西方。
忌方：東方、南方。

5. 日主『丙申』類

例(一)

戊子
辛酉
日主 丙申
己丑

日主丙申生於酉月，有辛金出干，丙辛相合，不能從財。戊己困水，丙火無根，從而不從，為過房入繼之命，可享祖蔭，為一能士而已。

用神：癸水。
吉方：北方。
財方：北方。
忌方：南方。

例(二)

丁酉
己酉
日主 丙申
丁酉

日主丙申生於八月，干上有兩丁助丙，而丙臨申位，氣弱。財旺身弱，無印生助。己土出干，晦丙濁壬。財滋七煞，故專用壬水為用神。因二丁出干，財神不顯，為迂懦刑孤之人。

用神：壬水。
吉方：北方。
財方：北方。
忌方：南方。

6. 日主『丙戌』類

例(一)

丙申
丁酉
日主 丙戌
乙未

日主丙戌生於八月，丙火坐戌，通根火庫，更得乙未印綬生之，故火旺，必須用金。為大富之人。以申中金水相生為用神。

用神：庚金。金水運。
吉方：西方。
財方：西方。
忌方：南方。

例(二)

辛酉
丁酉
日主 丙戌
辛卯

日主丙戌生於八月，干上有雙辛出干，丙辛相合，有丁制辛，丙火衰弱。男主奸詐。以印制煞，以卯中乙木為用神。

用神：乙木。
吉方：東方。
財方：東方。
忌方：西方。

九月生，日主丙火用神取法

九月為戌月，丙火在戌為火墓。有如太陽落於地平線之下，只稍微露出一點點光線。如見壬水（海水），則會從海水倒映中反射至天空，而有餘暉。因此九月生丙火之人選取用神，必須先取甲木制土（害怕土埋沒太陽的光芒），再用壬水來輔映太陽的光芒。

◎九月生，日主丙火之人，四柱中有甲壬兩透干者，有非凡之富貴。若無壬水輔丙滋養甲木，有癸水出干者，為異途顯達之人。有壬癸藏於支中，有小貴。有壬透干而甲木藏於支中，必須無庚金破甲，可有小貴。若四柱中有庚剋木及戊土困水的命格，是一個庸才之人。總之，無甲壬癸在四柱之中的人，都是下等命格的人。

◎九月生，日主丙火的人，九月戌宮為火墓庫，與未月同樣是燥土，洩丙火之氣，丙火不旺而旱燥，為離鄉奔波之命。四柱再無庚辛壬癸來救助，為貧困夭亡之命。

◎九月生丙火之人，四柱支成火局，為『炎上格』而失令（月令不對）。若再行西方運或西北運，主孤貧。必須行東南運才有富貴。

◎九月生，丙火之人，四柱若有己土出干，無甲木在干上，雖有其他的丙火助身，也難制土（用戊宮土旺），此命格的人，亦屬無用之人。若四柱有戊己出干，必須用甲木制土去病。若壬癸藏於支中相助，火多而透干，用壬癸制火潤土滋潤甲木。用神則是以壬癸為主，甲木制土為輔。

◎九月土燥而重，必須以水滋潤甲木為用神，戊己土會晦火，無壬癸甲這三個要件，丙火再多也無益處。

舉例說明：

1. 日主『丙子』類

例㈠

己亥
甲戌
日主 丙子
戊子

日主丙子生於九月，有甲木出干，年支亥為甲木長生之地。專用甲木制土化水。

用神：甲木。
吉方：東方。
財方：東方。
忌方：西方。

例㈡

甲申
甲戌
日主 丙子
庚寅

日主丙子生於九月，有雙甲出干，時支寅中既是甲木祿地，又是丙火長生之地，支上寅戌會火局。庚祿在申，專取申中壬水為用神。

用神：壬水。
吉方：北方。
財方：北方。
忌方：南方。

2. 日主「丙寅」類

例(一)

庚戌
丙戌
丙寅（日主）
壬辰

日主丙寅生於九月，干上庚壬並透干，但皆不通根。甲藏支用於寅中。支上寅戌會火局。此命格富大貴小。

用神：甲木。東南運。

吉方：東方。

財方：東方。

忌方：西方。

例(二)

己酉
甲戌
丙寅（日主）
庚寅

日主丙寅生於九月，有甲木出干，支上寅戌會火局。四柱無水，土燥木枯。此命格主孤貧。

用神：己土。東南運。

吉方：南方。

財方：南方。

忌方：北方。西北運。

3. 日主「丙辰」類

例(一)

乙未
丙戌
丙辰（日主）
己亥

日主丙辰生於九月，干上有比劫，支上亥未會木局，有己土出干，無甲制辰戌未中之土，為常人無用之命格。專取亥中甲木為用。

用神：甲木。

吉方：東方。

財方：東方。

忌方：西方。

例(二)

戊辰
壬戌
丙辰（日主）
癸巳

日主丙火生於九月，巳宮火土得祿，並得庚金長生之地。有壬癸出干，戊土制之，四柱無甲木，以巳宮庚金生壬為用。

用神：庚金。

吉方：西方。

財方：西方。

忌方：南方。

4. 日主『丙午』類

例㈠

丁丑
庚戌
日主 丙午
庚寅

日主丙午生於九月，支上寅午戌會火局，此命格為『炎上格』失時。行運甲乙木東南運為佳。用神以丑中己土為用。主貴。

用神：己土。行東南運。
吉方：南方、東南方。
財方：南方、東南方。
忌方：北方。西北運。

例㈡

辛酉
戊戌
日主 丙午
庚寅

日主丙午生於九月，支上寅午戌會火局。干上無甲乙木，為『食神生財格』。以戊土為用神。九月戌宮為入墓之火，喜行生旺之地。運行東南，父以子貴。為大富之命格。

用神：戊土。東南運。
吉方：南方。東南方。
財方：南方。
忌方：西北方、北方。西北運。

例㈢

丙申
戊戌
日主 丙午
戊戌

日主丙午生於九月，日支午中有陽刃，年支申中有壬煞。煞刃相制，格局取貴。有雙戊出干，無甲制土。戊土晦丙制壬，生申中之庚金。成為富格。兩干不雜，支上午戌會火局。專用申中壬水為用神。

用神：壬水。
吉方：北方。
財方：北方。
忌方：南方。

例㈣

丙午
戊戌
日主 丙午
戊戌

日主丙午生於九月，四柱中火土各半，兩氣成象。取戊土食神為用神。此命格可惜行運不佳，一生行西北運，水運，水激丙火，大凶易夭亡。女命吉，有富貴。

用神：戊土。東南運。
吉方：南方。
財方：南方。
忌方：北方。西北金水運。

5. 日主『丙申』類

例(一)

丙寅
戊戌
丙申（日主）
戊子

日主丙申生於九月，干上有雙丙雙戊。支上寅戌會火局。申子會水局。戊土太重，甲木藏於寅中，不能破土。以申中庚金生壬癸為用神。

用神：庚金。
吉方：西方。
財方：西方。
忌方：南方。

例(二)

乙卯
丙戌
丙申（日主）
庚寅

日主丙申生於九月，支上有寅戌會火局。庚金在申得祿生壬水為用。

用神：壬水。
吉方：北方。
財方：北方。
忌方：南方。

6. 日主『丙戌』類

例(一)

辛丑
戊戌
丙戌（日主）
壬辰

日主丙戌生於九月，以辛金洩土生壬，主貴。可惜四柱無甲木制土旺丙。行東南運主吉。行壬運主凶。

用神：辛金。
吉方：南方。西南方。
財方：西南方。
忌方：北方。

例(二)

甲寅
甲戌
丙戌（日主）
壬辰

日主丙戌生於九月，支上寅戌會火局，有壬水出干，無根。雖有甲木出干，但壬水偏官無財相生，為中等之命格。

用神：壬水。金水運。
吉方：北方。
財方：北方。
忌方：南方。

十月生，日主丙火用神取法

十月為亥月，太陽已降至地平線以下。亥月已入冬季，為丙火絕地，休囚已極。一定要有甲木來生火不可，不能取別的用神為用神。

亥宮壬水旺，甲木雖長生，而濕木無法生火燄。必須有戊土制水，才能培植樹木，木旺才能生丙火。丙火以見壬水而能取貴命。戊土制壬，又嫌它剋制得太超過，因此又必須用庚金化戊土來生壬水。此即取『煞印相生』之故。

◎十月生，日主丙火之人，四柱天干見甲戊庚齊透的人，有大富貴。其人性情清高，為斯文型的領袖。

◎十月生，日主丙火之人，四柱中若火多，則以壬水為用神。四柱水多，則以戊土為用神。四柱土多，則以甲木為用神。這是病與藥的調節，可以 酉運用。

倘若命格中水多無戊土制水。木旺無庚制木，稱之為『有病無藥』。此命格的人，皆為平庸沒有成就之人。

◎十月生，丙火之人，日柱為丙日、干上有辛金透出，時支上又有『辰』字，為『化合逢時』，有大貴之命。

因在『化氣』之中，丙火見辛，最不容易化合。必須地支全是金水，丙火氣勢死絕，不易化合。生於亥月水旺的時間內，四柱支成水局，又見『辰』字，才為『真化』，為『化合得時』，主大富貴。

◎十月生丙火之人，四柱水多，但是有甲木，無戊土制水，不能當做『從煞格』，必須用己土混壬來做妙方，做用神。

亥宮有甲木長生，四柱多壬，但月令得祿，甲木會洩煞（壬水）之氣，煞印相生，使丙火衰絕，但不會死絕。故不以從煞論。

◎丙火用壬水做用神，本忌己土來混濁，在別的月份不可用。獨獨十月丙火之人，用己土混壬做用神，為大貴之命格。

因十月丙火衰絕，必須要扶助它、生扶它，使它變旺，不然會熄滅。而亥宮甲木有生機萌動，卻被壬水束縛住了，無法生丙火。有己土來混壬水，成為濕泥，培植甲木，甲木即生旺，支援丙火，丙火絕地逢生，成為一奇特格局。一生富貴榮華享用不盡。

◎十月生，丙火之人，四柱支上有亥與未相會成木局，其道理也是和己土混壬相同。火能生土，土制水培木，火藉以生旺，稱之為『反生之意』。這在滴天髓一書中有禪明其意義。

◎十月生，丙火之人，若命格四柱多壬、多申，稱之『棄命從殺』。是不經由考試任用，但仍會做官的人。

因亥宮有甲木，申宮有庚金，庚金制甲木，木的生機被斷絕，丙火才能從煞（壬為煞）。無申則不做『從煞格』。

◎十月生，日主丙火之人，用神以甲木為主要關鍵用神。四柱木旺用庚做用神，是『用財損印』的方法。四柱水旺用戊土做用神，是以戊土做堤防，但命格格局中必須丙火生旺才可用戊土做用神，以防剋洩交集而不佳。四柱火旺必須用壬水輔映丙火為用神，總之必須先觀之甲木有無及生旺，再視命理格局中庚戊壬必須調節的方法而定。

舉例說明：

1. 日主『丙子』類

例(一)

丙戌
己亥
日主 丙子
壬辰

日主丙子生於亥月，支上子辰會水局，又有壬水出干，壬水當旺，為己土混土格。以亥中甲木為用神。主大富貴。

用神：甲木。
吉方：東方。
財方：東方。
忌方：西方。

例(二)

辛巳
己亥
日主 丙子
壬辰

日主丙子生於十月，為絕地逢生，亥宮壬水當旺，取『己土混壬』格。用神為甲木。主大富貴、長壽，並得貴子之命。

用神：甲木。
吉方：東方、南方。
財方：東方。
忌方：西方。

2. 日主「丙寅」類

例(一)

壬申
辛亥
日主 丙寅
庚辰

日主丙寅生於十月，壬水當旺，又得庚辛金生之。取寅中甲木為用神。命格主貴。

用神：甲木。
吉方：東方。
財方：東方。
忌方：西方。

例(二)

丙子
己亥
日主 丙寅
戊子

日主丙寅生於十月，支上有兩子，天干火衰，地支水旺。用寅中甲木為用神。行東方木運及東南運主貴。

用神：甲木。
吉方：東方、東南方。
財方：東方。
忌方：西方。

例(三)

丁卯
辛亥
日主 丙寅
丙申

日主丙寅生於十月，亥宮壬水秉令，支上卯亥會木局。干上又有丙丁並透，身旺足以用殺。干上辛金貼丙，日主丙火貪合而羈絆，幸而有丁火劫去辛金，使日主無牽制。時支申中庚金生壬水。以壬水為用神。

用神：壬水。
吉方：北方。
財方：北方。
忌方：南方。

例(四)

己酉
乙亥
日主 丙寅
戊子

日主丙寅生於十月，此命格以年支酉金為源頭，酉金生亥水，寅亥相合而生丙火，丙火生戊土。元神皆厚，有相生之意。其人寬厚有德，富貴長壽之命。

用神：甲木。
吉方：東方。
財方：東方。
忌方：西方。土運。

3. 日主『丙辰』類

例㈠

辛未
己亥
日主 丙辰
己亥

日主丙辰生於十月，有雙己出干，支上亥未會木局。為『己土混壬』格。亥未拱卯，化煞為印。主貴。此為清曾國藩之命格。

用神：甲木。
吉方：東方。
財方：東方。
忌方：西方。

例㈡

癸亥
癸亥
日主 丙辰
甲午

日主丙辰生於十月，此命格癸亥多，官殺乘旺。喜生在午時，生食制煞。午中有丁巳祿。時干透甲，生火洩水。旺殺一半化為印，水一半化為木。衰木兩遇亥中木之長生之地，木且深固。白手成家，發財之命。用神以辰中戊土為用。

用神：戊土。
吉方：南方。
財方：南方。
忌方：北方。

4. 日主『丙午』類

例㈠

壬辰
辛寅
日主 丙午
壬辰

日主丙午生於十月，丙午日坐陽刃，辰午夾巳祿，丙火暗旺，不能從化。午中丁己與亥宮壬甲相合，氣勢團結。己土混壬生甲，以甲木為用神，此為『化合逢時』。主貴。

用神：甲木。
吉方：東方。
財方：東方。
忌方：西方。

例㈡

壬申
辛亥
日主 丙午
庚寅

日主丙午生於十月，丙午日坐陽刃。支上寅午會火局。壬煞在申宮長生。煞刃兩停。以寅宮甲木為用神。行東南運。主貴。此為清左宗棠之命造。

用神：甲木。東南運。
吉方：東方。
財方：東方。
忌方：西方。

例㈢

戊申
癸亥
丙午（日主）
壬辰

日主丙午生於十月，日坐陽刃，生於亥月，支上申辰會水局，陽刃休囚。四柱無木，有壬癸透干，水旺。戊癸相合。以亥中甲木為用神，行東南運主貴。

用神：甲木。東南運。
吉方：東方。
財方：東方。
忌方：北方。

例㈣

己未
乙亥
丙午（日主）
壬辰

日主丙午生於十月，日坐陽刃，支上亥未會木局，此為『己土混壬』格。用神以亥中甲木為用。

用神：甲木。
吉方：東方。
財方：東方。
忌方：西方。

5. 日主『丙申』類

例㈠

己未
乙亥
丙申（日主）
庚寅

日主丙申生於十月，丙火坐申之絕地，休囚已極，支上亥未會木局。寅中有丙火長生及甲祿，可以助旺丙火。庚祿在申可以生水。申中之金制亥中甲木。為『棄命從殺』，用神以申中壬水為用。

用神：壬水。
吉方：北方。
財方：北方。
忌方：南方。

例㈡

庚申
丁亥
丙申（日主）
丙申

日主丙申生於十月，干上有二丙一丁，但無根，火不旺。庚金通根至申。支上有三申，申亥相刑。亥中有壬祿，申中壬水長生，煞重身輕。用亥中甲木洩煞輔丙，不以從煞論。

用神：甲木。戊運。
吉方：東方。
財方：東方。
忌方：西方。

6. 日主『丙戌』類

例(一)

戊午
癸亥
日主 丙戌
壬辰

日主丙戌生於十月，日元丙戌，生於辰時，辰戌相沖，沖去戌土之庫根。干上壬癸並透，戊癸相合，去官留煞。年支午刃相助，丙火有焰。四柱無金，支上午戌會火局，用神以午中丁火為用。主貴。

用神：丁火。東南運。木運。

吉方：南方。

財方：南方。

忌方：北方。

例(二)

壬辰
辛亥
日主 丙戌
戊子

日主丙戌生於十月，日元丙戌，丙火通根庫。有壬水出干，得甲木而貴，身煞皆不旺，而用戊土，有晦火制壬之嫌，故只為小貴。

用神：甲木。

吉方：東方。

財方：東方。

忌方：西方。

例(三)

甲戌
乙亥
日主 丙戌
庚寅

日主丙戌生於十月，干上有甲乙丙，卯旺。支上寅戌會火局，身旺。以庚金生水，以財生官為用，戊土旺於戌，戊土得位。此命格因庚甲兩透，戊土得位而主貴。

用神：壬水。

吉方：北方。

財方：北方。

忌方：南方。

例(四)

庚申
丁亥
日主 丙戌
丙申

日主丙戌生於十月，干上有比劫，支上有兩申，申亥相刑，申宮庚金制住亥宮甲木，庚祿在申生壬水，申宮壬水長生，為『棄命從煞』。用戌宮戊土制壬為用。

用神：壬水。

吉方：北方。

財方：北方。

忌方：南方。

十一月生，日主丙火用神取法

十一月為子月，丙火在冬至以前，與十月相同。冬至以後，有一點陽氣漸生。冬天為壬水專旺之時，丙火雖喜壬水輔映，但必須有甲木生助火旺，才能相得益彰。

◎十一月生丙火之人，用戊土做用神制壬水者，必須日元生旺，並且用戊不可無甲木生助。如此才可用食神制煞（用戊制壬）。

四柱多戊己出干，制煞太過的人，因壬水乘旺之故，主秀氣。四柱再有甲丙，配合得宜，可以異途顯達主貴。否則僅為貧困寒儒之士。

日主丙火身旺的人，用神用壬水。壬水太多則用戊土，須看日元旺弱而定。

◎十一月生日主丙火之人，四柱壬多水多，專用戊土為用神。因戊土晦丙火之光，須以甲木為藥來救助。此人為能文之士，名利虛浮，無法成名。有甲木則名利雙全。若四柱水多無戊土為制，火多無壬水相濟，四柱五行配合無法中和的人，為下等格局。日元衰弱，用庚金財煞或用食神戊土制煞，都非上等格局。用神一定要用木（印）不可。

如果命局中印劫（甲乙木及丁火）太多，又非用煞（壬癸水）不可，無煞也不能成上等格局。

◎十一月生丙火之人，四柱無壬水，但有癸水出干，並得到金生水，而無剋傷，又有丙透干可以解凍溫暖，有小貴。

命局中木火太多，一定要有壬煞制之，主貴。無壬用癸，丙火冬日無光，故另有丙透解凍，可救之。

四柱多壬無甲木生扶日元，以『棄命從煞』論之，支上會水局或支有亥子丑支類北方，為變格，亦主貴。

◎十一月生丙火之人，四柱水多有甲無戊土，不為『從煞格』，宜以己土混壬，這和十月用法相同。但是十月亥宮甲木有生氣，如果甲木不透干，仍可用亥中之甲木。生於十一月子月之人，一定要有甲木出干才可。並且更要另有丙火比肩來相助。倘若無丙火，支上有寅也可用。

◎十一月生丙火之人，忌土來晦光，用甲破土，故命格中甲木不可少。若用壬水做用神，則必須另有丙火相助，或支成火局，否則不可用。

舉例說明：

1. 日主「丙子」類

例(一)

己卯
丙子
日主 丙子
丁酉

日主丙子生於子月，子為帝座，年支為卯，時支為酉對應，財官印三奇俱備，大貴之象。可惜己土傷官居於卯印之上，丁火比劫坐於酉金財星之上，劫臨財地。又無木火運相助，壯志未酬。

用神：丙火。東南運。
吉方：南方。
財方：南方。
忌方：北方。

例(二)

辛酉
庚子
日主 丙子
癸巳

日主丙子生於子月，巳宮有丙祿，日祿歸時。專用巳宮丙火為用神。小富之命格。

用神：丙火。木火運。
吉方：南方。
財方：南方。
忌方：北方。

2. 日主「丙寅」類

例(一)

甲戌
丙子
日主 丙寅
丙申

日主丙寅生於子月，有三丙出干，支上寅戌會火局，申子會水局，無壬水輔映光輝，清氣不足，富重貴輕，專用甲木為用神。

用神：甲木。
吉方：東方。
財方：東方。
忌方：西方。南方。

例(二)

癸酉
甲子
日主 丙寅
戊戌

日主丙寅生於子月，甲木得祿於寅，有子水滋潤為精足。戊土坐戌通根，並有寅戌會火局拱之為神旺。官生印、印生身，坐下長生，為氣貫。五行俱足，流通生化。東南西北之運皆可行。一生富貴福壽。（此命格取精氣神）

用神：戊土。東南西北之運皆可行之。
吉方：南方。
財方：南方。
忌方：北方。

例(三)

	癸未
	甲子
日主	丙寅
	丁酉

日主丙寅生於子月，年柱癸水坐於未上，官坐傷地。支上子未相貼，官星受傷，時支丁酉為劫入財鄉。此命格即財劫官傷。庚辛運富裕，土運傷剋。

用神：辛金。

吉方：西方。

財方：西方。

忌方：南方。

※丁酉對日主丙火來說，丁是劫才，酉中辛金是正財，故稱丁酉為劫入財鄉，或財星遇劫。

例(四)

	辛酉
	庚子
日主	丙寅
	癸巳

日主丙寅生於子月，此命格以支上酉金為源頭，金生子水，水生寅中甲木生身。巳宮金生，財又逢生，癸水官星透干，清純而有精神，五行中和純粹。主貴。一生無險，名利雙收。

用神：甲木。

吉方：東方。南方。

財方：東方。

忌方：西方。

3. 日主「丙辰」類

例(一)

	辛酉
	庚子
日主	丙辰
	己丑

日主丙辰生於子月，不能無丙甲為用。此命格支上子酉夾戌亥，辰丑夾寅卯，卯戌寅亥相合，形成暗劫暗印，以木火虛神為用，地位全齊而主貴。

用神：丙火。木火運、南方運。

吉方：南方。

財方：南方。

忌方：北方。

例(二)

	戊寅
	甲子
日主	丙辰
	壬辰

日主丙辰生於子月，年支寅生甲丙，戊土通根至辰，支子辰會水局助壬。用神為丙火。

用神：丙火。

吉方：南方。

財方：南方。

忌方：北方。

4. 日主『丙午』類

例(一)

		日主	
乙	庚	丙	丁
亥	子	午	酉

日主丙午生於子月，日坐陽刃，子午相冲，冲去刃煞，干上乙庚相合，時干丁酉財星遇劫。以亥中甲木為用。

用神：甲木。

吉方：東方。財方：東方。

忌方：西方。土運。

例(二)

		日主	
丁	壬	丙	丙
未	子	午	申

日主丙午生於子月，日坐陽刃，子午相冲，冲去陽刃，四柱無甲，壬水堅貼丙火有晦火之嫌，幸丁壬相合化木生丙，用未中甲己土混壬生木助火。

用神：己土。東南運。

吉方：南方。

財方：南方。

忌方：北方。西方。金水運。

5. 日主『丙申』類

例(一)

		日主	
丁	壬	丙	甲
酉	子	申	午

日主丙申生於子月，日主丙申，丙火坐於絕地。有壬水出干，支上子申會水局，丙火甚弱。幸有甲木出干，午中有丁火之祿助之。干上丁壬相合，年柱丁酉，財星遭劫，用午中己土為用神。

用神：己土。

吉方：南方。

財方：南方。

忌方：北方。

例(二)

		日主	
乙	戊	丙	甲
丑	子	申	午

日主丙申生於子月，日主丙火衰弱，子水有戊土蓋頭，幸有甲木出干制戊，日主丙火有午中之火助起。以申中壬水為用。

用神：壬水。

吉方：北方。

財方：北方。

忌方：南方。

※蓋頭：四柱中有一柱，干上之字剋下支之字的，例如戊子，戊土剋子水，稱為蓋頭。

6. 日主『丙戌』類

例(一)

壬子
壬子
日主 丙戌
戊戌

日主丙戌生於子月，年月兩逢壬子，煞勢猖狂。日時坐戌，通根身庫。有戊土透出干制水。有行運東南之吉運，扶身抑煞。主貴。

用神：戊土。東南運。
吉方：南方。東南方。
財方：南方。
忌方：北方。金水運。

※通根身庫：例如此命局，日主丙火為身，戌宮為火之墓，故稱通根身庫。干上之字在支中找到相同根源的，稱為通根。

例(二)

癸未
甲子
日主 丙戌
辛卯

日主丙戌生於子月，四柱無壬用癸。官星秉令乘旺，更得甲木生助。但丙辛相合，日元戀財不向官印，為用神不專，成為病神。

此命格主貴。
用神：辛金。
吉方：西方。
財方：西方。
忌方：東方。

例(三)

丁巳
壬子
日主 丙戌
戊子

日元丙戌生於子月，丙火通根於戌，生於子月，氣勢較弱，丁壬相合，水旺火衰，非用甲木不可，但無甲出干，金寒水凍，丁壬兩失，戊晦丙光。貧困夭亡之命。

用神：丁火。東南運。
吉方：南方。
財方：東南方。
忌方：北方。

例(四)

辛亥
庚子
日主 丙戌
甲午

日主丙戌生於子月，支上有午戌會火局，丙火通根至戌。冬日以暖為主。仍以甲木為用神。運行木地，名利雙收。

用神：甲木。東南運。
吉方：東方、南方。
財方：東方。
忌方：北方、西方。

十二月生、日主丙火用神取法

十二月為丑月，冬日嚴寒漸盡，木火漸漸生旺，有陽氣漸進，會使霜融化，稱之『侮雪欺霜』。

◎十二月生日主丙火取用神，生於大寒之前的人，與十一月一樣，以壬水為用神，但必須有甲丙生扶。生於大寒之後，丑宮己土當旺，必須用甲木為輔佐。因為壬水忌混濁，丙火懼怕晦光之故，必須用甲。在四柱之上，壬甲兩透干的人，有大富貴。有壬出干，甲木藏支，貴運不足。四柱中若無甲木，只有一壬透出干上，而丙火支神生旺的人，如支上有巳、午，只能以富中取貴，富重貴輕，因氣勢欠清。

◎十二月生丙火之人，四柱多己土，不見甲乙，丑宮人元支用為己辛癸三神，稱之為『假傷官格』。主聰明桀傲，有假名與假利，名利皆不真。若有甲木出干，就以傷官佩印為用，以己土配甲木為用神，名利皆有。

◎十二月生丙火之人，四柱多癸水，並有己土出干，會自己創業。倘若己土制癸水太多太過，又要以辛金洩己生癸。此命格必須有癸水透干，才能有秀氣，為人文雅有風度。

丑中有己癸辛，有己癸出干，月令同宮為用神，必為創立基業之人。得辛金並出干，洩己滋癸，為喜神、用神同宮聚氣為貴顯之象。

※喜用同宮，如合於日元之需要，可以成為用神的，為貴命。不可成為用神的，亦為取貴之象徵。

舉例說明：

1. 日主『丙子』類

例㈠

庚寅
己丑
日主 丙子
乙未

日主丙子生於十二月，丙火坐下子水，火虛無焰。用神在甲木，寅中有甲木，但庚透臨絕。月支丑土藏辛，忌神內藏。干上己土晦火生金破寅，支上子丑相合，使子不能生木，而化土助金。故丑為病神。

用神：甲木。木運。
吉方：東方。
財方：東方。
忌方：西方。土運。

例㈡

癸卯
乙丑
日主 丙子
己丑

日主丙子生於丑月，癸水出干在子中得祿。丑中有辛金藏而歸庫。但生於丑時，己土出干，使水氣退縮，日主衰弱。賴乙木生火而衛癸水。年月官印相生，丑卯夾寅，取寅中甲木為用神。（此為取虛神為用）

用神：甲木。木運。
吉方：南方。
財方：南方。
忌方：北方。金水運。

2. 日主「丙寅」類

例(一)

戊午
乙丑
丙寅（日主）
庚寅

日主丙寅生於丑月，支遇二寅。丑土乘權，丑中有辛金，財星歸庫。運走西北土金必大發。但一生東南木火之運不吉。午運更是大凶。以丑中癸水為用。此命女命吉昌。

用神：癸水。西北運。
吉方：北方。
財方：北方。
忌方：南方。

例(二)

乙丑
己丑
丙寅（日主）
庚寅

日主丙寅生於丑月，有己土出干，支上有兩丑、兩寅，寅中有甲木制土。此命格為『火土傷官佩印』。取寅中甲木為用神。

用神：甲木。東南運。
吉方：東方。
財方：東方。
忌方：西方。

3. 日主「丙辰」類

例(一)

戊戌
乙丑
丙辰（日主）
戊戌

日主丙辰生於丑月，干上有二戊出干，支上丑辰戌皆土，土重而實，為『稼穡格』。喜冬日溫和調氣為用，以乙木為用神。此亦為『火土傷官格』之變格。運行南方主貴。

用神：乙木。南方運。
吉方：東方、南方。
財方：東方。
忌方：北方。

例(二)

乙巳
己丑
丙辰（日主）
甲午

日主丙辰生於丑月，有甲木出干，但無根，巳宮丙火得祿，己土通根至丑。丑中有辛己癸。以丑中癸水為用神。

用神：癸水。
吉方：北方。
財方：北方。
忌方：南方。

4. 日主『丙午』類

例(一)

壬子
癸丑
日主 丙午
壬辰

日主丙午生於丑月，四柱壬癸多，滿局官殺，日主虛弱，丑辰中為濕土能蓄水不能止水。用辰中戊土為用神。

用神：戊土。木運。
吉方：東南方。
財方：東南方。
忌方：西方、西北方。金水運。

例(二)

己丑
丁丑
日主 丙午
庚寅

日主丙午生於丑月，支上寅午會火局。為『火土傷官格』。用寅中甲木為用神，以制己土。主貴。

用神：甲木。東南運。
吉方：東方。東南方。
財方：東方。
忌方：西方、西北方。

5. 日主『丙申』類

例(一)

丙午
辛丑
日主 丙申
癸巳

日主丙申生於丑月，丙臨申位，氣勢太弱。幸時上巳宮丙火得祿。支上巳丑會金局。傷官用財格。癸水被傷故不貴，主白手成家。主富。

用神：辛金。
吉方：西方。
財方：西方。
忌方：東方。

例(二)

戊辰
乙丑
日主 丙申
戊子

日主丙申生於丑月，有雙戊出干，支上子申會水局。柱上無甲木出干制土護水。戊土太重，丑中辛金洩不了土。以乙木為用神。

用神：乙木。南方運。
吉方：東方。南方。
財方：東方。
忌方：北方。土運。

6. 日主『丙戌』類

例(一)

	己未
	丁丑
日主	丙戌
	戊戌

日主丙戌生於丑月，滿局皆土。為『火土從兒格』。以丑中辛金為用神。但月柱丑為丁火蓋頭，通根未戌。丁火為忌神。

用神：辛金。金水運。

吉方：西方。

財方：西方。

忌方：南方。

※從兒格：因日主衰弱，無印生身，食傷當旺，且天干食傷多，地支又有食傷形成的會局，日主之氣被其盜洩，只能從食傷之氣。食傷為日主所生，故稱『從兒格』。

從兒格中天干有戊己，地支又土旺，命局為火土旺，故稱『火土從兒格』。用食傷、財星皆可做用神。

例(二)

	庚戌
	己丑
日主	丙戌
	己丑

日主丙戌生於丑月，有二己出干，四柱不見甲乙，又無癸水出干，必須以丑中辛金洩己土以生癸水。

用神：辛金。

吉方：西方。

財方：西方。

忌方：東方。

第十四章

日主丁火喜用神選用法

丁火是盛極而衰，柔弱的火。例如爐中之火或燭光之火。丁火能護衛乙木，丁壬相合化木。干上透甲，生於秋月不畏金。支有寅木，生於冬天天不懼水。

命理生活新智慧・叢書

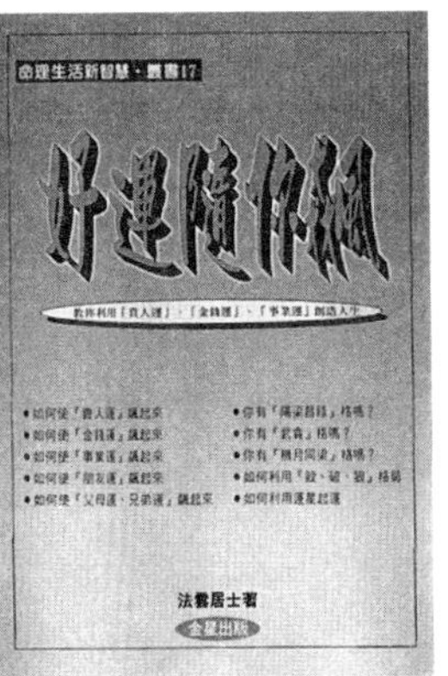

每一個人都希望事業能掌握好運而功成名就
你知道如何能得到『貴人運』、『交友運』、
『暴發運』、『金錢運』、『事業運』、
『偏財運』、『桃花運』嗎？
一切的好運其實只在於一個『時間』的問題
能掌握命運中的『旺運時間』
就能掌握一切的好運，要風得風，要雨得雨
好運隨你飆——便一點也不是難事了！
『好運隨你飆』——
是法雲居士繼『如何掌握旺運過一生』一書後，
再次向你解盤運氣掌握的重點，
讓你更準確的掌握命運！

第十四章　日主丁火喜用神選用法

丁火性質

丁火為柔弱，已退氣之火。也是盛極而衰的火。可以用爐火和燭光之火來比喻它。丁火和丙火不相同處：丙火是太陽，是猛烈的火。而丁火是爐火，可控制的火。

丁火像爐火一般，可以很衰弱，但不致滅絕。也可以像燭光、燈火一般，照亮而有光輝。丁火性質不會剛烈，性柔，因此稱其昭融。丁火的氣勢已至竭盡，故稱其柔中。

通常以乙木為丁火之母。乙木為草卉蔓藤之木，最可以點燃星星之火。故而稱之乙木為丁火之母。

丁火能制庚辛，護衛乙木。是故稱此狀況為丁火有孝道之稱。

壬水為丁之君。因壬水對丁火來說是正官。壬水可以制丁火。丁見壬相合化木，丁火會服從壬水。故稱丁忠於壬水。因為丁火合官（壬水）為貴命之故。

丁火生於四、五月，丁火乘旺，卻不炎燥。生於七、八月，為病死時期，也不會滅絕。只要命格中干上透出甲木，秋天所生的丁火之人，便不怕有金來剋害。

只要冬日所生的丁火之人，命柱支上有『寅』，寅中藏有甲木，也不怕冬水汪洋而滅絕。因此甲木又實在是丁火的真正母親了。丁火不離甲木，又不可無水。但不宜多。多見壬癸有滅火之懼。見土重則晦火，喜用甲庚。見金多為財。身旺則多利。

日主丁火，所臨支位不同，而有旺衰，其用神宜忌如下：

日主『丁丑』：丁丑是鑽木取火中的火花。鑽於木，就要利用甲木為引燃，以甲木為用神。利用石頭激出火花，便要用庚金做用神。一定要火土乾燥，才能點燃。若四柱支上有辰丑，支聚西北二方，丁火就會滅了。

日主『丁卯』：丁卯是祭祀所點之香火。喜歡木屑粘合，則香氣盤繞，可達天庭，而主貴。若命格四柱無壬有癸，丁火便有時生，有時絕滅。若四柱無壬無癸，丁火則會散漫、燥烈，煙灰易於飛散。

日主『丁巳』：丁巳是星星之火。晴天接觸一點日光，便可以燎原。若逢陰雨日，怎麼也點不燃。所以日主丁巳之人，只有得利於乙巳、丙午、丁未在四柱上為有用。若走金水運、墓庫的運程是不佳的。

日主『丁未』：丁未為已化為灰燼，尚有餘溫的香火。有火生土，土亦會生火。其火只有煙而無火焰。火種全賴灰土埋在其中，久久不會滅絕。日主為丁未的人，多聰明有傲骨，愈晚愈好運，走老運。

日主『丁酉』：丁酉為有玻璃罩的燈光。在夜間分外明亮輝煌。夜間出生者佳。白天生的人，也會自已性格清亮。丁酉日生的人，最喜歡命格中有壬水及乙木。最害怕癸水與甲木。更忌諱四柱支上有午與卯相刑冲，會有破耗及刑剋。

日主『丁亥』：丁亥為風前秉燭的燭光。最喜歡有壬官來合，稱為『有罩官燈』。其次喜歡有庚金在干上，稱為『墮鎮在手』。有兵權。若無庚無壬，而有甲有冲剋，就會貧困夭亡。

正月生，日主丁火用神取法

正月為寅月，甲木司權，木旺火塞，必須用庚劈甲引丁。若四柱甲乙木多，用財破印（用庚辛金破甲乙木），可成上等貴格。再行西方運程，有大貴。但在晚年才會發達。

◎正月生，日主丁火之人，四柱甲木多，無庚制之，會貧困夭亡。倘若只有一甲，又見乙木多的人，為離鄉奔波、無妻孤寡之人。若四柱甲乙都有，又生於庚子時，主早婚得子，且主貴。

◎正月生，日主丁火之人，有丁壬相合化木，喜逢支上有寅。以得寅月、寅時必主大貴。有庚金為破格。仍以財官（金水）為用神。正月丁火，用神都不離甲庚，但只有化木成格時，喜甲忌庚。有庚則不成格。

若四柱為丁年、壬月、丁日、壬時，男主富，女命卻不吉。因天干上雖丁壬兩兩相合，但在壬寅月、壬寅時，若日元恰好是丁酉日，為財生官旺（金生水）不做化論。重官（壬水）為煞，須食傷（戊己土）以制之。故以土為用神。男命重官不貴，但因財官相生，會建立事業而致富。女命以官星（壬水）為夫星，命格四柱見重官，丁壬又為淫暱之合，故主刑夫淫賤之命，且此命格不論男女皆刑剋無子。

◎正月生，日主丁火之人，四柱若支成火局，命格中沒有一點水的人，為孤貧、僧道之流。有甲在干上略吉。丁火衰竭，無法形成『炎上格』。只有以庚壬配合來做用神。有甲木出干，助丁火生旺，再加以行運東南，可以主貴。此為『假炎上格』。

◎丁火為衰火，必須有生旺之木來生助，故丁不離甲。四柱有甲木，雖生於秋冬之季，也不會衰弱。甲不離庚，一定要有庚劈甲才能引丁。否則木火不靈活。正月為寅月，寅宮中自有甲木，因此要先用庚金，還需要一點水，才能氣象中和。因此正月丁火以庚壬財官為用神。

舉例說明：

1. 日主『丁丑』類

例(一)

甲戌
丙寅
日主 丁丑
乙巳

日主丁丑生於正月，有甲丙出干，通根在寅巳。支上寅戌會火局，丑中辛金可生癸水。

用神：辛金。金水運。
吉方：西方。
財方：西方。
忌方：東方。

例(二)

癸卯
甲寅
日主 丁丑
壬寅

日主丁丑生於正月，干上有丁壬相合化木，並有甲木出干，通根在寅，必須以財破印。取丑中辛金為用神。

用神：辛金。
吉方：西方。
財方：西方。
忌方：東方。

2. 日主『丁卯』類

例(一)

戊辰
甲寅
日主 丁卯
己酉

日主丁卯生於正月，支上寅卯辰支類東方。有甲木出干，木旺，以金制木為用。以酉中辛金為用神。至金運主貴。此為民國初林森主席之命格。金運貴為國家元首。

用神：辛金。
吉方：西方。
財方：西方。
忌方：東方。

例(二)

壬戌
壬寅
日主 丁卯
戊申

日主丁卯生於正月，因支上寅中甲木及卯中乙木為申中之庚金所破。干上有丁壬相合化木，此命格為『化木格』之破格。身弱煞強。用戊土制壬，但申中金又生壬，剋洩交集，此命格為凶命。

用神：戊土。東南運。
吉方：南方、東南方。
財方：南方。
忌方：北方。

3. 日主「丁巳」類

例(一)

癸未
甲寅
丁巳（日主）
辛丑

日主丁巳生於正月，月柱甲木通根至寅，助旺丁火。以辛金生癸水。為財滋弱煞格。以癸水為用神。主貴。

用神：癸水。
吉方：北方。
財方：北方。
忌方：南方。

例(二)

甲辰
丙寅
丁巳（日主）
癸卯

日主丁巳生於正月，有甲丙出干，寅中有甲祿，巳中有丙祿。日主身旺。以癸水為用神。

用神：癸水。
吉方：北方。
財方：北方。
忌方：南方。

4. 日主「丁未」類

例(一)

庚辰
戊寅
丁未（日主）
壬寅

日主丁未，生於寅月寅時，干上丁壬化木，支上又見辰字，化木成象。有庚金出干破格。仍以財官為用。此命格主仁壽。

用神：壬水。
吉方：北方。
財方：北方。
忌方：南方。

例(二)

丙戌
庚寅
丁未（日主）
己酉

日主丁未生於寅月，支上寅戌會火局，有丙出干，日主生旺。以食神生財為用，以己土生酉金為用神。

用神：己土。
吉方：西方。
財方：西方。
忌方：東方。

5. 日主『丁酉』類

例(一)

日主

甲午
丙寅
丁酉
丙午

日主丁酉生於寅月，有雙丙出干，丙奪丁光。支上寅午會火局。干上又有甲木，以酉金為病。用午中『丁火』制酉金為用神。

用神：丁火。
吉方：南方。
財方：南方。
忌方：北方。

例(二)

日主

丙午
庚寅
丁酉
壬寅

日主丁酉生於寅月，有庚金出干，無法形成『化木格』。以壬水為用神。庚金相輔。

用神：壬水。金水運。
吉方：北方。
財方：北方。
忌方：南方。

6. 日主『丁亥』類

例(一)

日主

癸未
甲寅
丁亥
己酉

日主丁亥生於正月，有甲木出干，支上亥未會木局。木旺用金，酉中辛金無力。此命格中父以子貴。為宣統皇帝之父載灃之命格。

用神：辛金。
吉方：西方。
財方：西方。
忌方：東方。

例(二)

日主

丙辰
庚寅
丁亥
癸卯

日主丁亥生於正月，支上寅卯辰支類東方。有庚金出干，無法形成『化木格』。庚金無根無法生水。以癸水為用神。

用神：癸水。
吉方：北方。
財方：北方。
忌方：南方。

二月生，日主丁火用神取法

二月為卯月，為乙木司令，木旺火塞，須要用庚金去掉乙木。也須要用甲木來引丁。二月生日主丁火的用神，以庚金第一要用，其次再用甲木。

二月卯中所含支用為乙木，乙木為濕木，無法引燃火，因此必須用庚去乙後，再用甲木引丁。命格四柱中有庚甲透干的人，主貴。

◎二月生，日主丁火之人，四柱中有庚在干上而甲藏支用之中，有小貴。甲透干庚藏支用之中，主異路顯達。四柱有庚無甲的人，為清雅而能幹的人。四柱中有甲無庚的人，為一般常人。凡是命格中印旺煞高（木旺金多）的人，有大貴之命。

二月月令卯木為偏印，偏印太旺，宜以財（庚金）損之。如四柱甲庚不全有之人，寧可沒有甲木，但不可以沒有庚金。

若四柱是印旺煞高的格局，月令上有甲木，四柱甲庚並透干上，更有七煞（癸水）出干，是身強煞淺，假煞為權，成為『財官印三奇格』，主大貴。

◎二月生，日主丁火之人，四柱上有庚乙透干，乙庚貪合，一生行運在金水之鄉，為一貧如洗之人。

若四柱庚透乙藏支中，不能相合，財印不相礙事，則以乙木為用神，大運走到木火之鄉，自然會富貴。此為『財旺用印』。

◎二月生，丁火之人，若四柱都是乙木，不見一個甲木，會因貪致禍，富貴不久。若四柱有乙無庚，為貧苦無依之人。

◎二月生，丁火之人，四柱多癸水，無戊己土相制的人，為貧寒之格局，四柱若乙少癸水多，有土制之，為異途顯達之人。

四柱癸水多，為煞旺。月令是偏印，丁火有恃無恐，就可以用戊土、己土來制煞。若七煞無制（癸水無制）為貧寒之格局。若見干上有壬水與丁火相合，和正月份丁火用神之取法一樣，先看能不能成為『化木格』。四柱干上有庚金成為破格者，則用神用財官（金水）。有『化木格』者用甲木做用神。

◎二月生，丁火之人，四柱支成火局，有庚在干上，為清貴、文雅可顯達之人。沒有庚在干上，為懶惰奸詐之人。

二月生，丁火之人，支成火局便是身旺，有庚金出干，為身旺用財，必須有食傷（戊己土）出干洩火氣以生財（庚金），如此反成為清貴之格局。四柱無庚金，又無法形成『假炎上格』，故為下等命格。

◎二月生丁火之人，因二月乙木當權，命格中不可無庚，而命格又分兩種，一種是命格中有庚金甲木的人，一種是命格中有庚金乙木的人，這就是正印與偏印的不同。但全部要用『以財損印』（以金制木）的方法來選用神。

舉例說明：

1. 日主『丁丑』類

例(一)

庚辰
己卯
日主 丁丑
甲辰

日主丁丑生於二月，有庚甲出干，用財破印，用庚金破甲木引丁，運又行西方運主貴。
用神：庚金。西方運。
吉方：西方。
財方：西方。
忌方：東方。

例(二)

乙未
己卯
日主 丁丑
己酉

日主丁丑生於二月，身旺用財。支上卯未會木局，丑酉會金局。己土透干。食神生財為用。以己土生金為用神。
用神：己土。
吉方：西方。
財方：西方。
忌方：東方。

2. 日主『丁卯』類

例(一)

己	丁	丁	乙
未	卯	卯	巳

日主丁卯生於二月，為木盛火塞，有雙丁出干，乙木在干上，支上又有卯未會木局。取巳宮庚金為用神。行西方運飛黃騰達。主貴。

用神：庚金。
吉方：西方。
財方：西方。
忌方：東方。

例(二)

甲	丁	丁	丁
午	卯	卯	未

日主丁卯生於二月，干上有三丁一甲出干，支上卯未會木局，不是會火局，故為『假炎上格』。用未中己土為用神，運行東南運主貴。忌西北金水運大凶。

用神：己土。
吉方：南方、東南方。
財方：南方。
忌方：西方、北方、西北方。

例(三)

辛	辛	丁	己
巳	卯	卯	酉

此為許信良先生命格。日主丁卯生於二月，有雙辛一己出干，支上巳酉會金局，四柱無庚甲，只有己辛，亦無癸煞，用巳宮丙火幫身制財。用神：丙火。木火運。

吉方：南方。
財方：南方。
忌方：北方。金水運。

3. 日主「丁巳」類

例(一)

戊子
乙卯
日主 丁巳
丁未

日主丁巳生於卯月，印旺用財，用巳宮中之庚金制木，庚運大發，為大貴之命。巳未夾午，子沖午祿，暗聚三台之貴。

用神：庚金。庚運。金水運。

吉方：西方。

財方：西方。

忌方：東方。

※巳宮中之庚金本不能用，四柱不見真神，得此用神必發。

※三台之貴：指命局天干有乙丙丁，或支上有卯巳午者為三台，皆主貴。

例(二)

癸卯
乙卯
日主 丁巳
庚子

日主丁巳生於卯月，庚透財出干，可惜癸水出干，洩金生木為病，以巳中戊土制水去病為用神，再行戊己運則佳。金水運不吉。

用神：戊土。

吉方：南方。

財方：南方。

忌方：西方、北方。

4. 日主「丁未」類

例(一)

戊寅
乙卯
日主 丁未
壬寅

日主丁未生於卯月，干上有丁壬相合化木，支上又有寅卯相逢。卯未又成木局。化木得時，以寅中甲木為用神。運行東南主貴。

用神：甲木。

吉方：東方。

財方：東方。忌方：西方。

例(二)

壬申
癸卯
日主 丁未
戊申

日主丁未生於二月，干上有戊土制壬癸，支上卯未會木局，以戊土為用神。行東南運有異途顯達。

用神：戊土。東南運。

吉方：南方。

財方：南方。

忌方：北方。忌西北運。

5. 日主「丁酉」類

例(一)

丁未
癸卯
丁酉（日主）
庚子

日主丁酉生於二月，有庚出干，癸被丁制。支上卯未會木局，卯酉相冲，冲去乙木。身弱以食傷制煞。取未中己土做用神。行運木火之鄉。

用神：己土。東南運。

吉方：南方。東南方。

財方：南方。

忌方：西北方。金水運。

例(二)

癸未
乙卯
丁酉（日主）
壬寅

日主丁酉生於二月，干上有丁壬相合化木，支上卯未會木局，化逢得時，以寅中甲木為用神。

用神：甲木。

吉方：東方。

財方：東方。

忌方：西方。

6. 日主「丁亥」類

例(一)

癸巳
乙卯
丁亥（日主）
壬寅

日主丁亥生於二月，干上丁壬相合化木，支上卯亥會木局。干上無庚，故為『化木格』，化合逢時。專取寅中甲木為用神。

用神：甲木。

吉方：東方。

財方：東方。

忌方：西方。

例(二)

乙卯
己卯
丁亥（日主）
辛亥

日主丁亥生於二月，四柱印多，支上有雙卯，卯中有乙木，亥中有甲木，印多用財制印。以辛金為用神。

用神：辛金。

吉方：西方。

財方：西方。

忌方：東方。

三月生，日主丁火用神取法

三月為辰月，有戊土司令，洩弱丁火之氣。因此必須先用甲木制戊土引丁火，其次用庚金劈甲引丁亦可。四柱之上，甲庚都透出干上的人，主貴。

◎三月生，丁火之人，四柱上若甲庚一個藏支一個透干的人，主為儒秀之人。缺少甲庚中任何一個，都為平庸之格局。

◎三月丁火之人所取用神格局為『傷官生財格』。無甲，無法破土引丁為用，丁火不旺。無庚金劈甲，局勢不靈活，故二者皆不可少。

◎三月生，丁火之人，命格中支成木局，印旺必須用財，以庚金為用神。用財忌見有丁火制庚，也忌官煞洩財之氣，故也忌癸水洩庚。這兩種格局皆為破格。命格中財星庚金得用，是富中取貴，異途顯達之人。

◎三月生，丁火之人，命格中支成水局，又有壬水出干，稱之為『煞重身輕』。容易早夭凶死。若有戊己土兩個都透出在干上，則主貴。在此格中有甲木出干破土，又成為平庸之人。

◎三月生，丁火之人，用神取用不離庚甲。土旺則用庚用甲皆可。支成水局以戊土為用神。以火為妻以火來配合，土為子。用甲者，水妻木子以水來配合。用金者，土妻金子，以土來配合。

舉例說明：

1. 日主『丁丑』類

例(一)

乙亥
庚辰
丁丑（日主）
丁未

日主丁丑生於辰月，支上亥未會木局，印旺用財。干上乙、庚相合，又見丁火制庚，是為破格。用神仍以庚金為用神。不貴。

用神：庚金。
吉方：西方。
財方：西方。
忌方：東方。

例(二)

壬午
甲辰
丁丑（日主）
庚戌

日主丁丑生於三月，支上午戌會火局。日主身旺。有甲庚透出干上，又有壬水出干，可惜不是癸水，否則假煞為權為三奇格，會有大貴。此格有中等貴格。用神以壬水、庚金皆可做用神。

用神：壬水。金水運。
吉方：北方。
財方：北方。
忌方：南方。

2. 日主『丁卯』類

例(一)

庚申
庚辰
丁卯（日主）
丙午

日主丁卯生於三月，支上申辰會水局，有雙庚出干，時柱丙午又坐陽刃。煞重身輕。一生行運北方，主貧困早夭。用神以午中己土為用神。

用神：己土。南方運。
吉方：南方。
財方：南方。
忌方：北方、西北。金水運。

例(二)

己卯
戊辰
丁卯（日主）
戊申

日主丁卯生於三月，有雙戊一己出干，土重晦火，以甲去病為用神，再用庚金洩土，一生中以甲運最好。四柱無甲用卯中乙木做用神。

用神：乙木。木運。
吉方：東方。
財方：東方。
忌方：南方。

3. 日主『丁巳』類

例(一)

丙戌
壬辰
日主 丁巳
壬寅

日主丁巳生於三月，丁壬相合化木，支上寅戌會火局。四柱無金，只能用壬水為用神。

用神：壬水。
吉方：北方。
財方：北方。
忌方：南方。

例(二)

己丑
戊辰
日主 丁巳
庚戌

日主丁巳生於三月，土重晦丁火之光。用庚金洩土之氣為用神。可惜一生無金運可行。富貴難期。

用神：庚金。金水運。
吉方：西方。
財方：西方。
忌方：東方。木火運。

4. 日主『丁未』類

例(一)

丙戌
壬辰
日主 丁未
壬寅

日主丁未生於三月，丁壬相合，又屬重官（有雙壬），支上寅戌會火局，四柱無金，只能用壬水做用神。為孤官無輔。

用神：壬水。
吉方：北方。
財方：北方。
忌方：南方。

例(二)

癸未
丙辰
日主 丁未
戊申

日主丁未生於三月，支上申辰會水局，癸水出干，以戊土制煞為用，癸戊皆通根辰庫，為喜用同宮。主貴。

用神：戊土。
吉方：北方。
財方：北方。
忌方：南方。

5. 日主「丁酉」類

例(一)

癸未
丙辰
日主 丁酉
乙巳

日主丁酉生於三月，有丙火出干，得祿於巳，丁火之氣勢轉旺。以財滋煞為用。以酉中辛金滋癸為用神。富而不貴。

用神：辛金。
吉方：西方。
財方：西方。
忌方：東方。

例(二)

甲午
戊辰
日主 丁酉
辛丑

日主丁酉生於三月，支上丑酉會金局，午中有丁祿，酉中有辛祿，用甲木破土引丁，再用辛金生癸滋甲。用神為辛金。

用神：辛金。
吉方：西方。
財方：西方。
忌方：東方。

6. 日主「丁亥」類

例(一)

己丑
戊辰
日主 丁亥
甲辰

日主丁亥生於三月，土重晦火，以甲木制土引丁，亥為甲木長生之地，甲木有根。四柱無金。故以甲木為用神。

用神：甲木。
吉方：東方。
財方：東方。
忌方：西方。

例(二)

甲子
戊辰
日主 丁亥
戊申

日主丁亥生於三月，支上子申會水局。有雙戊出干制水。但有甲木制戊損傷用神，較難發達。

用神：戊土。
吉方：南方。
財方：南方。
忌方：北方。

四月生，日主丁火用神取法

四月為巳月，火氣已旺，丙火司權（巳宮為丙火祿地）。丁火仗著丙火的霸氣，氣勢也自然旺烈。

◎四月生，丁火之人，四柱中有丙火出干，稱之『丙奪丁光』。有壬癸在干上破解，此命格的人會有異途顯達，極品之貴。

因此四月生丁火之人命格中沒有壬癸的人，丙丁火旺極而不吉，反而成貧苦之人。

命格四柱中，即使丙火不透干，四柱有壬癸藏於支中，也必須用官煞（壬癸）做用神。因巳宮丙火太旺，要用壬癸來制火。

◎四月生，丁火之人，四柱有戊庚出干，稱為『傷官生財』格。取戊土為用神。巳宮有庚金長生，為土金同宮相生。但怕土會晦火，因此這種格局是只宜取富，不能取貴的。

四柱多戊土而無壬癸水的命格格局。稱之為『傷官傷盡』。是具有清貴而不富有的人。若是此格局中有甲木、乙木出干，戊土被木所破，便是庸人格局。

◎四月生，丁火之人，若四柱支上有巳酉會金局，又有庚辛出干，戊土雖不在干上，但巳宮戊土得祿，庚金長生，彼此有相生之情，而不會晦火。這個格局稱為『火長夏天金疊疊』格。此格局本來以富見稱，以財星為用神。但是在四月份所生丁火之人有此格局，則富而兼貴。以官星為用神。

◎四月生，丁火之人，丁火無『炎上格』，因丁火性弱，無炎上之理。但是有甲木與丙火同在干上，而無金水，稱為『甲引丁火』。這個格局形同『炎上格』，也必須行運東南運程，會有五福三多之命。

（※五福為壽、富、康寧、修好德、善終。三多為多福、多壽、多子。）

例如：丁年、己月、丁巳日、丙午時，一丙難奪二丁之光，可名聞鄉里。甲年、己月、丁日、丙時，為甲引丁光。此為五福三多之命。

例如：丁年乙巳月丁巳日丙午時，為『炎上格』之變格，丁火日元見丙火出干從旺，則變為『炎上格』了。炎上格不能不用甲木。而甲年己巳月丁日丙午時，有甲木出干，丁火附麗而長明。因此丁火只要見到甲丙，氣勢就會轉為陽氣，和『炎上格』一樣，必須行運東南運程，而主富貴。行運西北運程而窮困。

◎四月生，丁火之人，用神以用甲庚為正軌。用壬癸及炎上格，都是變格所致。用神以甲木為主的，要以水來配合生木。用神以庚金為主的，要以土來配合生金。

舉例說明：

1. 日主『丁丑』類

例(一)

乙亥
辛巳
丁丑（日主）
壬寅

日主丁丑生於四月，支上巳丑會金局。有辛金出干，巳宮土金相生，以官星壬水為用神。主貴。

用神：壬水。
吉方：北方。
財方：北方。
忌方：南方。

例(二)

丁巳
乙巳
丁丑（日主）
丙午

日主丁丑生於四月，一丙難奪二丁之光，丁火得祿於午，丙火得祿於巳，旺極。以丑宮癸水為用神。

用神：癸水。
吉方：北方。
財方：北方。
忌方：南方。

2. 日主『丁卯』類

例(一)

壬辰
乙巳
丁卯（日主）
丙午

日主丁卯生於四月，天干有乙丙丁，地支有卯午巳，上下為三奇格。又有卯辰巳午聯珠，主貴。專以官星壬水為用神，以胎元申宮之庚金生之。

用神：壬水。
吉方：北方。
財方：北方。
忌方：南方。

例(二)

癸巳
丁巳
丁卯（日主）
丙午

日主丁卯生於四月，干上無壬用癸，以胎元申宮之庚金生癸。支聚卯巳午三奇為貴格。

用神：癸水。
吉方：北方。
財方：北方。
忌方：南方。

3. 日主『丁巳』類

例(一)

辛	酉
癸	巳
丁（日主）	巳
乙	巳

日主丁巳生於四月，支上有三巳，巳酉會金局，又有辛金出干，此命格為『火長夏天金疊疊』格。此命專以財星為用神。乃富格。此命格中有癸水洩財之氣。故貴。

用神：辛金。
吉方：西方。
財方：西方。
忌方：東方。

例(二)

乙	亥
辛	巳
丁（日主）	巳
庚	戌

日主丁巳生於四月，干上有庚辛，支上巳宮，土生金又逢生助。巳亥逢冲。去火存金，為夫健怕妻，懼內。運走東方木地主貴。子運不吉。以亥中甲木為用神。

用神：甲木。
吉方：東方。
財方：東方。
忌方：西方。

4. 日主『丁未』類

例(一)

庚	辰
辛	巳
丁（日主）	未
乙	巳

日主丁未生於四月，支上辰巳未夾午祿，專用庚金為用神，以胎元壬申，金生水為用，富貴皆有。

用神：庚金。
吉方：西方。
財方：西方。
忌方：東方。

例(二)

戊	子
丁	巳
丁（日主）	未
庚	戌

日主丁未生於四月，支上巳未夾午祿，子戌夾亥為官貴。此為『傷官生財』格。以戊土為用神。主富貴。

用神：戊土。
吉方：西方、北方。
財方：西方。
忌方：東南方。

※夫健怕妻：木為夫，土為妻。木旺土多，無金不怕。四柱中有庚申辛酉等字，土生金，金剋木，稱為夫健怕妻。流年運程逢金運，同論。

5. 日主『丁酉』類

例(一)

丁亥
乙巳
日主 丁酉
甲辰

日主丁酉生於四月，甲透干，壬藏亥中，亥又為官貴。支上巳酉會金局，財生官旺。主貴。但支聚三自刑，亥年見辰，又為自縊煞，不能善終。

用神：壬水。
吉方：北方。
財方：北方。
忌方：南方。

例(二)

庚午
辛巳
日主 丁酉
丙午

日主丁酉生於四月，有庚辛出干，支上巳、酉會金局，此命格為『火長夏天金疊疊』格。以胎元壬申，用庚金生水做用神。

用神：庚金。
吉方：西方。西北方。
財方：西方。
忌方：南方。

6. 日主『丁亥』類

例(一)

丁酉
乙巳
日主 丁亥
甲辰

日主丁亥生於四月，支上巳酉會金局，干上甲木引丁，專取亥中壬水為用神。亥為官貴，故主貴。

用神：壬水。
吉方：北方。
財方：北方。
忌方：南方。

例(二)

甲午
己巳
日主 丁亥
甲辰

日主丁亥生於四月，有雙甲出干，甲多為病，用巳宮庚金破甲，此為用財破印。用神為庚金。

用神：庚金。
吉方：西方。
財方：西方。
忌方：東方。

五月生，日主丁火用神取法

五月為午月，午中有丁己祿，丁火時逢建祿，多以金水為用神，與四月取用神之法差不多。但金水在午為休囚之地，因此取金生水，或是取水制火存金，以金水相互救濟為主要取用神之方法。

◎五月生，日主丁火之人，若四柱支成火局，或者支不成火局，而丁火生旺的人，有庚壬在干上透出，即有大富貴。

四柱中有壬藏支中，要運行西北金水之地，才會顯達。

四柱中若無壬水，有一個癸水在干上，稱之為『獨煞當權』。也會有出人頭地的機會。若有土在干上，制住壬癸，便是一個平庸之輩。

◎五月生，丁火之人，若四柱中支上有亥卯未，則成木局，會洩水生火，一生勞碌而無結果，是一個平庸之人。即使一生大運行金水運，也不過豐衣足食罷了。會與子息相刑剋或無子。

以壬癸做用神，忌見木多。會洩水生火，不吉。

◎五月生，丁火之人，若四柱有甲丙在干上，支成火局，而四柱無金水的命格，為『假炎上格』。行運必須要行東南運才會主富貴。行運西北運主孤貧。因為見水冲激，反而大凶。

◎五月生，丁火之人，若四柱水太旺，或是有壬在干上，都要用甲木引丁，用庚金劈甲，才能做『木火通明』之格局。主大富貴。若木少火多，榮華不久。若四柱中有己土出干，局中金多。必須丁火要生旺，才能多富。不然，丁火被土金洩氣，而不能任財，經手之錢財雖多，無法享用，為一個富屋貧人。

◎四柱為丙午年、甲午月、丁未日、丙午時，無水解救，為僧道孤寡之人。四柱中有丙午月、丁亥日、丙午時，因有亥水制丙，而不致孤貧。四柱若年支有『子』字，為壬子年，為清貴之人，有名聲。因水旺通根，雖無庚金輔助，亦佳。

◎凡日主丁火之人，四柱干上無丙，便不會做『炎上格』。要用水解炎。以水為用神的人，一定行運西北運。四柱若有甲丙出干，便為『假炎上格』，要運行東南為宜。

◎五月生丁火之人，主要以壬癸為用神。壬癸太旺則用甲木。用壬癸為用神的人，以金來配合生水。用甲木為用神的人，以水來配合以生木。

舉例說明：

1. 日主『丁丑』類

例(一)

癸卯
戊午
日主 丁丑
甲辰

日主丁丑生於午月，干上有戊癸相合化火。地支丑卯夾寅，辰午夾巳，以甲木引丁，為『假炎上格』。運行東方主貴。

用神：甲木。東方運。
吉方：東方。
財方：東方。
忌方：西方。西北運。

例(二)

丙寅
甲午
日主 丁丑
乙巳

日主丁丑生於午月，支上巳丑會金局，甲庚得所，以丑宮中可生金水為用神。運行西北。主貴。

用神：癸水。西北運。
吉方：北方。西北方。
財方：北方。
忌方：南方。東南方。

2. 日主『丁卯』類

例(一)

丙申
甲午
日主 丁卯
乙巳

日主丁卯生於午月，有甲木出干，支聚卯巳午為三奇格。申中有庚祿水長生，不做『假炎上格』論。專以申中壬水為用神，行西北運。主貴。

用神：壬水。西北運。
吉方：北方。
財方：北方。
忌方：南方。

例(二)

丙午
甲午
日主 丁卯
壬寅

日主丁卯生於五月，有甲丙出干，支上又有寅午會火局，壬水怕被熬乾，用胎元乙酉，酉中之辛金生水。

用神：壬水。金水運。
吉方：北方。西北方。
財方：北方。
忌方：南方。

3. 日主『丁巳』類

例(一)

乙巳
壬午
丁巳（日主）
辛亥

日主丁巳生於午月，丁壬相合化木，又助身旺，巳亥相冲，巳宮為金生之地，用辛金破木生水。

用神：壬水。金水運。
吉方：北方、西北方。
財方：北方。
忌方：南方、東南方。

例(二)

丁未
戊午
丁巳（日主）
癸卯

日主丁巳生於午月，戊癸隔丁不能相合，支上午未合化火。有一癸水透干，獨煞當權。

用神：癸水。
吉方：北方。
財方：北方。
忌方：南方。

4. 日主『丁未』類

例(一)

辛巳
甲午
丁未（日主）
甲辰

日主丁未生於五月，用甲引丁，支上辰巳午未聯珠主貴。四柱無水作『假炎上』，運行東南主武貴。

用神：甲木。
吉方：東方。
財方：東方。
忌方：西方。

例(二)

甲辰
庚午
丁未（日主）
壬寅

日主丁未生於五月，有庚壬出干兩透，支上寅午會火局。甲祿在寅，日元生旺，壬水有庚生，故主貴。

用神：壬水。
吉方：北方。
財方：北方。
忌方：南方。

5. 日主『丁酉』類

例㈠

癸	丁（日主）	甲	丙
卯	酉	午	子

日主丁酉生於五月，為煞印相生，癸水在子中得祿，有酉金生之，財滋弱煞。地支子午卯酉，合為四極，名垂青史。此為明代楊繼盛之命造。

用神：癸水。
吉方：北方。
財方：北方。
忌方：南方。

例㈡

辛	丁（日主）	甲	辛
丑	酉	午	巳

日主丁酉生於五月，支上巳酉丑會金局，但有甲木剋金，專取丑中癸水為用神。主富。

用神：癸水。
吉方：北方。
財方：北方。
忌方：南方。

6. 日主『丁亥』類

例㈠

乙	丁（日主）	甲	丙
巳	亥	午	辰

日主丁亥生於五月，有甲引丁，日坐亥宮有官貴。亥中有壬制丙。天干上有乙、丙、丁三奇格。地支又有辰巳午聯珠，主貴。

用神：壬水。
吉方：北方。
財方：北方。
忌方：南方。

例㈡

戊	丁（日主）	壬	庚
申	亥	午	午

日主丁亥生於午月，有庚壬透干，庚祿在申，丁祿在午，歲建會祿。但丁壬相合，又有戊土出干制壬，官星被傷，故不貴有刑剋。以壬庚為用神，老年運不錯，壽長。

用神：壬水。金水運
吉方：北方。
財方：北方。
忌方：南方。

六月生，日主丁火用神取法

六月為未月，丁火生六月，火氣已至竭盡，陰柔而日主弱，大暑之後，有金水進氣，三伏生寒。未月土旺，會洩弱丁火之氣，故以甲木為用神，以壬水為輔助。

◎六月生丁火之人選取用神，在大暑之前出生的人，和五月生的人一樣取法。若支會木局，丁火身旺的人，以四柱干上透金水的格局主貴。大暑之後，則以甲木為用神。

◎六月生丁火之人，有甲木出干，支成木局的人，再見支上有亥，亥中之壬為甲木之根，可引丁火。再有庚透干劈甲，就有富貴。即使支上沒有木局，支中有壬水生甲（倒如支上有亥字），只要有庚出干，皆有小貴。無庚無法主貴。

◎六月生丁火之人，若支成木局，但不能有壬水出干，濕木不能引丁，有水出干，即為平庸之命。若四柱干上有甲木透干，亦會成為有才能之人。有庚透干，才會沒有刑傷。

無甲木透干之命格，為假名假利之命格，其人固執懦弱。

◎未月火土皆在月令支用之中，若四柱土多，即使戊己土不在干上，無形之中，亦能晦火。有庚辛出干來洩火之氣才會貴格。

若命格之中，庚辛金藏於支中，只是主富而已。

若命格中土多無金。行運北方運，也是富格。

◎若命格之中，為丁未年、丁未月、丁未日、丁未時，全是陰干陰支，一片純陰，是一個平庸無用之人。即使生於有名望的家族之後裔，也不能有成就。因為不能成格局之故。

若命格四柱為壬子年、丁未月、丁巳日、丁未時，有三個丁爭合，分散壬水之氣。壬為夫、丁為妻，丁多逼壬，主妻子主事，此人懦弱無能。孤官無財印為輔，不足以有成就。

◎六月丁火之人選取用神，以甲木為最需要的用神。並以水配合而生木。大暑以前和五月丁火一樣，必須兼用壬水。大暑以後，專用甲木。

舉例說明：

1. 日主『丁丑』類

例(一)

丙子
乙未
日主 丁丑
甲辰

日主丁丑生於六月，干上有乙丙丁三奇，無庚，支上子辰會水局。此命局用甲木引丁而主貴。

用神：甲木。
吉方：東方。
財方：東方。
忌方：西方。

例(二)

癸未
己未
日主 丁丑
辛亥

日主丁丑生於六月，支上亥未會木局，無甲透干，用辛金洩土之氣。癸水透干。濕木不能引丁。仍以亥中甲木為用神。

用神：甲木。
吉方：東方。
財方：東方。
忌方：西方。

2. 日主『丁卯』類

例(一)

壬戌
丁未
日主 丁卯
甲辰

日主丁卯生於未月，支上卯未會木局，干上丁壬相合化木，又有甲木出干，木旺用財，可惜四柱無金，用戊中一點辛金做用神。忌火運。

用神：辛金。
吉方：西方。
財方：西方。
忌方：南方。東南方。木火運。

例(二)

庚申
癸未
日主 丁卯
戊申

日主丁卯生於六月，支上卯未會木局，丁火有根。庚申財旺生煞，用戊土制煞為用神。主貴。

用神：戊土。火土運。
吉方：南方。
財方：南方。
忌方：北方。

3. 日主「丁巳」類

例(一)

戊戌
己未
日主 丁巳
丙午

日主丁巳生於未月，支全巳午未南方，戊戌、己未土多晦火、食傷旺而生財，為一富格。用神以巳宮中之庚金剋土為用。

用神：庚金。
吉方：西方。
財方：西方。
忌方：東方。

例(二)

壬戌
丁未
日主 丁巳
丙午

日主丁巳生於六月，支上巳午未支類南方，有一壬出干，身強煞弱，假煞為權。以壬水為用神。

用神：壬水。
吉方：北方。
財方：北方。
忌方：南方。

4. 日主「丁未」類

例(一)

丁卯
丁未
日主 丁未
丙午

日主丁未生於未月，四柱無金水，支上卯未會木局，類似『假炎上格』。主武貴。大運逆行東南為吉。

用神：乙木。東南運。
吉方：東方。
財方：東方。
忌方：西方。西北運。

例(二)

戊戌
己未
日主 丁未
丁未

日主丁未生於未月，四柱土多用金，用戌中辛金制土，運行北方，主富。

用神：辛金。行北方運。
吉方：西方。北方。
財方：西北方。
忌方：南方。

5. 日主『丁酉』類

例(一)

辛巳
乙未
日主 丁酉
丙午

日主丁酉生於未月，支上有巳酉會金局，又有辛金出干，為『火長夏天金疊疊』格，此格主富。以辛金為用神。

用神：辛金。金水運。
吉方：西方。
財方：西方。
忌方：東方。

例(二)

丙戌
乙未
日主 丁酉
甲辰

日主丁酉生於六月，干上有乙丙丁三奇。有甲木出干，丁火自旺，支上辰酉相合化金。以酉中辛金制印化土之氣為用。

用神：辛金。
吉方：西方。
財方：西方。
忌方：東方。

6. 日主『丁亥』類

例(一)

壬申
丁未
日主 丁亥
丙午

甲主丁亥生於六月，有丙出干，支上亥未會木局，亥中自有壬甲，煞印相生，用申中庚金為用神化土生壬。

用神：庚金。西北運。
吉方：西方。
財方：西方。
忌方：東南方。

例(二)

庚寅
癸未
日主 丁亥
甲辰

日主丁亥生於未月，有甲庚兩透干，支上、亥未會木局，丁火身旺，以癸水官星為用神。

用神：癸水。
吉方：北方。
財方：北方。
忌方：南方。

七月生，日主丁火用神取法

七、八、九月稱為三秋。丁火本是衰竭退氣之火，在申、酉、戌月為病死墓地，處於休囚的時刻。故稱之陰柔退氣。此時的丁火，不可無印生扶，故必須要用甲木來生火助旺。七月為申月，申中庚金秉令，壬水在長生之位。只要壬水不出干，庚金就不會傷丁。因為氣候漸寒，又需要有丙來制財護印、制住庚金，護住甲木。因此三秋丁火取用神，以甲庚丙三者齊透干上為上等命格。

◎七月生，日主丁火之人，若四柱中有兩丙夾丁的格局，也就是月柱和時柱天干上有兩丙。丁火在夏天忌有丙火助炎。在其他的月份有丙火來生助，丁火之氣就會轉為生旺，且可與丙火日元同論。若支上也有生扶的支用更好。可以用財官（金水）為用神。生於七月丁火之人，申宮自有長生之水制比劫爭財。因此此格局的人，少年困苦，中年以後可富貴了。

◎七月生，丁火之人，用神以甲木為主。無甲木，就用乙木，稱之為『枯草引燈』。用乙木為用神，不離丙火。命理八字中有句話說：『甲不離庚，乙不離丙。』因甲木得庚才會靈活。乙木有丙火日曬才會乾燥，如此才能引燃丁火。

◎七月生，丁火之人，若命格中無甲木而用乙木為用神的人，富貴會較小。且容易富而不貴。

◎七月生，丁火之人，四柱有一個壬水或有幾個癸水出干，則須有己土來制之，才有富貴。但必須丁火日主生旺，才能用食神制煞。八月生丁火之人亦同。

◎七月生，丁火之人，若四柱庚金多，稱為『財多身弱』，為富屋窮人，並且懼內怕妻。家中有妻子主事。若四柱壬多洩庚，以丁壬化煞幫身，為大富之人。其用神為庚辛金財星，而不是壬癸官星了。命格中多庚無壬的人，是奔波勞碌的人。

舉例說明：

1. 日主「丁丑」類

例(一)

辛亥
丙申
日主 丁丑
丙午

日主丁丑生於七月，干上有兩丙夾丁，支上申與亥中都支藏壬水，而制丙，丁火衰退。運行西北主富。以申中庚金為用神。

用神：庚金。行金水運。
吉方：西方。
財方：西方。
忌方：東方。南方。

例(二)

辛丑
丙申
日主 丁丑
丙午

日主丁丑生於七月，申中支藏壬水制丙，專用申中庚金為用神。運行西北。主富。

用神：庚金。行金水運。
吉方：西方。
財方：西方。
忌方：東方、南方。

2. 日主「丁卯」類

例(一)

辛亥
丙申
日主 丁卯
丙午

日主丁卯生於七月，支上亥卯會木局，木火生旺，庚甲兩全。主大富貴。以庚金為用神，行運西北運。

用神：庚金。金水運。
吉方：西方。
財方：西方。
忌方：東方。南方。

例(二)

丁未
戊申
日主 丁卯
丁未

日主丁卯生於七月，有三丁出干，支上卯未會木局，丁火生旺。申宮自有壬庚，財旺暗生官，但有戊土制壬水，仍用申宮庚金為用神。主富。

用神：庚金。
吉方：西方。
財方：西方。
忌方：東方。

3. 日主「丁巳」類

例(一)

乙酉
甲申
丁巳（日主）
庚戌

日主丁巳生於七月，有甲庚並透干，巳宮中藏丙。主貴。以庚金為用神。

用神：庚金。
吉方：西方。
財方：西方。
忌方：東方。

例(二)

庚戌
甲申
丁巳（日主）
丙午

日主丁巳生於七月，有甲丙庚透干，支上午戌會火局。丁火日主生旺。巳宮戊土得祿，庚金長生，戊土雖不透，卻有相生之意。因此用申中壬水為用神。行金水運大富貴。

用神：壬水。金水運。
吉方：北方。
財方：北方。
忌方：南方。木火運。

4. 日主「丁未」類

例(一)

庚子
甲申
丁未（日主）
丙午

日主丁未生於七月，有甲丙出干護丁，支上申子會水局，又有庚金出干，時柱丙午坐陽刃，煞重身輕，用申宮壬水為用神。

用神：壬水。
吉方：北方。
財方：北方。
忌方：南方。

例(二)

己卯
壬申
丁未（日主）
壬寅

日主丁未生於申月，有雙壬一己出干，丁火氣弱。支上卯未會木局。申中壬庚當旺，取寅中甲木洩壬水，而引丁火。以寅中丙火為助。

用神：甲木。木火運。
吉方：東方。南方。
財方：東方。
忌方：北方。

5. 日主「丁酉」類

例(一)

辛亥
丙申
日主 丁酉
丙午

日主丁酉生於申月，丁祿在午，日祿歸時格，辛祿在酉，申中有庚金，支上有申酉，酉亥又夾戌，財旺成方，甲庚兩全，為富貴之命。以申中庚金為用神，為從財格。

用神：庚金。
吉方：西方。
財方：西方。
忌方：東方。

例(二)

庚辰
甲申
日主 丁酉
丙午

日主丁酉生於七月，有甲丙扶身，庚金透出干，真神得用，有大富貴。

用神：庚金。
吉方：西方。
財方：西方。
忌方：東方。

6. 日主「丁亥」類

例(一)

丁亥
戊申
日主 丁亥
丁未

日元丁亥生於七月，有三丁出干，支上亥未會木局，干上有戊土，恐有晦火制水之嫌，用甲木制土幫身。可惜四柱無丙。故只主富而已。

用神：甲木。
吉方：東方。
財方：東方。
忌方：西方。

例(二)

乙酉
甲申
日主 丁亥
丙午

日主丁亥生於七月，干上有甲丙，劫印幫身，丁祿在午，日祿歸時。庚金暗藏申中，甲庚丙並透，主富貴。以申中庚金為用神。

用神：庚金。金水運。
吉方：西方。
財方：西方。
忌方：東方。木火運。

八月生，日主丁火用神取法

八月為酉月，月令辛金秉令。八月生日主丁火之人選取用神，應以甲丙為重。如果四柱中有甲木出干，又透出庚丁的人，有大富貴。

◎八月生，日主丁火之人，如果四柱多辛金，而無庚，又無比印（丙火與甲乙木），稱之為『棄命從財』格。富貴兩全，有異途顯達而揚名。『從財格』以金配合做用神，不會刑剋。但有正偏之分，以金生水為用者，沒有刑剋。命格中一派辛金而無庚的人，是以格局純粹而主貴，這是從格中的最高境界。丁火見辛金為『真從』，從格因人致富，稱之異途顯達。

◎八月生，丁火之人用神以甲木為重，無甲用乙也可，亦為『枯草引燈』。但必須借助丙火之助。此命格的人，多富而不貴。即使不富，也衣食充足。

◎八月生，丁火之人，四柱有癸水出干，須用己土來制煞，會有富貴人生。但必須丁火生旺，才可用食神制煞。此等為上等命格。

舉例說明：

1. 日主「丁丑」類

例(一)

丙寅
丁酉
日主 丁丑
癸卯

日主丁丑生於八月，有癸水出干，支上丑酉會金局，為財旺黨煞無制。丁火為衰竭之火，雖見弱煞亦能傷丁，必須有戊土為制。故此命格為殘疾夭折之命格。取寅中戊土為用神。

用神：戊土。
吉方：南方。
財方：南方。
忌方：北方。西方。

例(二)

丁未
己酉
日主 丁丑
辛亥

日主丁丑生於八月，有辛金出干，支上丑酉會金局，亥未會木局，以亥中甲木幫身做用神。

用神：甲木。
吉方：東方。
財方：東方。
忌方：西方。

2. 日主「丁卯」類

例(一)

甲辰
癸酉
日主 丁卯
戊申

日主丁卯生於酉月，有癸水出干，以戊制之。支上卯酉相冲，申辰會水局，用甲木化壬水，引取丁火為救，可惜無丙火幫身。貧困。

用神：甲木。
吉方：東方。南方。
財方：東南方。
忌方：北方。西方。

例(二)

乙亥
乙酉
日主 丁卯
丙午

日主丁卯生於八月，干上有雙乙一丙，支上卯亥會木局，丁火生旺。日主丁火得祿在午，日祿歸時，主富貴。用亥中甲木為用神。

用神：甲木。
吉方：東方。
財方：東方。
忌方：西方。

3. 日主「丁巳」類

例(一)

丙寅
丁酉
丁巳（日主）
丁未

日主丁巳生於八月，支上巳未夾午祿，巳酉會金局，丙火出干，甲藏寅中，貴氣暗藏。身旺用財，主貴。

用神：辛金。
吉方：西方。
財方：西方。
忌方：東方。

例(二)

己未
癸酉
丁巳（日主）
丁未

日主丁巳生於八月，支上巳未夾午為三奇，酉未夾申祿，巳酉會金局，財旺生煞，有己土食神制之。身強煞淺，假煞為權。此為北洋政府袁世凱之命造。

用神：己土。南方運。
吉方：南方。
財方：南方。
忌方：北方。

4. 日主「丁未」類

例(一)

乙亥
乙酉
丁未（日主）
丙午

日主丁未生於八月，支上亥未會木局，日主丁火得祿於午，日祿歸時。身強煞淺，假煞為權。以亥中壬水為用神。

用神：壬水。
吉方：北方。
財方：北方。
忌方：南方。

例(二)

乙酉
乙酉
丁未（日主）
丁未

日主丁未生於八月，未為乙墓、燥土。『枯草引燈』但無丙，幸胎元為丙子而有丙救之。得以任財。用酉中辛金為用神。

用神：辛金。
吉方：西方。
財方：西方。
忌方：東方。

5. 日主「丁酉」類

例(一)

			日主	
辛	丁	丁	辛
巳	酉	酉	丑

日主丁酉，生於八月，秋金秉令，支上巳酉會金局，丁火衰弱。為『火長夏天金疊疊』格。以辛金為用神。行金水運主富。

用神：辛金。金水運。

吉方：西方。西北方。

財方：西方。

忌方：東方。東南方。

例(二)

		日主	
壬	己	丁	丙
申	酉	酉	午

日主丁酉生於八月，丁火得祿於午，己土混壬，申中有庚，四柱無甲，庚又生壬，煞重，己土無以為制。用申中戊土為用神。

用神：戊土。

吉方：南方。

財方：南方。

忌方：北方。

6. 日主「丁亥」類

例(一)

		日主	
壬	己	丁	庚
午	酉	亥	戌

日主丁亥生於八月，丁祿在午，亥中壬水得祿，年柱、日柱互換得祿。主貴。專以庚金為用神。

用神：庚金。

吉方：西方。

財方：西方。

忌方：東方。

例(二)

		日主	
丙	丁	丁	壬
戌	酉	亥	寅

日主丁亥生於八月，支上寅戌會火局，有壬水出干，無戊土制水煞旺無制。若丁壬相合化木，又無庚制印。此為女命，主窮困。

用神：辛金。

吉方：西方。

財方：西方。

忌方：東方。

九月生，日主丁火用神取法

九月為戌月，戌月土旺秉令，戌宮有火土金（戊丁辛），因此九月生，日主丁火之人選取用神，則以甲庚為主。九月生日主丁火之人，主要是傷官格。

◎九月生丁火之人，若四柱有庚辛金出干，會洩土之氣，取火土傷官生財，以丙戊生庚辛財為上格。但戊不可透干，戊在干上，會有晦火之光的問題。一定要再有甲木出干來制戊引丁。此格為『火土傷官佩印格』，此格也是上等格局。九月生丁火之人，以甲木為用神的人，須配合一、二點水來助甲木，使甲木不致於枯槁。

◎九月生丁火之人，若四柱戊己土多，支聚四庫（辰、戌、丑、未），土太旺會洩丁火之氣。若四柱沒有甲木、壬水的人，命格格局稱為『傷官傷盡』。此格局即是轉變成『稼穡格』了，是富貴非凡的格局。如果有甲木來破土，就成為清貴有文名的人，要以東方運為佳，有顯達之日。

◎九月生丁火之人，若四柱木火多，日主丁火得到生扶而身旺。四柱干上有庚、壬透干的人，用財官（庚辛、壬癸）可有富貴。

舉例說明：

1. 日主「丁丑」類

例(一)

戊辰
壬戌
日主 丁丑
丁未

此為明太祖朱元璋之命格。火土傷官化為『稼穡格』。地支辰戌丑未四維為全局之精神，合於貴格。丁火生於三秋，寒土宜火溫暖，取丁火為用神。早年為北方運，窮困。中年進入東方運，接著為丙寅、丁卯運貴為天子。

用神：丁火。木火運。
吉方：南方。
財方：南方。
忌方：北方。

例(二)

辛未
戊戌
日主 丁丑
甲辰

日主丁火生於九月，地支上聚辰、戌、丑、未四維。干上有辛戊出干，亦有甲木出干來制戊引丁。主此格為『火土傷官佩印格』。用神為『甲木』。行東方運為佳。

用神：甲木。東方木運。
吉方：東方。
財方：東方。
忌方：西方。金運。

2. 日主「丁卯」類

例(一)

己亥
甲戌
日主 丁卯
丙午

日主丁火生於戌月，此為女命。月干、時干上有甲、丙高透出干，日主丁火又得祿於午，支上卯亥會木局，午戌會火局，日主丁火身旺。戌月為傷官秉令之時，用甲木制傷引丁為用神。行東方木運，為大富之命。

用神：甲木。東方木運。
吉方：東方。
財方：東方。
忌方：西方。

例(二)

丁未
庚戌
日主 丁卯
辛亥

日主丁火生於戌月，干上有庚辛出干，支上亥卯未會木局。用財破印洩傷，用金制木洩土，助丁為用。以丁火為用神。行南方運主貴。

用神：丁火。南方運。
吉方：南方。
財方：南方。
忌方：北方。

3. 日主『丁巳』類

例(一)

辛未
戊戌
日主 丁巳
丙午

日主丁巳生於戌月，干上丙、戊、辛出干，無壬甲雜亂。支上午戌會火局，為『火土傷官傷盡』，有大富貴。用神為丁火。行南方運主貴。北方運大凶。

用神：丁火。
吉方：南方。
財方：南方。
忌方：北方。

例(二)

戊寅
壬戌
日主 丁巳
丙午

日主丁火生於戌月，有壬水官煞出干，有戊土制之，支上寅午戌會火局。丁祿在午，丙祿在巳，命主轉旺。此為『火土傷官傷盡』，主大富貴。用神為丁火。走南方運為吉。忌方為北方運。

用神：丁火。
吉方：南方。
財方：南方。
忌方：北方。

4. 日主『丁未』類

例(一)

甲子
甲戌
日主 丁未
甲辰

此為民國初年總統黎元洪之命格。干上有三甲。支上子辰會水局，專用甲木為用神。行東方運大富貴。

用神：甲木。
吉方：東方。
財方：東方。
忌方：西方。

例(二)

己巳
甲戌
日主 丁未
壬寅

日主丁未生於戌月，支上寅戌會火局。干上甲己相合化土，丁壬相合化木，用土洩火氣。以巳宮庚金為用神。行金水運主吉。

用神：庚金。金水運。
吉方：西方。
財方：西方。
忌方：東方。木火運。

5. 日主「丁酉」類

例(一)

甲午
甲戌
日主 丁酉
癸卯

日主丁酉生於九月，有雙甲出干，支上午戌會火局，以財星為用神，用財破印洩傷。以辛金為用神。

用神：辛金。
吉方：西方。
財方：西方。
忌方：東方。

例(二)

庚寅
丙戌
日主 丁酉
丁未

日主丁酉生於戌月，支上寅戌會火局。酉未夾申祿，而庚祿在申。丁火身旺用財，以庚金為用神。行金水運大吉。

用神：庚金。金水運。
吉方：西方。
財方：西方。
忌方：東方。

6. 日主「丁亥」類

例(一)

丙戌
戊戌
日主 丁亥
甲辰

日主丁亥生於戌月，有甲出干，為傷官佩印格。用神為甲木，行東方運主貴。

用神：甲木。
吉方：東方。
財方：東方。
忌方：西方。

例(二)

壬辰
庚戌
日主 丁亥
己酉

日主丁亥生於九月，支上酉、戌、亥氣聯西北方。干上又有壬庚，財官兩旺，專用亥宮甲木引丁為用。用神為甲木。行東方運主貴。

用神：甲木。東方木運。
吉方：東方。
財方：東方。
忌方：西方。

十月生，日主丁火用神取法

十月為亥月，天氣已寒，火之氣已絕。丁火生於衰絕的時候，就像寒夜孤燈一般，因此一定必須要有甲木，才能使丁火產生融融之火。有甲木，就一定要有庚金，以庚金劈甲引丁，並且不怕命局中水多、金多，都可成為上等格局的命格。因此十月生丁火之人，專用甲庚為用神，為貴格。

◎十月生丁火之人，命局中若天干己土多，而合甲，便是普通平常人之命格。

◎十月生丁火之人，命局中無甲木在天干，而支上有亥卯未會木局，也可生扶丁火，引化官煞，使煞印相生，成為貴格。總之冬月之丁火，總以木神為用神。

◎十月生丁火之人，命局中有一個丙火出干，奪去丁火的光輝，必須依賴支上有水來破之，剋去丙火。支上再有金來生發水源，可成為權重官高的人。倘若沒有金水在支上，則為無用之平常人。

又倘若四柱中無水而有金，為貧窮之人。有壬水但無金來生水，主為清貴人士。此是因為丁火得丙來助而生旺，喜以財官為用神。三冬月令中藏有水（例如亥中有壬水、子中有癸水、丑中有癸水），命局中無水之人，是說水被土剋去了。有金無水是說比劫奪財，故為窮困之人。有水無金，是說命局中無庚辛金，而有丙壬相輔映，為『日照江河』，故為清高貴命之人。

◎十月生丁火之人，命局中月柱、時柱上若有壬，日主是丁火，形成二壬爭合（丁壬相合），必須有戊土來制壬。有戊土在命局天干上的人，有小富貴。干上無戊土的人是平庸人的命格。若戊土藏於支上，亦可有小貴。

◎十月亥宮有甲木，支無卯未會木局，為濕木無燄，是比印破格，從而不從。多依靠別人的力量生存，為入贅，過繼他人的命格。主骨肉如浮雲，六親如流水。倘若有戊土出干制癸水，則會有賢兄弟幫助，此命格用戊土做用神，用火來配合。

◎十月生丁火之人，四柱干上有二丙奪丁之光，又有癸水出干，支上又帶會合，金水得地，是異途顯達的人。此為『財滋弱煞格』。丁火見二丙相助，氣轉生旺，癸水無法傷丁，化煞為官。倘若命局四柱丙火太多，必須用癸水來剋制丙火，以癸水為用神，以金來配合生水。

◎十月生丁火之人，命局用神以甲木為主，庚金為輔。用甲木為用神，則以水來配合。可成為妻賢子孝之人。倘若水旺用戊，火旺用水，都是治病用藥的方法，比較不能有和美的六親關係。

舉例說明：

1. 日主『丁丑』類

例(一)

庚辰
丁亥
日主 丁丑
辛丑

日主丁丑生於亥月，有庚金出干，甲藏亥中，用庚金劈甲引丁，專以『甲木』為用神。行東方運。此為清朝嘉慶皇帝之命格。登基於東方運之時，崩殂於辛運。

用神：甲木。
吉方：東方。
財方：東方。
忌方：西方。

例(二)

癸未
癸亥
日主 丁丑
癸卯

日主丁丑生於亥月，有三癸出干，支上卯亥未會木局，煞印相生，主貴。以亥中『甲木』為用神，行東方運。

用神：甲木。
吉方：東方。
財方：東方。
忌方：西方。

2. 日主『丁卯』類

例(一)

庚子
丁亥
日主 丁卯
癸卯

日主丁卯生於亥月，支會卯亥木局，年柱上又有庚金出干，專用庚金為用神。以財星為用。主富貴。行西方運。

用神：庚金。
吉方：西方。
財方：西方。
忌方：東方。

例(二)

甲午
乙亥
日主 丁卯
庚戌

日主丁卯生於亥月，亥為甲木長生之地，支上卯亥會木局，午戌會火局。日主丁火轉強，用庚金財星為用神。行西方運。

用神：庚金。
吉方：西方。
財方：西方。
忌方：東方。

3. 日主「丁巳」類

例(一)

	己丑
	乙亥
日主	丁巳
	辛丑

日主丁巳生於亥月，支上巳丑會金局，丁火生於亥月氣衰，無甲木出干助丁，但有乙木出干，因此用乙木為用神。用巳宮丙火曬乙，為『枯草引燈格』。用神為乙木。行東方木運大吉。

用神：乙木。
吉方：東方。
財方：東方。
忌方：西方。

例(二)

	丁亥
	辛亥
日主	丁巳
	癸卯

日主丁巳生於亥月，支上有亥卯會木局，煞印相生，為正官格。以亥中『甲木』為用神。行木運大吉。

用神：甲木。
吉方：東方。
財方：東方。
忌方：西方。

4. 日主「丁未」類

例(一)

	甲戌
	乙亥
日主	丁未
	壬寅

日主丁未生於亥月，支上亥未會木局，寅戌會火局，丁火得扶身旺。用戌中辛金為用神，以財滋煞。行金水運大吉。

用神：辛金。
吉方：西方。
財方：西方。
忌方：東方。

例(二)

	丁卯
	辛亥
日主	丁未
	丙午

日主丁未生於亥月，支上有亥卯未會木局。而丁火在午中得祿，為『時逢歸祿』。為富貴壽考之命。專用丙火為用神，運行南方有大富貴。

用神：丙火。
吉方：南方。
財方：南方。
忌方：北方。

5. 日主『丁酉』類

例(一)

戊寅
癸亥
日主 丁酉
辛丑

日主丁酉生於亥月，支上丑酉會金局，又有癸水出干，官煞透出，用戊制煞，運行制煞之鄉主富貴。用神為『戊土』。運行南方主大富貴。

用神：戊土。木火運。
吉方：南方。
財方：南方。
忌方：北方、西方。金水運。

例(二)

乙酉
丁亥
日主 丁酉
丁未

日主丁酉生於亥月，支上亥未會木局。有三丁出干，丁火生旺。以亥中壬水官煞為用神。

用神：壬水。金水運。
吉方：北方。
財方：北方。
忌方：南方。火運。

6. 日主『丁亥』類

例(一)

庚申
丁亥
日主 丁亥
丁未

日主丁亥生於亥月，有三丁出干，亥未會木局，日主生旺。年上庚祿在申，亥中藏甲，故主富貴。以財官為用神，行金水運大發。用神為壬水。

用神：壬水。
吉方：北方、西北方、西方。
財方：西北方。
忌方：南方。

例(二)

戊午
癸亥
日主 丁亥
丙午

日主丁亥生於亥月，丁祿在午，日祿歸時，又有丙火出干，丁火日主生旺。有戊制癸水，可惜四柱無金，主清貴。以亥中壬水為用神。

用神：壬水。
吉方：北方、西方。
財方：西北方。
忌方：南方。

十一月生，日主丁火用神取法

十一月為子月，癸水司令，丁火處於衰絕之時，冬天所生之丁火之人，必須有甲木附麗，則水多金多，也能成為上格。支見亥卯未會木局，也可生扶丁火，來引化官煞，使煞印相生。冬天生之丁火，是離不開木神為用神的。

◎子月為癸水司令，如果丁火生旺，又有金水相生，為偏官格。官星當旺，主富貴。倘若丁火衰弱，則取庚金劈甲來引丁，庚金為輔助用神之神。

◎命局中四柱有丙火出干，氣轉生旺。若在支上又有生扶，一定就是取用月令官煞為用神了。四柱中有金來發水的源頭，是異途顯達、位高權重的人。

◎子月生丁火之人，若命局四柱中有壬癸出干，必須用戊己土來剋制，支上再有木局引化，主小富貴，運行東南主吉。

◎子月生丁火之人，若命局中丁火合壬化木，戊土合癸化火，會暗增木火之氣，把忌神化為喜神，也主貴。

◎子月生丁火之人，若命局中金旺水又多，而四柱完全沒有比劫、印綬的人，以『從煞格』而論之。倘若四柱多見比劫、印綬、食傷為『從煞格』之破格，此為平庸者之命，且會有六親無靠之命運。

舉例說明：

1. 日主『丁丑』類

例(一)

辛卯
庚子
日主 丁丑
丁未

日主丁丑生於子月，子中有癸水，月令偏官當旺，有財星庚辛金來生之。支上丑未相冲，解去子丑相合。支上卯未會木局，以『木神』為用神。此為胡適先生命格。乙未運（木運）、丁火得氣，任駐美大使。時支未為華蓋。故終以文學斐聲國際。

吉方：東方。木運。
財方：東方。
忌方：西方。金運。

例(二)

己未
丙子
日主 丁丑
丙午

日主丁丑生於子月，有二丙出干，奪丁之光輝，必須有癸水出干，但癸藏月支子中，子丑又相合化土，子午相冲，丑未相冲，但丁祿在午，以子中『癸水』官星為用神，此為平常人稍具能幹之命格。六親多刑剋。

用神：癸水。
吉方：北方。
財方：北方。
忌方：南方。

2. 日主『丁卯』類

例(一)

丁酉
壬子
日主 丁卯
甲辰

日主丁卯生於子月，有甲木出干引丁，日主坐於卯印，干上丁壬相合化木，合去壬水官星。子月為偏官，得時秉令，又有酉金生之。酉為偏才，子中癸水為偏官，卯中乙木為偏印，皆在祿旺之位，命格主貴，可獨當一面。此為陳誠副總統之命格。專以子中癸水為用神。

用神：癸水。行金水運。
吉方：北方。
財方：北方。
忌方：南方。

例(二)

丙戌
庚子
日主 丁卯
丙午

日主丁卯生於子月，支上午戌會火局，干上有二丙一丁，四柱火多，又無甲木出干，專用子中癸水為用神，為平庸光棍之命。甲運可大發，午運、未運大凶。

用神：癸水。
吉方：北方。
財方：北方。
忌方：南方。

3. 日主『丁巳』類

例(一)

	甲寅
	丙子
日主	丁巳
	丙午

日主丁巳生於子月，干上有雙丙出干，支上又有寅午會火局，四柱丙火太多，有甲木出干，甲木通根在寅，獨缺金來發水源。丙祿在巳，丁祿在午，用子中『癸水』做用神。行金水運大吉。

用神：癸水。金水運。

吉方：北方。

財方：北方。

忌方：南方。

例(二)

	丁未
	壬子
日主	丁巳
	辛亥

日主丁巳生於子月，干上丁壬相合化木，支上亥未會木局，丁火生旺，四柱印多，以財星為用。以辛金為用神。行金水運。

用神：辛金。

吉方：西方。

財方：西方。

忌方：東方。

4. 日主『丁未』類

例(一)

	乙亥
	庚子
日主	丁未
	辛亥

日主丁未生於子月，干上乙庚相合化金，偏官秉令，有財生之。支上亥未會木局，印能生身。以子中『癸水』為用神。

用神：癸水。

吉方：北方。

財方：北方。

忌方：南方。

例(二)

	甲子
	丙子
日主	丁未
	辛亥

日主丁未生於子月，有甲丙出干，支上亥未會木局，辛金可生子中癸水，四柱印重，以財星為用神。以辛金為用神。

用神：辛金。

吉方：西方。

財方：西方。

忌方：東方。

5. 日主『丁酉』類

例(一)

戊午
甲子
日主 丁酉
壬寅

日主丁酉生於子月，甲祿在寅，丁祿在午，有甲木出干引丁，專用甲木為用神。行木火運。此為清雍正皇帝之命格。行庚運金旺破甲而殂。

用神：甲木。木火運。
吉方：東方。
財方：東方。
忌方：西方。金運。

例(二)

丁酉
壬子
日主 丁酉
壬寅

日主丁酉生於子月，此為財官格，專取寅中甲木為用神，運行南方，主大貴。

用神：甲木。木火運。
吉方：東方。南方。
財方：東方。
忌方：北方。金水運。

例(三)

癸巳
甲子
日主 丁酉
甲辰

此為毛澤東之命格。日主丁酉生於子月，有雙甲出干，又有癸水出干，支上巳酉會金局。辰酉合化金，此為七殺格，財多身弱，以劫比為用。以巳中丙火做用神。

用神：丙火。
吉方：南方。
財方：南方。
忌方：北方。

6. 日主『丁亥』類

例

戊戌
甲子
日主 丁亥
丁未

日主丁亥生於子月，亥為甲木長生之地，支上亥未會木局，日主生旺。印多無庚，以戊中辛金財星生煞為用神。

用神：辛金。
吉方：西方。
財方：西方。
忌方：東方。

十二月生，日主丁火用神取法

十二月為丑月，天氣大寒，丑宮己、癸、辛為支中藏用，倘若命局四柱有己、癸、辛在四柱天干上，格局主貴，用神以甲木為主。丁火生丑月，干透己土為『食神格』。干透辛金為『偏財格』。干透癸水為『七殺格』，若上述三者皆透或皆不透，則選其一為格局。

丁火在丑月，位於養位，屬於衰絕而至醞釀的時期。此時已是二陽進氣，因此只要有甲木就可點燃融融之火。

◎生於冬月之丁火，用神取法大致相同，都以甲木為第一重要選法，再以庚金輔佐，劈甲引丁。用甲木為用神的人，必要有水配合，因此會有妻賢子肖的人生。庚金不但能劈甲引丁，且是生發水源的重要元素。有甲、有庚在四柱天干上的人，必定有大富貴。只有庚透出天干的人，主貴，不然也儒雅風流。若四柱干上有己土出干來與甲相合的人，是平常人的命格，無大富貴可言。

◎生於丑月丁火之人，四柱水旺，必須用戊土制之。四柱火旺，必須用水制之。此中水旺火旺都是病，而戊土和制火的水，則是藥。因此丑月丁火在選用神之中，戊癸也是可權宜斟酌來使用的。

舉例說明：

1. 日主「丁丑」類

例(一)

癸巳
乙丑
丁丑（日主）
己酉

日主丁丑生於丑月，有癸己出干，支上巳酉丑會金局。命局財旺為『偏財格』。宜以比劫為用神。以巳宮『丙火』為用神。行南方運。

用神：丙火。
吉方：南方。
財方：南方。
忌方：北方、西方。

例(二)

丁未
癸丑
丁丑（日主）
辛亥

日主丁丑生於丑月，干上有癸、辛出干，支上亥未會木局。丑中有辛癸，但丑為金墓，故取為『七殺格』。支為木局、印重，取『辛金』財星為用神。

用神：辛金。
吉方：西方。
財方：西方。
忌方：東方。

2. 日主『丁卯』類

例(一)

辛卯
辛丑
丁卯（日主）
甲辰

日主丁卯生於丑月，有甲木出干引丁，身旺。支上兩卯，辰中亦有乙木，印旺。但四柱不見庚金，辛金不能劈甲，為『偏財格』，印重用財星為用神，故用辛金為用神。為一富僧之命格。

用神：辛金。
吉方：西方。
財方：西方。
忌方：東方。

例(二)

丁丑
癸丑
丁卯（日主）
丙午

日主丁火生於丑月，干上有一丙，日主生旺，丁火通根至午。有癸水出干為『七殺格』。比劫多見，取『癸水』官星為用神。

用神：癸水。
吉方：北方。
財方：北方。
忌方：南方。

3. 日主『丁巳』類

例(一)

		日主	
丁	癸	丁	丁
亥	丑	巳	未

日主丁巳生於丑月，干上有三丁一癸，身旺。支上巳丑會金局，亥未會木局，以癸水官星為用神。行金水運。

用神：癸水。

吉方：北方。

財方：北方。

忌方：南方。

例(二)

		日主	
癸	乙	丁	乙
酉	丑	巳	巳

日主丁巳生於丑月，支上巳酉丑會金局，有雙乙出干，四柱無甲，故用丙火曬乙，以巳宮丙火為用神。行木火運。

用神：丙火。行木火運。

吉方：南方。

財方：南方。

忌方：北方。金水運。

4. 日主『丁未』類

例(一)

		日主	
戊	乙	丁	甲
子	丑	未	辰

日主丁未生於丑月，干上有甲戊兩透干，支上子辰會水局，地支寒濕，以戊土制水。用戊土為用神。

用神：戊土。

吉方：南方。

財方：南方。

忌方：北方。

例(二)

		日主	
辛	辛	丁	辛
未	丑	未	亥

日主丁未生於丑月，有三辛出干為偏財格。支上亥未會木局。用未中『丁火』為用神。

用神：丁火。

吉方：南方。

財方：南方。

忌方：北方。

5. 日主「丁酉」類

例(一)

庚午
己丑
日主 丁酉
癸卯

日主丁酉生於丑月，丁火通根至午，氣勢轉強，支上丑酉會金局，身強煞淺，假煞為權，此命格主貴。用癸水做用神。行金水運。

用神：癸水。
吉方：北方。
財方：北方。
忌方：南方。

例(二)

庚午
己丑
日主 丁酉
甲辰

日主丁酉生於丑月，有庚甲丙透干，支上丑酉會金局。丁火通根至午，丁祿在午，用庚劈甲引丁，主大富貴。專以甲木為用神，行木運大吉。

用神：甲木。木運。
吉方：東方。
財方：東方。
忌方：西方。金運。

6. 日主「丁亥」類

例(一)

庚戌
己丑
日主 丁亥
癸卯

日主丁亥生於丑月，有庚出干，支上亥卯會木局，用印為用神。專用甲木為用神。行木運主貴。

用神：甲木。
吉方：東方。
財方：東方。
忌方：西方。

例(二)

辛酉
辛丑
日主 丁亥
甲辰

日主丁亥生於丑月，有雙辛出干，支上丑酉會金局，為『偏財格』。財旺用印。又有甲木出干引丁，故主貴。專以甲木為用神，行木運。

用神：甲木。
吉方：東方。
財方：東方。
忌方：西方。

對你有影響的

在每個人的命格之中，文昌、文曲、左輔、右弼
都佔有重要的位置。
昌曲二星不但是主貴之星，也直接影響人的相貌、
氣質和聰明度，更會為你的人生帶來不同的變化和
創造不同的人生。
左輔、右弼是兩顆輔星，助善也助惡，
在你的命格中，到底左輔、右弼兩顆星是和吉星同宮
還是和凶星同宮呢？
到底左右二星有沒有真的幫忙到你的人生呢？

這是一套十本書的套書，其餘是『權祿科』、『羊陀火鈴』、
『十干化忌』、『天空、地劫』、『殺破狼』上下冊、
『府相同梁』、『紫廉武』、『日月機巨』等書。

這套書是法雲居士對於學習紫微斗數者常忽略或弄不清
星曜特質，常對自己的命格不是有過高的期望，就是有
過於看低自己命格的解釋，這兩種現象都是不好的算命
方式。因此，以這套書來提供大家參考與印證。

第十五章

日主戊土喜用神選用法

◇◆◇◆◇◆◇◆◇◆

戊土是堅固厚重且乾燥的土。土生於寅、申。得祿於巳、亥。寄旺於辰戌丑未。春土喜火生扶，忌木來剋。夏土燥烈，需水滋潤。秋土子旺母衰，火多不懼，水多不祥。冬土需火溫暖，水旺財豐，金多子秀。

第十五章　日主戊土喜用神選用法

戊土性質

戊土是堅固厚重的土，形狀混凝。土是一種雜氣。戊土為生旺進氣之土，隨春夏秋冬四時流轉，沒有專旺的時候，但卻無時無刻的存在著。倘若要用一種確切的比喻，則可比喻為堤防，或是高阜（土丘）是最恰當不過的了。

土氣在宇宙中運行，看起來沒什麼大的用途，但它卻是萬物賴以為生，靠之起命的重要元素。戊土有高亢的性質，是一種乾土。戊土在春天、夏天的時候，有一點水的滋潤，便可使植物生長。太乾燥，植物就會病死。戊土在秋天、冬天的時候，必須有火來溫暖它，植物仍然可以渡過寒冬。但是若土太寒濕，植物仍會生病腐敗而死。

戊土是依附著火而生的，故在寅中為火土長生之地。戊土也可附水而生於申。

在卦象中坤即是寅，艮即是申。故艮坤二方為土之生地，但不是旺地。在卦象中四生之地皆忌冲動。土也是一樣，怕遇冲動，否則會氣散不吉。故在命局日主為土的人，亦不宜有冲剋。

土沒有專旺的時候，它生於寅、申。得祿於巳、亥。寄旺於辰、戌、丑、未，稱之為居於中央而寄四隅。

春土

春土氣勢虛浮，喜火生扶，惡木來剋，也忌水泛濫。喜得金來制木為吉。

春天是木氣旺的時候。土生於春天，月令木旺，必須有火來化剋為生。這是『煞印相生』的格局。倘若沒有火來生土，春土為衰土，再遇旺木，一定會傾蹋下來。

倘若命局是春土，而四柱水多。水是財，春土虛浮，水太旺，一定會崩潰流失，而成無用之土。因此一定要用比劫來生扶日主，就可以制水成功了。

倘若命局中土太多，太旺，則必須用金來洩土氣。使命局中五行中和平衡。因此得金制木也是一種方法。但是金也不能太多，否則會盜洩土氣太多，使命局受損而不佳了。

夏土

夏天非常燥烈，有旺水滋潤主富貴。旺火煅制會成焦土無用。

夏天為火旺的時候，此時土也最旺。有旺水解渴，稱為『土潤溽暑』，或『大雨即時』。草木遇到會長得茂盛。同時這也是一個最好的命格。

倘若命局為夏土，而火旺無水，就如乾旱之田地，草木會枯槁無用。因此四柱只要有水，木雖能生火，土得水、火相資，木不生火而剋土，故土旺反喜用木來剋制，依然能生機勃勃。

夏土燥烈，是無法生金的，也不能談『洩』。水是財，夏季水在絕地，有金來生之，就會源源不斷。故稱之金有利於妻財。

夏季是火旺、土也旺的時候，不需要同類的比劫來相助，倘若命局中土太旺，運氣會蹇塞不通。運氣不好，必須以木來剋制土，也必須有水來配合才能成功。不然木無水助，夏木乾燥反而助火燄變旺，對命局是土的人來說，更是有害了。

秋土

秋土子旺母衰，需靠木盛來制伏，火多而不懼，水多不祥。

秋天是金神秉令的時候，土能生金，故土為金之母。若秋土命局而又金多的時候，更耗弱土氣。秋土性質虛寒，故必須有火來生助。火多而不厭。但虛寒之土，見水多則泛濫，不祥了。秋土弱，喜歡有生扶它的東西，若有同類的土（比肩），則可增加其身旺之力。但是在霜降以後，又為土旺的時候，戊月戌宮有居於墓庫的火來生土，因此不須再見比肩。若再見比肩（同類的戊土），又嫌土多了。

冬土

冬土必須有火來溫暖，水旺財豐，金多子秀，火盛有榮耀，木多無妨，再多比肩扶助，亦會身主康強長壽。

冬土為寒冷冰凍之土，一定要有火來溫暖，保持生機，才會有用。日元就是身主，命局中若有火來溫土，四柱再有水旺，水是土之財，自然財多富大。四柱有金多之命格，金是土之子，自然子孫賢秀。四柱若火多，土脈溫暖，植物茂盛繁榮，身主自然有榮耀在身。命局四柱木多有火來引化，自然不會危害日主。冬土性弱，喜比肩扶助，自然福壽康寧了。因此冬土以火為第一要用。

日主戊土，依所臨支位不同，而有旺衰，其用神宜忌如下：

日主『戊子』：戊子稱為蒙山。易經中說：『山下有泉曰蒙。』以山下有泉水之聲，空靈而響聲清徹之意。日主戊子的人，必須看命局四柱干支中財官、印綬、食神所生扶的是什麼而定用神。

日主『戊寅』：戊寅為艮山。以長生趨艮，氣脈聚會而定。戊在寅中長生。日主『戊寅』的人，喜歡命局中有煞刃、財星、食神。不喜刑冲破害和申字。因寅申相冲。

日主『戊辰』：戊辰為蟠泉吐穎之山。細細的水流，從山腰環繞流出。有語云：『淺水長流山不枯』。因此以財為重，水為土之財。最怕戊未填辰，戊未為乾土、燥土，會使戊辰大傷元氣。

日主『戊午』：戊午為火山。非常炎熱燥烈，一定要用水來制火。倘若日主戊午在命局中只有日柱為火，日主孤單衰弱，必須以能中和其命局的用神，才能主貴。

日主『戊申』：戊申為外表披著石頭的土山。須要金水和木氣。水能滋潤它。木氣能疏通它。最忌火土再燥烈，成為石山，為不毛之地。

日主『戊戌』：戊戌為魁罡演武之山。必須要有劫刃，使之得權。再有刃煞、財星、食神，彼此相制相扶。或是有戊癸相合，可有富貴。命局中忌支上有辰戌相冲，或四柱干支上下水多，稱為背水陣而不吉。

正月生，日主戊土用神取法

正月是寅月，戊土長生在寅，而寅宮甲木為臨官，木旺土崩，有丙則土會踏實，無丙火則土虛。因此先取丙火為用神，次取癸水為輔。土多而實，才能以甲木為用神，仍是要以癸水輔助才行。

◎正月生戊土之人，命局要先透丙出干，無丙出干的人，一生成敗起伏，富貴異常艱辛。有丙但無癸、甲在干上的人，稱之春旱，一生多遇危厄，勞而無功。

◎正月生戊土之人，命局四柱丙多，有甲木出干而無癸水的人，是先安泰後運蹇之人。倘若命局支成火局，沒有壬癸水，為孤貧或僧道之流。有癸水出干的人，主貴。有壬水出干的人主富。但要看水有多少而定。

◎正月生戊土之人，命局月令即是煞印相生。有丙火，可承上輩之蔭庇。倘若命局中甲木多，而無丙，是一個平庸者之命格。若命局中有一個庚金出干，主有富貴。倘若命局支成木局，又有甲庚出干，定主大富貴。此是因戊土生於正月，寅宮自有丙火，木局又藏水，因此富貴兩全。

◎正月生戊土之人，寅月戊土寄生寅宮，月令暗藏比印（寅中有丙）。四柱無庚金，又無比印，不能言『從煞』。煞旺身衰，主遭大凶。尤其是日元坐午陽刃（日主為戊午、戊寅），寅、午宮中皆藏印，皆有不得善終之象，為盜賊之流。

◎正月生戊土之人，命局中支成木局。又有甲乙出干，為『官煞會黨』。有一個庚金出干，掃除官煞，必有小富貴。倘若無庚，為祿淺之人，不能承受財富。必須用火來洩木氣才行。

◎正月生戊土之人，四柱木多無比印，做『從煞』論。主大富貴。倘若有比印，又必須在月時上有癸水才能成為貴格。

◎春天之戊土，四柱中無甲癸丙為用的人，稱為『土木自戰』，是身體弱會殘疾的人。倘若身強，則為無用之人。

舉例說明：

1. 日主『戊子』類

例(一)

丙辰
庚寅
戊子（日主）
壬戌

日主戊子生於寅月，寅中甲木秉令，有丙火出干，煞印相生。支上寅戌會火局，透丙火，得壬水出干，故富貴。以丙火為用神。

用神：丙火。
吉方：南方。
財方：南方。
忌方：北方。

例(二)

甲戌
丙寅
戊子（日主）
壬戌

日主戊子生於寅月，有甲丙壬俱全，此為女命亦吉，夫星當旺，日主戊子，子中有癸祿財星，財歸座下，為富貴兩全之命。以丙火為用神。

用神：丙火。
吉方：南方。
財方：南方。
忌方：北方。

2. 日主『戊寅』類

例(一)

庚寅
戊寅
戊寅（日主）
甲寅

日主戊寅生於寅月，干上有甲庚出干，支上有四寅，專用寅中丙火為用神。為食神制煞。此為張群先生之命格。

用神：丙火。
吉方：南方。
財方：南方。
忌方：北方。

例(二)

癸卯
甲寅
戊寅（日主）
丁巳

日主戊寅生於寅月，有甲癸出干，但癸水無根，用寅中丙火為用神，有小富。

用神：丙火。
吉方：南方。
財方：南方。
忌方：北方。

3. 日主「戊辰」類

例(一)

戊辰
甲寅
日主 戊辰
甲辰

日主戊辰生於寅月，有雙甲透干，月令寅中自有丙火。無癸，以辰中癸水做用神。此命格先泰後否。
用神：癸水。
吉方：北方。
財方：北方。
忌方：南方。

例(二)

丁巳
壬寅
日主 戊辰
丙辰

日主戊辰生於寅月，雖有丙壬出干，但壬水無根被戊制之。戊辰最怕火燥，而年支、月支巳、寅皆為火旺，故至癸運夭折。以丙火為用神。
用神：丙火。
吉方：南方。
財方：南方。
忌方：北方。

4. 日主「戊午」類

例(一)

丙戌
庚寅
日主 戊午
壬戌

日主戊午生於寅月，甲木秉令，有丙火出干，煞印相生，掌兵權。支上有寅午戌會火局。幸得壬水出干，故有富貴。此為楊森將軍之命格。以壬水為用神。
用神：壬水。
吉方：北方。
財方：北方。
忌方：南方。

例(二)

庚辰
戊寅
日主 戊午
甲寅

日主戊午生於寅月，寅中自有丙火，有甲庚出干，欠癸，身旺煞高，以辰中癸水為用神。
用神：癸水。
吉方：北方。
財方：北方。
忌方：南方。

5. 日主「戊申」類

例(一)

丁巳
壬寅
戊申（日主）
丙午

日主戊申生於寅月，戊得祿於巳，壬祿在申，丁祿在午，丙在寅宮長生，四柱皆旺。支上寅午會火局，煞印相生，以財生煞，故以壬水為用神。

用神：壬水。
吉方：北方。
財方：北方。
忌方：南方。

例(二)

乙未
戊寅
戊申（日主）
庚申

日主戊申生於寅月，戊土在寅宮長生，四柱多土，丙、壬藏於寅、申之中，以寅宮甲木為用神。

用神：甲木。
吉方：東方。
財方：東方。
忌方：西方。

6. 日主「戊戌」類

例(一)

丙午
庚寅
戊戌（日主）
甲寅

日主戊戌生於寅月，有甲、丙、庚出干，支上寅午戌會火局，四柱不見壬癸水，為先泰後否，僧道孤貧之命格。以癸水為用神，行金水運大吉。

用神：癸水。
吉方：北方。
財方：北方。
忌方：南方。

例(二)

癸亥
甲寅
戊戌（日主）
癸亥

日主戊戌生於寅月，寅中有丙火。戊癸相合化火，支上又有寅戌會火局，有甲木出干，通根在寅。專用年上癸水為用神。

用神：癸水。
吉方：北方。
財方：北方。
忌方：南方。

二月生，日主戊土用神取法

二月為卯月，此月份所生日主戊土的命局中，卯中乙木為戊土之正官，故為正官格。取用神之法仍以命局中先要有『丙』透出干，為主要用神取法。卯宮乙木臨帝旺之位，取煞印相生，之故，必先以丙火為用神為上等格局。

◎二月生，戊土之人，若命局中丙火太多，或支成火局，則當以取癸水為第一要用。仲春陽壯，故可用癸。四柱無丙火者，則不能用癸水做用神。因月令時逢木旺，財星（癸水）會黨煞，有癸水滋煞，必定會剋制日主。

※財星黨煞：財星會生官煞，例如戊土的財星是壬癸水，官煞是甲乙木，水可生木。水生木，生得多時，會和木一同結黨，連成一氣。故稱『財星黨煞』。（煞星指官煞）

◎二月生，戊土之人，若命局支成木局，日主又為戊辰、戊戌的人，日元土自旺，身強煞旺有制，可有富貴。

◎二月乙木乘權，日主為戊土而命局中支成木局，又有甲乙出干，為『權官會黨』。若干上有乙庚相合，庚金食神難以制乙木正官。此人為內奸外直，口是心非之人。乙庚若隔位不合，則不會形成此種命格。倘若四柱干上有一個甲木而無庚金，是一個懶惰又貪心的人，倘若命局中丙多、木多，要以癸、庚來相互參考做用神。

※**權官會黨：乙木為戊土之正官，甲木為戊土之七煞。官煞皆主權，故日主為戊土，見命局中支成木局，又有甲乙出干，木多而旺。稱之為『權官會黨』。**

◎二月生，日主戊土之人，命局中印多用財破印。壬癸是財，丙丁是印。倘若有丙無癸，命局如同旱田，為先泰後否之命程。同樣是用壬做用神的人主富。用癸做用神的人主貴。倘若壬癸藏於支用之中，須行金水運可引出，也有富貴。倘若四柱中丙多無癸是先富貴後貧賤的命局。

倘若四柱中有戊癸相合，財之情向日主，其氣專屬日主，癸為戊之正財，故可安逸享用。倘若四柱中是壬、戊相見，壬為戊土所制為偏財，此為眾人之財，不能為我所用，故財得之艱辛困難。

◎二月生戊土之人，命局中若官煞都有，相並出干，則論煞而不論官，稱之『官煞無去留之義』。戊土見甲木為貴，乙木官星，無疏土之力，只是混雜而已。官煞混雜，雖有庚金食神，但富貴不大。而無庚一定不貴。官煞雖能制住劫才（己土）而護財星（癸水），但官煞無制，一定會遭遇凶禍之事。此時只有用印（火）來洩官（木氣），但用神容易受傷。

◎二月生戊土之人，四柱木多無比印，做『從煞格』論，主大富貴。如支成方局，亦做『從煞』論。倘若有比印，又必須在月柱、時柱上有癸水，才能成為貴格。若命局中無庚金出干，不見比印，不做『從煞論』，此命格為遭凶之盜賊之命。

◎二月生，戊土之人，用神取法，先丙後甲，癸水再次之。以丙為用神的人，要以木來配合，有妻賢之福。用甲木做用神的人，要以水來配合，故有賢孝子孫。倘若命局中全無甲、丙、癸可做用神的人，稱之『土木自戰』。是身弱殘疾，有腹中疾病且愁苦之人，縱使身體強壯，亦是無用之人。

舉例說明：

1. 日主『戊子』類

例(一)

庚子
己卯
戊子（日主）
癸亥

日主戊子生於卯月，有癸、庚出干，甲藏於亥，支上亥卯會木局，四柱無丙火，仍以『丙火』為用神，此貧困艱辛之命格。

用神：丙火。
吉方：南方。
財方：南方。
忌方：北方。

例(二)

己亥
丁卯
戊子（日主）
丁巳

日主戊子生於二月，甲藏於年支亥中，丙藏於時支巳中，癸藏於子中為癸祿。支上有亥卯會木局。有雙丁出干，印旺而用財。行財旺之地而發。但氣雜不清，故為武貴。以癸水為用神。北方運。

用神：癸水。
吉方：北方。
財方：北方。
忌方：南方。

2. 日主『戊寅』類

例(一)

癸未
乙卯
戊寅（日主）
壬辰

日主戊寅生於卯月，有癸水出干，甲丙藏於寅申，支上卯未會木局，癸甲丙俱全，專以丙火為用神。此命格主富貴。

用神：丙火。行火運。
吉方：南方。
財方：南方。
忌方：北方。水運。

例(二)

丙午
辛卯
戊寅（日主）
甲寅

日主戊寅生於卯月，有甲丙出干，支上寅午會火局。惜無壬癸。年月干上丙辛相合化水，丙被合去為病。仍以『丙火』為用神。

用神：丙火。
吉方：南方。
財方：南方。
忌方：北方。

3. 日主『戊辰』類

例(一)

癸丑
乙卯
戊辰（日主）
丙辰

日主戊辰生於二月，干上丙癸並透干，主貴。但丙火無根，仍以丙火為用神。

用神：丙火。
吉方：南方。
財方：南方。
忌方：北方。

例(二)

丙午
辛卯
戊辰（日主）
癸亥

日主戊辰生於卯月，干上有丙癸，但丙辛相合化水，合去丙，支上亥卯會木局，甲藏於亥中。仍以『丙火』為用神。

用神：丙火。
吉方：南方。
財方：南方。
忌方：北方。

4. 日主『戊午』類

例(一)

己未
丁卯
戊午（日主）
壬子

日主戊午生於卯月，支上卯未會木局，以生丁火。此命格印旺用財，以子中癸水為用神。此命格中月令官星卯見午為陽刃，官刃相制，貴而兼富。

用神：癸水。
吉方：北方。
財方：北方。
忌方：南方。

※命局中有月刃、日刃、時刃的人，逢官煞為榮耀之神，主貴命，有蓋世功名，只要運入財鄉，必有大富貴。

例(二)

丁丑
癸卯
戊午（日主）
丙辰

日主戊午生於卯月，干透丙丁印旺。取財星為用，故以癸水為用神。卯遇午為陽刃，故主貴。

用神：癸水。
吉方：北方。
財方：北方。
忌方：南方。

5. 日主『戊申』類

例(一)

年	月	日主	時
癸	乙	戊	戊
巳	卯	申	午

日主戊申生於卯月，有癸水出干，丙藏巳中。支上申午夾未，暗拱未貴。癸貴在巳，乙貴在申。天干四字皆臨祿貴，更得卯、巳、午三台之貴。月令乙卯官星當旺，取財生官為用神，以癸水為用神。此為抗戰名將白崇禧之命格。

用神：癸水。行北方水運。

吉方：北方。

財方：北方。

忌方：南方。

例(二)

年	月	日主	時
甲	丁	戊	癸
戌	卯	申	亥

日主戊申生於卯月，有甲癸出干，支上亥卯會木局，四柱無丙。官旺用印，以丁火為用神。

用神：丁火。

吉方：南方。

財方：南方。

忌方：北方。

6. 日主『戊戌』類

例(一)

年	月	日主	時
丁	癸	戊	戊
巳	卯	戌	午

日主戊戌生於卯月，干上戊癸相合化火，合去癸水。支上午戌會火局，印重，仍取財星為用。以癸水為用神。

用神：癸水。

吉方：北方。

財方：北方。

忌方：南方。

例(二)

年	月	日主	時
癸	乙	戊	丙
未	卯	戌	辰

日主戊戌生於卯月，有丙癸出干，支上卯未會木局，以財星癸水為用神。

用神：癸水。

吉方：北方。行北方財地主貴。

財方：北方。

忌方：南方。

三月生，日主戊土用神取法

三月為辰月，辰宮土旺秉令，如果日主戊土的人，命局四柱中支見四庫（辰戌丑未），干上有比劫（戊己土）透出，一片土旺之勢，可做專旺論。

若日主戊土，四柱地支有辰、戌、丑、未，格局中不雜木，沒有官煞的，亦不做『稼穡格』。因此命格火炎土燥，無適宜之用神，不足取貴。『稼穡格』以日主己土者為正格。

◎三月戊土司令，宜先以甲木為用神。辰宮中有戊、癸、乙。乙木不能疏土，故以甲木來代替。倘若日主戊土之人命局中有甲木出干，再有癸水生助，四柱支上再暗藏丙火，取財滋弱煞為用，為體用同宮。此命格的人福澤深厚，富貴顯達。

倘若命格中只有癸透干而滋潤甲木的，亦有顯貴。倘若命局中丙透干而輔助甲木的，為儒秀清貴之命格。在這類的命格中，丙透干、甲藏支而無癸水的人，是富有的人。兼有癸水的人，會有異途顯達之貴。

總之，三月生戊土之人，不見甲、丙、癸在命局中的人，為貧賤無用的人。

◎三月生戊土之人，四柱丙火太多，得壬水透干來救的人，是先貧後富之人。若得癸水透干來救之人，為先賤後貴之人。倘若是壬藏於支中，只有衣食充足之命局。倘若有癸水藏於支中，可聲名遠播，在行運時引出，也擁有富貴。命局為支成火局的人，有癸水透出干，可有安逸富貴的生活。有壬水透出干的人，富貴必須辛勤艱苦才能得到。

◎三月生戊土之人，命局支上有寅卯辰支類東方，再有甲乙出干，稱為『官煞會黨』。命局中有一個庚在干上，掃除官煞，也一定可以得到小富貴。無庚掃官煞，則是財祿淺薄的人。此命局宜用火洩木，但仍不吉。因辰宮為財庫，能聚財。辰宮戊土當旺，而易遭禍，不能承受財，是故用火洩木做用神。

◎三月生戊土之人，命局四柱中木多，支上又成方局，四柱無比印，做『從煞』論，主大富貴。如果命局中無癸、無丙、無庚，稱為『土木自戰』，有腹中疾病，一生愁苦，為無用之人。

舉例說明：

1. 日主『戊子』類

例(一)

丙子
壬辰
戊子（日主）
甲寅

日主戊子生於辰月，有甲丙出干，甲祿在寅，支上子辰會水局。為財格，宜用比劫，以戊土為用神。

用神：戊土。火土運。
吉方：南方。
財方：南方。
忌方：北方。

例(二)

丙辰
戊辰
戊子（日主）
庚申

日主戊子生於三月，支上申子辰會水局，有丙庚出干，財多以比劫為用神。故取戊土為用神。行火土運為吉。

用神：戊土。火土運。
吉方：南方。
財方：南方。
忌方：北方。金水運。

2. 日主『戊寅』類

例(一)

甲寅
戊辰
戊寅（日主）
己未

日主戊寅生於辰月，戊土厚重，煞印相生，甲祿在寅，寅中亦有丙火，癸藏辰中，以辰中癸水為用神。主貴。

用神：癸水。
吉方：北方。
財方：北方。
忌方：南方。

例(二)

丁丑
甲辰
戊寅（日主）
丙辰

日主戊寅生於辰月，有甲丙出干，癸水藏於丑辰之中。用財生煞為用神。以癸水為用神。此命主貴，不善終。

用神：癸水。
吉方：北方。
財方：北方。
忌方：南方。

3. 日主「戊辰」類

例(一)

甲	戊	戊（日主）	甲
寅	辰	辰	寅

日主戊辰生於辰月，此為女命。有雙甲出干，支上寅辰夾卯，戊辰為紅艷桃花，故為名伶之命格。用神為癸水。

用神：癸水。
吉方：北方。
財方：北方。
忌方：南方。

例(二)

庚	庚	戊（日主）	戊
申	辰	辰	午

日主戊辰生於辰月，干上有雙庚、雙戊。支上辰午夾巳祿，午中又有丁火，印旺用財，以申宮壬水為用神，得庚金以生之。

用神：壬水。
吉方：北方。
財方：北方。
忌方：南方。

4. 日主「戊午」類

例(一)

癸	丙	戊（日主）	壬
亥	辰	午	子

日主戊午生於辰月，有丙癸兩透干，支上辰午夾巳祿，子午相沖，支上子辰會水局，用財印生煞。以亥中甲木為用神。

用神：甲木。
吉方：東方。
財方：東方。
忌方：西方。

例(二)

庚	庚	戊（日主）	丙
戌	辰	午	辰

日主戊午生於辰月，有丙火出干，支上午戌會火局。用庚金洩土氣為用神。用神被丙火所傷，火土運不吉，易早亡。

用神：庚金。金水運。
吉方：西方。
財方：西方。
忌方：東方、南方。

5. 日主『戊申』類

例(一)

甲午
戊辰
日主 戊申
丙辰

日主戊申生於辰月，有甲丙出干，癸水藏於辰中，支上申辰會水局。辰午夾巳祿。以『財滋弱煞格』來取用神。以辰中癸水為用神。此為清康熙皇帝之命造。

用神：癸水。
吉方：北方。
財方：北方。
忌方：南方。

例(二)

癸未
丙辰
日主 戊申
丁巳

日主戊申生於三月，干上戊祿、丙祿皆在巳宮，癸之天乙貴人亦在巳宮，未年驛馬亦在巳宮，故為『歸祿格』。又值祿馬同鄉。命局中又有辰巳夾午，午中有丁祿，丁火又出干。辰巳為巽宮，未申為坤宮，相互對峙，神究氣聚，故主貴。此為汪精衛之命格。用神為『丙火』。

吉方：南方。
財方：南方。
忌方：北方。

6. 日主『戊戌』類

例(一)

丙辰
壬辰
日主 戊戌
戊午

日主戊戌生於辰月，干上有丙出干，支上午戌會火局，四柱無甲，印重以財制印，用壬水做用神。

用神：壬水。
吉方：北方。
財方：北方。
忌方：南方。

例(二)

己未
戊辰
日主 戊戌
癸丑

日主戊戌生於辰月，有癸水出干，支見四庫（辰戌丑未），干上比劫透出，一片土旺之勢。用戊中辛金洩土氣生癸為用神。

用神：辛金。金水運、木運皆吉。

吉方：西方。
財方：西方。
忌方：南方。

※祿馬同鄉：命柱中祿地與驛馬同在支上一個字中稱之。例如汪精衛命格中，巳宮是祿地，又是驛馬之地，故巳宮即為祿馬同鄉。

四月生，日主戊土用神取法

四月為巳月，火土同旺，臨官在巳，土得火生，極旺。戊土在巳得祿，故為『建祿格』。

四月丙火、戊土秉令司權，火旺土實，故先取甲木疏土，並以癸水輔助為主要用神取向。命局中支藏癸水，即不怕丙火之炎燥，若命局四柱水太多，又要以丙火化煞為用。

◎四月生戊土之人，若命局四柱干上有甲丙透出，癸水藏於支上，即有廟堂之貴，可做高官。倘若命局四柱中丙癸透干，也主貴。

凡是命局中甲、丙、癸三神有一個透出干上，而其他兩個藏支中的命局，都會有一些富貴的。

◎四月生戊土之人，若命局中丙火多，且出干，為火炎土燥之命局，只要有癸水出干，支上有申亥（壬藏於申亥之中），也定有富貴。倘若命局中只有一癸藏於支中，只不過衣食溫飽而已。

倘若命局中有癸水出干，而無壬，又無金來相生。則癸水會與戊相合化火，只要不為破局，會有極大的富貴。且要行運木火旺地會有大富貴。化合格以印為用神，戊癸相合化火，則以甲木為用神。『化合逢時』有大富貴。命局中有丙丁出干，或火多，支成火局，沒有壬癸來救的人，為孤貧僧道之流。

◎四月生戊土之人，若命局中支上成金局。有癸水出干為奇格，有大富貴。稱之『土潤金生』，為土金傷官，體用同宮。會以智謀為國家造福。

◎四月生戊土之人，必以甲丙癸為用神之需，用甲做用神的人，一定也是火土炎燥，水也是必需之物。以癸水做用神的人，也必須有金來配合相生，因此會有妻賢子孝的人生。

舉例說明：

1. 日主「戊子」類

例(一)

戊午
丁巳
戊子（日主）
甲寅

日主戊子生於巳月，丁祿在午，戊祿在巳，巳中亦有丙火，甲祿在寅，支上寅午會火局，癸藏於日支子中，專取癸水為用神。

用神：癸水。

吉方：北方。

財方：北方。

忌方：南方。

例(二)

丁未
乙巳
戊子（日主）
戊午

日主戊子生於巳月，支聚巳、午、未南方，子中有癸祿，以癸水財星做用神。此命格主貴。

用神：癸水。

吉方：北方。

財方：北方。

忌方：南方。

2. 日主「戊寅」類

例(一)

戊午
丁巳
戊寅（日主）
乙卯

日主戊寅生於巳月，支上卯巳午為三奇，四柱火旺，無滴水解炎，乙卯官星氣洩於火。格成專旺，用寅中甲木疏土做用神。行木運。水運不吉。

用神：甲木。行木運。

吉方：東方。

財方：東方。

忌方：西方、北方。

例(二)

丁未
乙巳
戊寅（日主）
癸丑

日主戊寅生於巳月，有癸水出干，支上有巳丑會金局，土潤金生，主貴。以巳中庚金為用神。

用神：庚金。

吉方：西方。

財方：西方。

忌方：東方。

3. 日主『戊辰』類

例(一)

甲辰
己巳
戊辰（日主）
乙卯

日主戊辰生巳月，日主生旺，地支兩辰，辰中有木之餘氣，喜合煞留官，甲己相合，官星乙木坐卯祿。以辰中癸水為用神。主富貴。

用神：癸水。行北方運。
吉方：北方。
財方：北方。
忌方：南方。

例(二)

丙辰
癸巳
戊辰（日主）
甲寅

日主戊辰生於巳月，有甲、丙、癸出干，故主貴。甲祿在寅、丙戊祿在巳。癸水通根至辰，戊癸相合化火，火旺，仍以癸水做用神。

用神：癸水。
吉方：北方。
財方：北方。
忌方：南方。

4. 日主『戊午』類

例(一)

己未
己巳
戊午（日主）
乙卯

日主戊午生於巳月，支聚巳午未南方，又有卯巳午三奇為貴。但四柱無水解炎。乙卯官星，氣洩於火，格成專旺，火炎土燥更不宜有水破之，否則多激禍端。以官星乙木為用神，行木運。壬癸運大凶。

用神：乙木。木運。
吉方：東方。
財方：東方。
忌方：北方。

例(二)

己酉
己巳
戊午（日主）
丙辰

日主戊午生於巳月，干上丙戊祿在巳，支上巳酉會金局，以辛金為用神。因運程不合，故人生起伏大。

吉方：西方。金水運。
財方：西方。
忌方：東方。木火運。

5. 日主『戊申』類

例(一)

日主			
丙	戊	癸	辛
辰	申	巳	丑

日主戊申生於巳月，有丙癸出干，戊癸相合化火。以火為源頭，流止水方。支上申、辰會水局，丑巳會金局，財星癸水即是用神。主大富貴，一生履險如夷。

用神：癸水。
吉方：北方。
財方：北方。
忌方：南方。

例(二)

	日主		
甲	戊	辛	乙
寅	申	巳	亥

日主戊申生於巳月，天干有辛制乙，去官星混雜，地支寅申相冲制煞。支上巳亥相冲，本來會壞印制丙，但巳月為戊土司令，故亥中壬水受制，巳中丙火不傷，以丙火為用神，行木火運，主富貴，水運不吉。

用神：丙火。木火運。
吉方：南方。
財方：南方。
忌方：北方。金水運。

6. 日主『戊戌』類

例(一)

	日主		
丁	戊	辛	乙
巳	戌	巳	未

日主戊戌生於巳月，四柱火土旺，辛金出干而無根。巳時丁火透干而剋辛，局中全無水氣，年干乙木更助火旺。為刑剋過重之命格。以辛金為用神，遇水反成凶兆。

用神：辛金。
吉方：西方。
財方：西方。
忌方：南方、東方。

例(二)

	日主		
丁	戊	癸	辛
巳	戌	巳	酉

日主戊戌生於巳月，干上癸辛出干，支上巳酉會金局，支上無辰故戊癸不化，以辛金生水為用神。

用神：辛金。
吉方：西方。
財方：西方。
忌方：南方。

五月生，日主戊土用神取法

五月為午月，五月之戊土，火炎土燥，並且土旺於夏。為陽刃格。因此日主戊土的人選取用神，必須先找壬水，再取甲木，丙火更為次要的條件了。因癸水不足以救火炎土燥，有壬水命局才得中和。並且命局中得先有壬水，才可用甲木為用神。夏土厚實，有甲木則會靈活。無壬而用甲木，火炎木焚。

◎五月生，日主戊土之人，命局中若有壬甲兩透干，稱為『君臣慶會』格局，是官高權重的人，若再有辛金出干，出將入相，官居極品。此因壬水至午月為絕地，有辛金生之，為『財滋弱煞』為用，辛為壬水之源，格局更為完美。

◎五月生，日主戊土之人，若命局中支成火局，只有癸水出干是不夠的。此命的人，主中年有眼疾，終身好學，但無法成名。

倘若命局中有壬水出干而無甲，主為斯文領袖、名聲大好之人，且有富貴。

倘若命局中壬水藏於支中，印旺用財損印，主為知識份子。土多在干上制住壬水，為平凡人之命格。

倘若命局中全是木火，而無水的人，為孤貧僧道之流。

◎五月生，日主戊土之人，倘若命局中癸水無根。(支上無申亥及金來相生)。又有丙丁出干火旺，以及戊癸相合化火，稱為『化火格』，情況與『炎上格』相同，以運行東南主大富貴。

◎五月生，日主戊土之人，命局中有兩種變格。一種就是土多用金來洩秀，主有大富貴。必須在支中藏有一、二個癸水相配合最好。一種就是木多無水，火旺而木焚，又反助土旺。火土氣勢純粹，亦會主貴。但不得善終。此是因陽刃倒戈所致。

◎五月生，日主戊土之人，主要以壬水為用神。用金來配合生水。若命局中須用甲、丙、癸為用神的命局，則情況與三月、四月生，日主戊土選取用神的方法是相同的。

舉例說明：

1. 日主『戊子』類

例(一)

辛亥
甲午
戊子（日主）
己未

日主戊子生於午月，用亥中壬水生甲木，又有辛金出干，印旺煞高，煞有財相生。辛金發水源而不傷甲。主有大富貴。此為清乾隆朝大學士翁文端之命格。以壬水為用神。

吉方：北方。

財方：北方。

忌方：南方。

例(二)

丁未
丙午
戊子（日主）
戊午

日主戊子生於午月，日主戊子，子中有癸，戊子上下戊癸相合，為戊癸化火格，與炎上格類似同理。以丙火為用神，運行東南，主大富貴。

用神：丙火。東南運。

吉方：南方、東南方。

財方：南方。

忌方：北方、西北方。

2. 日主『戊寅』類

例(一)

丁丑
丙午
戊寅（日主）
丙辰

日主戊寅生於午月，天干一片丙丁，支上寅午會火局。以支上辰、丑中癸水為用神。但被火熬乾，故為瞎眼殘疾之人。

用神：癸水。
吉方：北方。
財方：北方。
忌方：南方。

例(二)

甲寅
庚午
戊寅（日主）
甲寅

日主戊寅生於午月，甲為戊土之偏官七殺。寅中有甲，此命局中共有五個七殺。庚金臨午無根為弱神無用。甲木旺神太過，宜洩木氣。支上寅午戌會火局，四柱全無水氣。

用午中丁火為用神。行木火運，一生富貴福壽，名利雙全。

用神：丁火。木火運。
吉方：南方。
財方：南方。
忌方：北方。

3. 日主『戊辰』類

例(一)

辛亥
甲午
戊辰（日主）
甲寅

日主戊辰生於午月，戊刃在午，甲祿在寅，支上寅午會火局。用亥中壬水為用神。得辛金以生之。

用神：壬水。
吉方：北方。
財方：北方。
忌方：南方。

例(二)

戊辰
戊午
戊辰（日主）
癸丑

日主戊辰生於午月，有三戊出干，支上有辰，干上戊癸相合化火，為『化火格』，以午中丁火為用神。行木火運。

用神：丁火。木火運。
吉方：南方、東南方。
財方：南方。
忌方：北方。金水運。

4. 日主「戊午」類

例(一)

庚寅
壬午
日主 戊午
丁巳

日主戊午生於午月，有壬水出干，支上寅午會火局。庚金在巳長生，壬水無根。此命格以火為旺神源頭，有寅木、壬水阻節。庚金為用神，用庚來生水。行土金運吉。木火運大凶。此命局初年安泰，中年以後貧苦。

用神：庚金。土金運。
吉方：西方。
財方：西方。
忌方：南方。木土運。

例(二)

戊申
戊午
日主 戊午
戊午

日主戊午生於午月，天干一片戊土比肩，午中有丁火印綬及己土劫才，此為陽刃格。用申中庚金為用神。

用神：庚金。金運。
吉方：西方。
財方：西方。
忌方：南方、北方皆不吉。

例(三)

戊午
戊午
日主 戊午
戊午

日主戊午生於午月，陽刃化印格。四柱皆戊午，午中有丁、己解炎，行運及用神只好選戊己土運。不可行金水運，遇水反激凶險。火運亦成焦土。因此木火運與金水運皆不吉。

用神：己土。土運。
吉方：南方。
財方：南方。
忌方：北方

例(四)

丁丑
丙午
日主 戊午
甲寅

日主戊午生於午月，午中有丁己祿，寅中有丙火長生，寅午會火局，天干上又有丙丁火，印旺煞高，木火自焚，四柱干上沒有財星，甲木七煞助刃而不制刃，有陽刃倒戈之險。子運大凶，主貴亦不得善終。以丙火為用神。以丙為旺神，取印化煞。

用神：丙火。
吉方：南方。
財方：南方。。
忌方：北方。金水運。

※陽刃倒戈：丙戊刃在午，為陽刃。木會生火，火又生土燥。火炎土燥不可遇水，遇水反激凶禍，稱之陽刃倒戈。

5. 日主『戊申』類

例(一)

戊辰
戊午
戊申（日主）
己未

日主戊申生於午月，命局厚土重重，土太旺。支上申辰會水局。以申中庚金為用神，行金運大吉。火運、水運皆不吉。

用神：庚金。金運。
吉方：西方。
財方：西方。
忌方：南方。東方。

例(二)

己丑
庚午
戊申（日主）
癸亥

日主戊申生於午月，印星秉令。時柱為癸亥財星，日元得氣。但金氣太旺，年柱己丑，晦火生金，使日元轉弱，印綬暗傷。用神以午中丁火為用神。行火運大吉。一生為人忠厚溫和。

用神：丁火。火運。
吉方：南方。
財方：南方。
忌方：北方。

6. 日主『戊戌』類

例(一)

戊子
戊午
戊戌（日主）
戊午

日主戊戌生於午月，干上四戊，支上午戌會火局，滿局火土，子衰午旺，子沖午而使火愈烈，熬乾子中癸水。用神取戌中辛金為用，行金運大吉。水運沖火，遭火厄大凶。（此命格天干透庚辛或地支為申、酉，命局大改）。

用神：辛金。金運。
吉方：西方。
財方：西方。
忌方：南方。北方。火運、水運皆不吉。

例(二)

己未
庚午
戊戌（日主）
壬子

日主戊戌生於五月，支上午戌會火局，有壬水出干，更有庚金生壬，用財破印做用神。用壬水做用神。四柱雖不見甲，仍主富貴好名聲。

用神：壬水。
吉方：北方。
財方：北方。
忌方：南方。

六月生，日主戊土用神取法

六月為未月，土旺用事，夏土非常乾燥，必先以癸水做用神。若命局四柱土重而實在，就要用甲木來疏土。六月生戊土之人，分為前半個月與後半個月，選取用神之法略有不同。在大暑之前，和五月生戊土之人選用神一樣，先選壬癸水做用神。大暑之後，金水進氣，天氣三伏生寒，倘若命局中四柱又多金水的人，可用丙火做用神。

◎六月生戊土之人，命局四柱中有癸、甲、丙三者都透出干的人，以財滋煞，以財星為用神，有大富貴。有癸甲（財煞）出干，而無丙火出干的人，只有小貴而已。命局中有癸水出干，但無甲丙出干的人，只有小富而已。命局中只有丙火出干，而無癸甲出干的人，衣食尚且溫飽。命局中四柱無癸、辛及丙火的人，是平庸之人。若更加無甲，是貧困孤寡之人。

命局中四柱有癸、辛透出干的的人，可從事訟師之職，為異路富貴。此命格以傷官生財用印為用神。命格四柱中有庚壬出干的人，只有富而不貴。

◎六月生戊土之人，若命格四柱土多，有一個甲木出干，一煞獨透，而無庚金來剋制，必是有做為之人，好名好利，為豪傑之士。必須有壬癸配合滋潤，有顯達之日，若命局中有甲無癸，只是虛名虛利而已。

◎六月生戊土之人，命局中四柱土重，火炎土燥，大致與『稼穡格』差不多。若支上有結成金局的人，不貴即富。此命格中倘若有丙透出干，則有蔭庇，但不算上格。

倘若命局中有癸水透干而無根，戊癸相合，則與『稼穡格』一樣，同屬貴命。倘若癸水出干通根至丑、辰，戊癸不化火，只有小富而已。

◎六月生戊土之人，選取用神，癸、丙、甲都可做用神。命局中火多的，就用土做用神。命局中土重的，用癸、用甲都可做用神。命局中水多的就用丙做用神。

舉例說明：

1. 日主『戊子』類

例㈠

	日主		
丁	戊	癸	庚
巳	子	未	子

日主戊子生於未月，戊祿在巳，日祿歸時。丙火在巳宮中，為多子之人，干上戊癸相合，此為傷官生財格，用印做用神。用巳中丙火做用神。此命格主鉅富。

用神：丙水。
吉方：南方。
財方：南方。
忌方：北方。

例㈡

	日主		
癸	戊	辛	己
丑	子	未	巳

日主戊子生於未月，金水進氣，三伏生寒，用巳宮丙火為用神。此為『傷官生財格』，而以佩印為用神。此命格富而好色。

用神：丙火。
吉方：南方。
財方：南方。
忌方：北方。

2. 日主『戊寅』類

例㈠

	日主		
乙	戊	辛	己
卯	寅	未	未

日主戊寅生於未月，支上卯未會木局。六月三伏生寒，用寅宮中『丙火』化官煞為用神。

用神：丙火。
吉方：南方。
財方：南方。
忌方：北方。

例㈡

	日主		
壬	戊	癸	庚
子	寅	未	寅

日主戊寅生於未月，干上戊癸相合化火，日主戊寅，戊土臨寅，印歸座下，富由自創，子寅夾丑貴。丑未相冲，子丑相合，得貴人提挈而主富貴。用神以寅宮『丙火』為用神。

用神：丙火。
吉方：南方。
財方：南方。
忌方：北方。

3. 日主『戊辰』類

例(一)

戊戌
己未
日主 戊辰
癸丑

日主戊辰生於未月，支上辰戌丑未，四柱無甲木之氣，故為『稼穡格』。用神以金為主。以丑中辛金為用神。水潤金生。為富貴之命。此命格用水用火皆不吉。

用神：辛金。金運。
吉方：西方。
財方：西方。
忌方：東方、南方、北方。

例(二)

己酉
辛未
日主 戊辰
壬戌

日主戊辰生於未月，此為女命，夏土土旺，逢金吐秀，此命格無木出干，故無官煞相害。為富貴之命。用神以『辛金』為主。走金水運，木運不吉。

用神：辛金。金水運。
吉方：西方。
財方：西方。
忌方：東方。木運。

4. 日主『戊午』類

例(一)

戊子
己未
日主 戊午
辛酉

日主戊午生於未月，為『稼穡格』。火為病，水為藥。辛金結局，不富即貴之命格。此命格月、日時三柱同旬，且午未申酉聯珠，精氣團結，辛金坐酉祿。專以辛金為用神。但午破酉，無子。

用神：辛金。
吉方：西方。
財方：西方。
忌方：東方。

例(二)

癸亥
己未
日主 戊午
甲寅

日主戊午生於未月，有甲癸出干，支上寅午會火局，亥未會木局，戊癸隔己不能相合。煞旺印高，用財星癸水為用神。

用神：癸水。
吉方：北方。
財方：北方。
忌方：南方。

5. 日主『戊申』類

例(一)

己丑
辛未
戊申（日主）
癸丑

日主戊申生於未月，四柱土旺，以癸水滋辛，以辛金做用神。

用神：辛金。
吉方：西方。
財方：西方。
忌方：東方。

例(二)

戊戌
己未
戊申（日主）
丁巳

日主戊申生於未月，四柱木多，戊土得祿於巳，支上巳未夾午，申戌夾酉，形成巳午申酉戌聯珠。以申中『庚金』為用神。

用神：庚金。金水運。
吉方：西方。
財方：西方。
忌方：東方。木運。

6. 日主『戊戌』類

例(一)

己酉
辛未
戊戌（日主）
己未

日主戊戌生於未月，厚土重重，幸天干無火，有辛金透出，辛祿在酉，精華盡在辛金。以辛金為用神，行金水運大吉，忌木運。

用神：辛金。
吉方：西方。
財方：西方。
忌方：東方。

例(二)

癸未
己未
戊戌（日主）
丁巳

日主戊戌生於未月，此命局胎元為庚戌，日祿歸時，用胎元庚金為用神。主貴。此命格為清代總督丁日昌之命格。

用神：庚金。
吉方：西方。
財方：西方。
忌方：東方。

七月生，日主戊土用神取法

七月為申月，是金水乘權的月令。金太旺土則虛弱。水太旺土則流蕩、流失。七月也是陽氣漸漸收斂，寒氣漸漸釋出的月份。七月生戊土之人主要是以食神格為主。

七月戊土，雖在申為生地，但不作旺論。土在四季，無時不旺，以四季為專旺之時，土附水生於申，祿於亥，但水旺土之用則熄滅。土為五行之主，在秋月氣值收藏之時，用神亦會收斂，因此不做旺論。宜用太陽引出。用雨露潤澤為佳。故七月生日主戊土之人取用神，先取丙，再取癸。倘若土多，就需用甲木來疏土，讓命局氣勢中和為佳。也必須土先溫暖才能用癸甲。

◎七月生戊土之人，若命局四柱多金水，更需以丙火為第一要用。

倘若命局中有丙癸甲齊透天干的人，是富貴極品的人。

倘若命局中有丙甲透干，而癸水藏於支上『辰』中，（例如日主戊辰）形成申、子、辰會水局的人，為斯文領袖級的人物，有權貴兼富的人生。倘若日主是戊子、戊申，則戊土的力量較薄，權位都較弱。

倘若命局四柱中，沒有丙出干，而有癸甲出干的人，也必須戊土日主生旺，支臨巳、午、戌位。才能有異途顯達，富中取貴的人生。若日主戊土虛弱，富貴皆空。

倘若命局中全無癸、甲、丙在天干或命局中的人，是平凡無用的人。

◎七月生，日主戊土之人，倘若命局中支成水局，戊土雖生於申，旺於辰，但亦不能『棄命從財』。要以甲木來洩水氣，仍以丙火為用神，來生助戊土，才可取為貴命。倘若有月令庚申，庚金出干來剋制甲木，日主戊土雖生旺，只能算是『食神生財格』，以佩印做用神。只能取為富命了。

◎七月生，戊土之人，以丙火做用神的人，必須有木的配合。以癸水做用神的人，必須有金的配合。用甲木做用神的人，必須有水的配合，命局才能完備。

舉例說明：

1. 日主『戊子』類

例(一)

辛亥
丙申
日主 戊子
丙辰

日主戊子生於申月，支上申子辰會水局，時上坐辰支，勾陳得位，財旺用印，用時上丙火為用神。干上丙辛相合化水，失去效用。仍以時上丙火為用神。

用神：丙火。
吉方：南方。
財方：南方。
忌方：北方。

※勾陳得位：時支上坐辰支，稱之。

例(二)

甲午
壬申
日主 戊子
丙辰

日主戊土生於申月，有丙、壬、甲出干，支上申子辰會水局。不能做『從財格』，須用甲木洩水氣。丙透出天干，故可用木為用神。此命主貴亦主富。

用神：甲木。甲運。
吉方：東方。
財方：東方。
忌方：西方。金運。

2. 日主『戊寅』類

例(一)

庚午
甲申
日主 戊寅
癸丑

日主戊寅生於七月，有癸甲透干，支上寅午會火局，丙藏於寅中，可惜庚金剋甲，戊癸相合化火，先貧後富之命格。以癸水為用神。

用神：癸水。
吉方：北方。
財方：北方。
忌方：南方。

例(二)

庚午
甲申
日主 戊寅
丁巳

日主戊寅生於申月，此為女命，天干庚剋甲，支上寅申相剋，寅巳也相刑，天剋地冲，夫星被剋去，年月日天地受剋，三刑俱備，此命格不佳。支上寅午會火局，以申中壬水為用神。

用神：壬水。
吉方：北方。
財方：北方。
忌方：南方。

3. 日主『戊午』類

例(一)

癸	巳
庚	申
日主 戊	午
己	未

日主戊午生於申月，有癸水出干，戊祿在巳，巳中尚有丙火，庚祿在申，支上巳午未申聯珠，富中取貴之命格。四柱中比印重重，此命格女命較佳。以癸水做用神。行金水運。

用神：癸水。金水運。
吉方：北方。
財方：北方。
忌方：南方。木火運。

例(二)

癸	卯
庚	申
日主 戊	午
甲	寅

日主戊午生於申月，有甲癸透干，丙藏於寅中，支上寅午會火局。身強印旺。甲木被庚金所剋，支上午申夾未貴，因庚剋甲損貴氣。主富。用神以癸水為用神。

用神：癸水。
吉方：北方。
財方：北方。
忌方：南方。

例(三)

癸	卯
庚	申
日主 戊	午
丙	辰

日主戊午生於申月，有丙癸透干，支上申辰會水局。食神旺而生財，故專用丙火為用神。

用神：丙火。
吉方：南方。
財方：南方。
忌方：北方。

例(四)

甲	寅
壬	申
日主 戊	午
丁	巳

日主戊午生於申月，有甲壬出干，甲木得祿於寅，壬祿在申，戊祿在巳，丙藏於寅巳之中，支上寅午會火局，身旺印旺，用壬水財星做用神。

用神：壬水。
吉方：北方。
財方：北方。
忌方：南方。

4. 日主「戊辰」類

例(一)

壬辰
戊申
日主 戊辰
甲寅

日主戊辰生於申月，有甲壬出干，支上申辰會水局，丙藏於寅中，專用甲木洩水氣，為貴命。

用神：甲木。
吉方：東方。
財方：東方。
忌方：西方。

例(二)

壬辰
戊申
日主 戊辰
戊午

日主戊辰生於申月，此命格局中無甲木，四柱土重。支上申辰會水局，專以時上午中丁火為用神。

用神：丁火。
吉方：南方。
財方：南方。
忌方：北方。

5. 日主「戊申」類

例(一)

壬辰
戊申
日主 戊申
辛酉

日主戊申生於申月，有壬辛出干，支上申辰會水局，四柱食傷多（庚辛多）四柱無丙火，又無甲木，為平凡無用之命格。此命女命較吉。但終為貧困之人。以戊土做用神。

用神：戊土。
吉方：南方。
財方：南方。
忌方：北方。

例(二)

丙午
丙申
日主 戊申
己未

日主戊申生於申月，干上有雙丙出干，支上午未相合化火，身旺印重，以財為用，取申中壬水為用神。

用神：壬水。
吉方：北方。
財方：北方。
忌方：南方。

6. 日主『戊戌』類

例(一)

壬子
戊申
日主 戊戌
辛酉

日主戊戌生於申月，有壬辛出干，支上申酉戌支類西方。年干壬子通根申子會水局。財星不真。大運又走西北運程。若為女命較佳。男命，出身富家，終而貧困。以戊中丁火為用神。

用神：丁火。火運。
吉方：南方。
財方：南方。
忌方：北方、西方。金水運。

例(二)

己巳
壬申
日主 戊戌
甲寅

日主戊戌生於申月，有甲壬出干，丙火藏於寅巳之中，巳申相合化水，而支上寅戌會火局。用甲木洩水，以寅中丙火為用神。

用神：丙火。
吉方：南方。
財方：南方。
忌方：北方。金水運。

八月生，日主戊土用神取法

八月為酉月，是辛金秉令的月份，雖然戊土會生金，但子旺而母衰，金會洩土之氣，而使土寒。是故八月生，日主戊土之人，命局中須賴丙火來照暖。丙火為太陽，太陽曝曬土後又成燥土，燥土是無法生長植物的，故又需雨露來滋潤。故而八月生日主戊土之人選取用神是先以丙火為先，再以癸水為次用。

八月酉金為當旺之金，會洩土之秀氣，因此不必再用木來疏土了。酉月戊土，金旺土虛，為『傷官格』。一定要命局中有生扶日主土的格局，使日主生旺，才能用食傷。八月月令傷官當旺，戊土得丙而土厚實，應取『傷官生財』為正格。財傷兩旺則用丙火為用神。因此八月生戊土之人，倘若命局中有丙癸兩透干的人，一定有富貴。

倘若命局中只有丙火透干，而癸水藏於支中的人，有小富貴。

倘若命局中有丙火出干，四柱無癸水的人，為稍具知識的讀書人。

倘若命局中有癸水出干，而四柱無丙火的人，只是一個辛勞的稍具能幹的人。

倘若命局中有丙火藏於支中，又無癸水的人，或是癸水多，又無丙火的人都是平凡人之命格。四柱中全無丙無癸的人，是更平凡、更無用的人的命格。

◎八月生戊土之人，若四柱無辛金透出干，以財印並用為取用神之正規法則。八月月令傷官生財（酉金生水），日主戊土之氣寒冷，必須佩印（丙火）為用神。命局中無論是缺丙或缺癸，只要少一個出干，便都不是上等格局了。

◎八月生戊土之人，若命局四柱上都是辛金，沒有丙丁，稱做『土金傷官格』。有此命格的人，主武貴。丙丁火宜藏於支中，暖土而不傷用神，才為上等格局。倘若又有癸水出干的人，且癸水不可傷到支中的丙丁，是同時具有富貴的人。

◎八月生戊土之人，若命局中支成水局，再有壬癸出干，屬於『財多身弱』。不能做『從財』論。金氣盡洩於水，會是個吝嗇愚懦的人。只能為他人管理財務，本身被財所困。為富屋窮人，朱門餓莩之流。此時財多，只能用比劫做用神。不能用印做用神。有比劫分散其財的，反而為富格。但一定要有運來相助，才能達到此富格的境界。

◎八月生戊土之人，因是秋土，所能生金的力量也極弱。必須有丙丁火出干相助生金，或是有辛金多個在干上，又不被火所制才行。這種命格的人，是具有清貴命格的人。

舉例說明：

1. 日主『戊子』類

例(一)

丁巳
己酉
戊子（日主）
丁巳

日主戊子生於八月，為『傷官生財格』。戊祿在巳，日祿歸時，干上印劫並透，丁己並透干，身旺任財。日元戊子上下相合，財歸坐下。支上巳酉會金局。此命格主富貴，富更多於貴。以巳中丙火為用神。

用神：丙火。
吉方：南方。
財方：南方。
忌方：北方。

例(二)

丙辰
丁酉
戊子（日主）
癸丑

日主戊子生於酉月，干上有丙丁，戊癸相合化火，合去癸水。支上子辰會水局，丑酉會金局。此局天與地剋，以辰中『戊土』做用神。行火土運較吉。

用神：戊土。火土運。
吉方：南方。
財方：南方。
忌方：北方。金水運。

2. 日主『戊寅』類

例(一)

丁巳
己酉
戊寅（日主）
辛酉

日主戊寅生於酉月，有辛金出干，支上巳酉會金局，丙火藏於寅巳之中，四柱無水。金會洩土氣，以『丙火』為用神。行南方運。

用神：丙火。
吉方：南方。
財方：南方。
忌方：北方。

例(二)

戊午
辛酉
戊寅（日主）
辛酉

日主戊寅生於酉月，有雙辛出干，支上寅午會火局。四柱無水。傷官重重，洩土之氣。取寅中丙火為用神，生助戊土。

用神：丙火。
吉方：南方。
財方：南方。
忌方：北方。西方。

3. 日主『戊辰』類

例(一)

己巳
癸酉
戊辰（日主）
辛酉

日主戊辰生於酉月，有辛金出干，支上巳酉會金局，丙火藏於巳中。為土金傷官，以劫為用，以巳土為用神，喜巳土剋癸，運行南方火地為吉。

用神：己土。
吉方：南方。
財方：南方。
忌方：北方。

例(二)

丙子
丁酉
戊辰（日主）
癸亥

日主戊辰生於酉月，有丙癸出干，支上子辰會水局，只能用辰中戊土做用神。分散其財，才能主富。

用神：戊土。火運。
吉方：南方。
財方：南方。
忌方：北方。金水運。

4. 日主『戊午』類

例(一)

戊子
辛酉
戊午（日主）
丁巳

日主戊午生於酉月，戊祿在巳，日祿歸時，為『土金傷官格』。四柱劫印重重，子中癸水賴酉以生，支上巳酉會金局，以子中癸水財星為用神。

用神：癸水。
吉方：北方。
財方：北方。
忌方：南方。火運。

例(二)

癸亥
辛酉
戊午（日主）
丙辰

日主戊午生於酉月，有丙癸出干，支上辰酉合化金，取印為用，以丙火為用神。

用神：丙火。
吉方：南方。
財方：南方。
忌方：北方。

5. 日主『戊申』類

例(一)

癸亥
辛酉
日主 戊申
己未

日主戊申生於八月，此命局為『土金傷官格』。干上辛金能生癸，申亥中又有壬水，財星太重。幸己土劫財通根座下未宮，以己土為用神。行火土運大吉。

用神：己土。火土運。
吉方：南方。
財方：南方。
忌方：北方。

例(二)

戊子
辛酉
日主 戊申
辛酉

日主戊申生於八月，兩干不雜。戊土臨申，只在長生之位而不旺。干上辛多無剋制，更有子中癸水。為土金傷官見癸，主武貴。以戊土為用神。行火土運。

用神：戊土。火土運。
吉方：南方。
財方：南方。
忌方：北方。

6. 日主『戊戌』類

例(一)

己未
癸酉
日主 戊戌
庚申

日主戊戌生於酉月，為『土金傷官格』。支上申酉戌支類西方。又有庚金出干，金氣太重，必須以劫為用神。干上有己剋癸水，運行南方火地主貴。一生平順之命格。

用神：己土。火土運。
吉方：南方。
財方：南方。
忌方：北方。

例(二)

壬戌
己酉
日主 戊戌
乙卯

日主戊戌生於酉月，為『土金傷官格』。地支有兩戌，土燥而厚實。年干壬水能潤木洩金生木。因此足以任官（用官），以乙木為用神，行水木運。

用神：乙木。水木運。
吉方：東方、東北方。
財方：東方。
忌方：西方。金運。

例(三)

日主

辛酉
丁酉
戊戌
辛酉

日主戊戌生於八月，土金傷官重重，四柱無財，氣象純清。以丁火為用神。早年主貴，行木火運吉。晚年落寞。

用神：丁火。木火運。

吉方：南方。

財方：南方。

忌方：北方。金水運。

例(四)

日主

戊戌
辛酉
戊戌
丙辰

日主戊戌生於酉月，為『土金傷官格』。有丙火透干，羈合傷官（辛金）。辰為財庫，財星歸庫。此命格為一富格，且為多子之人。

用神：丙火。

吉方：南方。

財方：南方。

忌方：北方、西方。

從歷史的經驗裡，告訴我們
命格的好壞和生辰的時間有密切關係，
命格的高低又和誕生環境有密切關係，
這就是自古至今，做官的、政界首腦人物、精明富有的老闆，永享富貴及高知識文化。
而平民百姓永遠在清苦的生活中與低文化的水平裡輪迴的原因。
人生辰的時間，決定命格的形成。
命格又決定人一生的成敗、運途與成就，每一個人在受孕及出生的那一剎那已然決定了一生！
很多父母疼愛子女，想給他一切世間最美好的東西，但是為什麼不給他『好命』呢？
『幫子女找一個好生辰』就是父母能為子女所做，而很多人卻沒有做的事，有智慧的父母們！
驚醒吧！
請不要讓子女一開始就輸在命運的起跑點上！

九月生，日主戊土用神取法

九月為戌月，九月戊土當旺，戌宮火墓，土得火而厚實，故自然旺盛。戊土為燥土，必須有水潤澤，才能滋木。是故九月生，日主戊土之人選取用神，必須先選甲木，以甲木疏土，以癸水來配合。倘若地支再有丙火來暖土更佳，主富貴。而以才煞（癸甲）為喜用神。是財滋弱煞為用。

◎九月生戊土之人，若命局中有癸水出干，而無甲木的人，有金來生水，為大富之人。倘若命局中癸水無根，又無金來相生，卻與戊相合化火，是為『化不逢時』，是下等的命格。因財不生煞，必須用丙火配合才行。

倘若命局中無丙有癸，甲木不出干的人，有小富。以財星為用神。

倘若命局中有甲無癸丙的人，能衣食溫飽，為一能幹勤勞的人。為『孤煞無輔』、名利皆虛。

倘若命局中有丙癸而無甲木的人，是貧困之人。

倘若命局中有丙火，無癸甲的人，為一生靠人過活，為僧道之流。因財官兩缺，土無生意，必無子嗣。

◎九月生戊土之人，命局中支成水局，財旺成局，又有壬癸出干，則用戊土止住水流，亦主大富。宜用劫做用神。若命局中支成火局，稱為『燥土不發』。有金水兩透干的人，為清高具有小富貴的人。若命局無水則一生困苦。縱然有甲木，反增火旺，故無水一生困苦。

◎九月生戊土之人，若命局四柱多見庚金而無水，為『土金傷官格』。此時命局又為子旺母虛，必須以『丙』做用神。

◎九月生戊土之人，若命局四柱土多，支聚四庫（支上為辰戌丑未）。此命局為『稼穡格』。秋土之氣較寒，必須以丙火為用神。倘若有丙火出干，癸水藏於支中，土暖而滋潤，為富貴俱全之命格。

舉例說明：

1. 日主『戊子』類

例(一)

甲辰
甲戌
戊子（日主）
甲寅

日主戊子生於戌月，有三甲透干，子中藏癸，丙火藏於寅中為配合。日主戊子，則歸座下，主大富兼貴之命格。以財星癸水為用神。

用神：癸水。
吉方：北方。
財方：北方。
忌方：南方。

例(二)

庚寅
丙戌
戊子（日主）
癸丑

日主戊子生於戌月，有丙癸透干，甲藏於寅中，支上寅戌會火局。子丑合化土。有庚金癸水兩透干。日主戊子，子中有癸祿，財歸座下，主富貴。用癸水做用神。

用神：癸水。
吉方：北方。
財方：北方。
忌方：南方。

2. 日主『戊寅』類

例(一)

己亥
甲戌
戊寅（日主）
丙辰

日主戊寅生於戌月，甲丙透干，癸藏於時支辰中，干上甲己相合化土，支上寅戌會火局，可惜甲木疏土之力被己土牽制，故只有小富貴之命格了。以辰中『癸水』用神。

用神：癸水。
吉方：北方。
財方：北方。
忌方：南方。

例(二)

丁酉
庚戌
戊寅（日主）
乙卯

日主戊寅生於戌月，四柱無癸，乙木官星無財為輔助。又有庚金出干，官星被剋傷，幸有丁火制庚為救神，運行南方而發富。此命格為鉅富。用神為丁火。

用神：丁火。
吉方：南方。
財方：南方。
忌方：北方。

3. 日主「戊辰」類

例(一)

		日主	
己	甲	戊	丙
酉	戌	辰	辰

日主戊辰生於戌月，甲丙出干。癸水藏於辰中，干上甲己相合，牽絆甲木用神為病。此命格主富貴。

用神：甲木。

吉方：東方。

財方：東方。

忌方：西方。

例(二)

		日主	
丙	戊	戊	己
寅	戌	辰	未

日主戊辰生於戌月，此命局為『猛虎巡山格』，主貴。生於虎年，戊戌為魁罡演武之山，戊辰為蟹泉吐穎之山。生於九月得火為貴。有丙出干，支上寅戌會火局，癸藏辰支，專以己土為用神。

用神：己土。火土運。

吉方：南方。

財方：南方。

忌方：北方。忌金水運。

4. 日主「戊午」類

例(一)

		日主	
戊	壬	戊	己
辰	戌	午	未

日主戊午生於戌月，四柱皆土，有壬水出干，為『稼穡格』。己祿在午，用己土做用神。行火土運大吉。

用神：己土。

吉方：南方。

財方：南方。

忌方：北方。

例(二)

		日主	
己	甲	戊	癸
巳	戌	午	丑

日主戊午生於戌月，有甲癸出干，丙藏於巳中，支上午戌會火局。巳丑會金局。癸水由丑中辛金生之。以癸水做用神。

用神：癸水。

吉方：北方。

財方：北方。

忌方：南方。

5. 日主『戊申』類

例(一)

庚子
丙戌
戊申（日主）
壬子

日主戊申生於九月，干上有庚壬丙出干，支上子申會水局，專以丙火為用神。主父以子貴，此為清光緒皇帝之父醇親王奕譞之命格。

用神：丙火。
吉方：南方。
財方：南方。
忌方：北方。

例(二)

癸未
壬戌
戊申（日主）
甲寅

日主戊申生於戌月，有癸甲出干，丙火藏於寅中，支上申戌夾酉，未申酉戌聯珠，此命格主大富貴。以寅中丙火為用神。

用神：丙火。
吉方：南方。
財方：南方。
忌方：北方。

6. 日主『戊戌』類

例(一)

庚辰
丙戌
戊戌（日主）
辛酉

日主戊戌生於戌月，為『土金傷官格』，必須佩印，以丙火為用神。此命格主富貴。遇辛卯運不吉。

用神：丙火。
吉方：南方。
財方：南方。
忌方：東方。木運。

例(二)

癸未
壬戌
戊戌（日主）
甲寅

日主戊戌生於戌月，有癸甲出干，支上寅戌會火局，丙火藏於寅中，以癸水做用神。行金水運大富貴。

用神：癸水。
吉方：北方。
財方：北方。
忌方：南方。

十月生，日主戊土用神取法

十月為亥月，亥月已進入冬季，水旺秉令，土為濕土，故不可再用癸水做用神。專取丙火為用神，以甲木輔助。以丙火暖土，以甲木疏土而能顯土之用。十月戊土為偏財格。

十月亥宮為甲木長生之地，亦為壬水之祿地，有土和水的培植，木氣自旺。故十月生戊土之人，命局中有甲丙兩透干的人，有大富貴。

倘若命局中有甲藏於亥中，而丙火出干的人，也主富貴，即使甲丙都藏於支中，用神最清秀，也主富貴。但不可有庚破甲，命局中有丁制庚的人，主異途顯達。有庚破甲，無丁來制，便是平庸之人。

◎十月生戊土之人，命局四柱中無庚制甲，則主貴。若有庚制甲則無顯達之日。

倘若命局中有庚又有丁來制庚，主異途顯達、刀筆訟師之權位。

◎十月生戊土之人，以甲丙為主要用神，倘若局中無庚，丁也無用。

倘若命局中，丙被壬困，甲被庚困，庚多破甲是平庸之人。有壬水困丙，用神被傷，但仍以丙火為用神。倘若命局中無丙，便是下等格局。

◎十月生戊土之人，命局中如有壬透干，必須用戊土比肩來制壬救丙，此命格主富中取貴，因壬為偏財，故稱富中取貴。

舉例說明：

1. 日主『戊子』類

例(一)

己亥
乙亥
戊子（日主）
壬戌

日主戊子生於亥月，為偏財格。有壬水出干，偏財太旺。戊土通根至戌，戊在時上，故晚運佳，行火地之運。中年以後發富。用戊中丁火為用神。

用神：丁火。
吉方：南方。
財方：南方。
忌方：北方。

例(二)

癸酉
癸亥
戊子（日主）
丁巳

日主戊子生於亥月，戊祿在巳，日祿歸時，支上巳酉會金局。專用巳中丙火為用神。運至南方比劫之地發鉅富。因丙火不透，酉金剋甲，故不貴。

用神：丙火。火土運。
吉方：南方。
財方：南方。
忌方：北方。

2. 日主『戊寅』類

例(一)

壬申
辛亥
戊寅（日主）
庚申

日主戊寅生於亥月，戊日見庚申時為『專食合祿』格。以申合巳為戊之祿，寅刑巳，亥沖巳，全局以虛神巳為集注一身。戊土不旺，專取食神洩秀為用神，運至東南方、火土之地而發富貴。以丙火為用神。

用神：丙火。東南運。
吉方：南方、東南方。
財方：南方。
忌方：西北方。

例(二)

丙子
己亥
戊寅（日主）
丁巳

日主戊寅生於亥月，丙戊祿在巳，日祿歸時，寅亥中有甲木，四柱無庚。此命格主富貴。專用丙火為用神。

用神：丙火。
吉方：南方。
財方：南方。
忌方：北方。

3. 日主『戊辰』類

例(一)

壬戌
辛亥
戊辰（日主）
甲寅

日主戊辰生於亥月，有丙火藏寅，壬水遠離不剋。有甲木出干，支上寅戌會火局。以寅中丙火為用神。主富貴。

用神：丙火。

吉方：南方。

財方：南方。

忌方：北方。

例(二)

癸卯
癸亥
戊辰（日主）
戊午

日主戊辰生於亥月，此命局為『陽刃駕煞』格。干上兩戊兩癸暗合，時逢午刃。亥中藏甲，四柱無丙，用午中丁火為用神。

用神：丁火。

吉方：南方。

財方：南方。

忌方：北方。

4. 日主『戊午』類

例(一)

乙卯
丁亥
戊午（日主）
丙辰

日主戊午生於亥月，壬水財星臨旺，乙木官星坐卯祿。丁祿在午，日元臨旺逢生。為富貴福壽命格。用神為丙火。

用神：丙火。木火運。

吉方：南方。

財方：南方。

忌方：北方。

例(二)

丁卯
辛亥
戊午（日主）
壬戌

日主戊午生於亥月，亥宮壬水得祿，財通門戶（月令為門戶）。更有辛金生水。日元戊土支臨午戌會火局。身旺而任財。主富。以食神生財，以辛金為用神。

用神：辛金。西方運。

吉方：西方。

財方：西方。

忌方：東方。木運。

5. 日主「戊申」類

例(一)

丁卯
辛亥
日主 戊申
壬戌

日主戊申生於亥月，四柱無丙，壬水通根至亥，有辛金生水，申戌夾酉，支上申酉戌亥，一片西北方，金生水多，再加以運行金運不吉。以戊土制水為用神。行火運才好。

用神：戊土。火土運。
吉方：南方。
財方：南方。
忌方：西方、北方。金水運。

例(二)

己未
乙亥
日主 戊申
丙辰

日主戊申生於亥月，有丙火出干，支上亥未會木局，申辰會水局。戊土日元弱無法任財，以丙火為用神。

用神：丙火。
吉方：南方。
財方：南方。
忌方：北方。

6. 日主「戊戌」類

例(一)

己酉
乙亥
日主 戊戌
丙辰

日主戊戌生於亥月，有丙火出干，甲藏於亥中長生，壬居殺地受剋，故必富貴揚名。以丙火為用神。

用神：丙火。
吉方：南方。
財方：南方。
忌方：北方。西北方。

例(二)

戊戌
癸亥
日主 戊戌
癸亥

日主戊戌生於亥月，此命局水土各半，兩氣成象。戊土通根至戌。癸通根至亥，亥中甲木暗藏。財命有氣，唯氣勢較寒，用胎元甲寅中丙火為用神。主富貴，一生平順。

用神：丙火。
吉方：南方。
財方：南方。
忌方：北方。

十一月生，日主戊土用神取法

十一月為子月，嚴寒土凍，日主戊土之人選取用神，以調節氣候為緊要，必須先用丙火，再以甲木輔助。有丙甲兩透干在命局中的人，主貴。十一月戊土之人為正財格。

命局中有二丙一甲的出干的人，主大富貴。

命局中有丙出干，甲藏支的人，有小貴。

命局中有丙藏支而甲出干的人，不過是讀過書的平常人。

命局中有丙無甲的人，是家世富有的平庸之人。

命局中有甲無丙的人，是貧苦無用的人。若甲丙全無的人，為下賤命格之人。

◎十一月戊土之人，命局中不可有庚破甲。有庚金出干必須有丁火來剋制，此命格的人會有異途顯達，主富貴。若無丁來制庚，為平庸之人。

◎十一月戊土之人，若命局四柱一派壬水，不見比劫（戊己土），此命格做『從財』論。是為『從財格』。支成申子辰會水局，或支類亥子丑北方，而無比劫、印綬，做『從財格』論。會依附他人而得富貴。

◎十一月戊土之人，倘若命局中比劫多，見甲木出干制劫，財通門戶，為鉅富之人。但冬土寒冷，水亦寒，若有甲而無丙丁的人，不能成名，為鄙吝之人，惹人嫌惡。

◎十一月戊土之人，若四柱土多，支聚四庫（辰戌丑未），為『稼穡格』。

◎十一月戊土之人，若命局中有壬出干，須有戊土比肩剋制，主富中取貴。

舉例說明：

1. 日主『戊子』類

例(一)

壬子
壬子
日主 戊子
壬子

日主戊子生於子月，四柱無火土，為『從財格』。日主衰弱，生當財月，地支子中癸水為財地，日主不能任財，只得從財，故以財星癸水為用神。行財運。水運為吉。

用神：癸水。
吉方：北方。
財方：北方。
忌方：南方。

例(二)

庚辰
戊子
日主 戊子
庚申

日主戊土生於子月，為『專食合祿』格。以傷官生財。戊日逢庚申時為專食合祿。以申合巳為戊之祿，專用虛神巳中丙戊為用神。主要是以戊土為用神。主富貴，但不長久。

用神：戊土。
吉方：南方。
財方：南方。
忌方：北方。

例(三)

日主

壬戌
壬子
戊子（日主）
戊午

此為李登輝總統之命格。日主戊子生於子月，為正財格。四柱財多（壬癸水多），以比劫為用。以戊土做用神。戊運登總統之位。

用神：戊土。火土運。

吉方：南方。

財方：南方。

忌方：北方。

例(四)

甲申
丙子
戊子（日主）
丙辰

日主戊子生於子月，干上有雙丙一甲，戊土轉旺。但支上申子辰會水局。上火下水，天地相剋。此命局男命主貴，女命不吉。

用神：戊土。

吉方：南方。

財方：南方。

忌方：北方。

2. 日主「戊寅」類

例(一)

己未
丙子
戊寅（日主）
壬戌

日主戊寅生於子月，丙火通根至寅，月令財星秉令，支上寅午會火局。寅中又藏甲，壬水被制。故主富貴。以丙火為用神。

用神：丙火。

吉方：南方。

財方：南方。

忌方：北方。

例(二)

庚午
戊子
戊寅（日主）
丁巳

日主戊寅生於子月，有庚金出干，有丁制庚，戊祿在巳，日祿歸時。支上寅午會火局。有甲木藏寅。為異途顯達，主富之人。以子中癸水財星為用神。

用神：癸水。

吉方：北方。行金水運。

財方：北方。

忌方：南方。

3. 日主『戊辰』類

例(一)

辛未
庚子
日主 戊辰
壬戌

日主戊辰生於子月，有壬水出干，支上子辰會水局，不見比劫，此命局為『從財格』。以子中癸水財星為用神。

用神：癸水。
吉方：北方。
財方：北方。
忌方：南方。

例(二)

辛巳
庚子
日主 戊辰
丙辰

日主戊辰生於子月，丙戊祿在巳，有庚辛出干，支上子辰會水局。食傷生財，日主弱不能任財，取丙火印綬做用神。主富貴。

用神：丙火。
吉方：南方。
財方：南方。
忌方：北方。

4. 日主『戊午』類

例(一)

壬午
壬子
日主 戊午
戊午

日主戊午生於子月，干上有兩壬兩戊，勢均力敵，能制之。支上有三午剋一子，子財被剋去，此命局中無甲丙，命格不高。甲運能疏土較吉，丙、丁運火重為凶。仍以『癸水』為用神。貧困之命。

用神：癸水。
吉方：北方。
財方：北方。
忌方：南方。

例(二)

己丑
丙子
日主 戊午
甲寅

日主戊午生於子月，有甲丙出干，丙火、戊土在寅為長生，甲祿在寅。支上寅午會火局，子丑相合化土，日主旺，可任財，以子中癸水做用神。

用神：癸水。
吉方：北方。
財方：北方。
忌方：南方。

5. 日主『戊申』類

例(一)

己丑
丙子
戊申（日主）
丁巳

日主戊申生於子月，有丙火出干，無甲。戊土得祿於巳，日祿歸時。支上子申會水局。以丙火為用神。

用神：丙火。木火運。
吉方：南方。
財方：南方。
忌方：北方。

例(二)

丙午
庚子
戊申（日主）
壬戌

日主戊申生於子月，有丙火出干、午戌會火局。也有壬水出干，有戊土制壬，支上子申會水局，財印勢均，子月財旺，仍以丙火為用神。

用神：丙火。
吉方：南方。
財方：南方。
忌方：北方。

6. 日主『戊戌』類

例(一)

癸亥
甲子
戊戌（日主）
癸丑

日主戊戌生於子月，有甲木出干，年支亥中又有甲木。支上亥子丑支類北方。由年柱起水生月柱木，再剋日柱土，為『夫健怕妻』。喜日主戊戌坐下戌中藏丁火為用神，主貴而不富。

用神：丁火。
吉方：南方。
財方：南方。
忌方：北方。

例(二)

庚辰
戊子
戊戌（日主）
庚申

日主戊戌生於子月，戊日逢庚申時為『專食合祿』格。專以丙火為用神。運至東南可發富貴。

用神：丙火。木火運。
吉方：南方、東南方。
財方：南方。
忌方：北方。金水運。

十二月生，日主戊土用神取法

十二月為丑月，隆冬寒土凍結凝固，專以丙火為主要選取用神的條件。以甲木為次要條件。丑宮是季土專旺之地，暗藏金水，無火溫暖，不做旺論。

◎十二月生，日主戊土之人，如果命局中有甲丙出干，通根寅巳，是具有大富貴的人。

倘若命局中不見甲丙，而有一個『巳』字在支上，也會是社會上有名之人。

◎十二月有二陽進氣，若日主戊土之人，命局中多丙火，並且干透出火，支中又藏火，使日主戊土由弱中轉強，若天干再有一壬透出，氣清而旺，是富中取貴之人。倘若命局中多火而無壬水，則為孤寒困苦之人。

◎十二月丑宮支神為己辛癸。十二月，日主戊土之人，若命局中有辛、癸在干上，為『土金傷官生財格』。用神依然為丙、丁印星。

◎十二月生，戊土之人，若命局四柱土多，支聚四庫（辰戌丑未），為『稼穡格』。以秀氣聚集在土，並以土做用神。

◎十二月生，戊土之人，若命局中壬水出干，或多壬水、水局，不見比劫（戊己土），以『從財格』論，是因人而得到名利的命格。丑月癸水財星秉令，有比劫爭財（戊己土制水），有甲、丙剋土助水，主為鉅富。就是以甲制比劫。以丙暖土。冬月土寒水也寒，四柱沒有丙丁，雖然有甲木也是內虛外實之人。

◎十二月戊土之人，若命局中在月、時上有二癸透干，稱為『二癸爭合』，是有餘錢而勞碌之人。這是身弱用財，得印劫，運來扶助之故。若有丙、己出干制住癸水，是一個捨己為人的忠義之士。

◎十二月戊土之人，命局中若有己癸同出干，己土制癸，為『土金傷官生財格』，同宮聚氣，有異路顯達。此格用水做用神。以傷官配合。

總之言之，冬土以丙為正用用神，以丙火為用神的，要用木來配合生火。

舉例說明：

1. 日主『戊子』類

例(一)

己未
丁丑
戊子（日主）
己未

日主戊子生於丑月，干上有劫印，支上子丑相合化土，為真『稼穡格』。主貴。用己土做用神。此命格未中亦有丁火，暗傷辛金，故子息艱難。

用神：己土。
吉方：南方。
財方：南方。
忌方：北方。

例(二)

丙戌
辛丑
戊子（日主）
癸丑

日主戊子生於丑月，丑宮辛癸並透干上，又有丙火出干，同宮聚氣，以丙火為用神。主富貴。

用神：丙火。
吉方：南方。
財方：南方。
忌方：北方。

2. 日主『戊寅』類

例(一)

辛酉
辛丑
戊寅（日主）
辛酉

日主戊寅生於丑月，此命格為『土金傷官佩印格』。干上有三辛出干，支上丑酉會金局，以寅中『丙火』印星為用神。以丙、丁運最得意，此命主富貴。

用神：丙火。丙丁運。
吉方：南方。
財方：南方。
忌方：北方。

例(二)

壬午
癸丑
戊寅（日主）
甲寅

日主戊寅生於丑月，有壬癸甲出干，支上寅午會火局。戊土在寅中長生，甲祿在寅，此命格主富貴。以丙火為用神。

用神：丙火。
吉方：南方。
財方：南方。
忌方：北方。

3. 日主『戊辰』類

例(一)

辛未
辛丑
戊辰（日主）
壬戌

日主戊辰生於丑月，支聚四庫。辛金出干吐秀。丑中元神透出，洩其精英。四柱無木火，氣象純清，專以辛金為用神。

用神：辛金。酉運。
吉方：西方。
財方：西方。
忌方：南方。東方。木火運。

例(二)

壬戌
癸丑
戊辰（日主）
己未

日主戊辰生於丑月，支聚辰戌丑未四庫，四柱土多無木，為『稼穡格』。丑中元神己癸又透出干，專以己土為用神。

用神：己土。火土運。
吉方：南方。
財方：南方。
忌方：東方。木運。

4. 日主『戊午』類

例(一)

丙子
辛丑
戊午（日主）
甲寅

日主戊午生於丑月，有甲丙出干，支上子丑相合化土，寅午會火局，干上丙辛相合化水，辛金通根至丑，仍以丙火為用神。

用神：丙火。
吉方：南方。
財方：南方。
忌方：北方。

例(二)

癸酉
乙丑
戊午（日主）
丁巳

日主戊午生於丑月，有丑中元神癸水出干，支上巳酉丑會金局。戊祿在巳，日祿歸時，專用巳宮丙火為用神。此命格主富貴。

用神：丙火。
吉方：南方。
財方：南方。
忌方：北方。

5. 日主『戊申』類

例(一)

辛巳
辛丑
日主 戊申
壬子

日主戊申生於丑月，有雙辛出干，支上巳丑會金局，申子會水局，四柱無木，為『土金傷官佩印格』。以巳中丙火為用神。此命格主富貴。

用神：丙火。
吉方：南方。
財方：南方。
忌方：北方。

例(二)

癸亥
乙丑
日主 戊申
壬子

日主戊申生於丑月，支上亥子丑支類北方。又有壬癸水出干，天干戊癸化火，接引胎元丙火。此為『時上偏財格』。以丙火為用神。

用神：丙火。
吉方：南方。
財方：南方。
忌方：北方。

6. 日主『戊戌』類

例(一)

辛巳
辛丑
日主 戊戌
甲寅

日主戊戌生於丑月，有雙辛出干，支上巳丑會金局，寅戌會火局。丙火藏於寅巳之中。寅巳相刑、丑戌相害。仍以丙火為用神。此命格有小貴，但不得善終。

用神：丙火。
吉方：南方。
財方：南方。
忌方：北方。

例(二)

己未
丁丑
日主 戊戌
丙辰

日主戊戌生於丑月，有己土出干，支聚四庫，四柱無木為『稼穡格』。以己土為用神。

用神：己土。
吉方：南方。
財方：南方。
忌方：北方。

中冊結論

在這冊中冊寫完有關日主甲木、乙木、丙火、丁火、戊土等命格，大約八百個左右的命局之後，我的感觸良多。就在人的八字中，這短短、小小、無影無形的八個字裡，隱藏著人一生的富貴、顛困、是非成敗。也隱藏著無盡的生命力和病傷、磋跎的殺傷力。常常讓我們很難以置信的是：就以這麼一個出生時的時間坐標所形成的生辰八字，竟然就已決定了我們一生中的才智庸愚和奮鬥的力量與目標。而這個境況卻正是實實在在隱伏在我們的生命中，卻不為一般常人的我們所瞭解罷了。

人生現象

八字中的命理以五行做依歸。命局中五行中和、相濟相旺的，是命強氣旺，運也旺的人，這樣一個命格的人，當然在事業的發展與人生成就上比較順遂，是先天有營養、後天又富足的人生形態。怎麼會不好命呢？當然是保得住財，又能享受財富所帶來的快樂了。反之，命格中有缺少不足的，或行運不佳的，就是先天不足，後天失調的命格了。

命局中有相剋相刑狀況的人，要看受制受剋的五行是什麼？又被受剋受制的程度有多大？是財星受剋受制的，當然無財貧窮，而且生命延續的力量也受到戕害。是官星受剋受制的，在男性是事業上的問題。在女性是家庭夫妻關係上的問題。在命局中的印綬受到剋制了，幼年辛苦，父母不吉。自己的身體也不太好，時常往來於醫院、藥房之中。若是命局中的食神、傷官受到剋制了，那就是智慧、才藝受到剋制。是無法有才學、有文藝氣息的，並且少子嗣。倘若命局中的比肩、劫才受到剋制，少兄弟，為人剛直孤獨是一定有的人生現象。

用神趨動心向和職業

在命局中，喜用神是藥，是整個命局的精神指標。也是人在人生中黑暗迷茫的大海中，遠處一座燈塔所放射出璀燦光輝，所指引的方向。喜用神不但會救治你命局中的病症，間接的也引導你走上人生事業中該努力的行業。例如用神是本命日主的財星的人，多半從商，不從商，事業也做不好。用神是本命日主的官星的人，會從政，或做公務員、法律、警界方面愛管人、愛打官腔的工作。用神是日主七殺的人，會做軍人、外科醫生、運動員，勝負清楚，力鈞克敵的工作，或是持刀的工作，如屠宰業等。用神是日主印綬的人，會從事文書類、文職、醫藥救助的工作。用神是日主的食神、傷官的人，會從事和藝術方面有關係的工作。不論音樂、繪畫、戲劇、雕塑皆屬之。用神是比肩或劫才的人，會做與宗教有關的行業，或者是教師、醫生之類。

用神是日主的印綬和比劫的人，他們在選擇工作範圍時，多半有共通性，喜歡做和人有關的工作。主要是因為需要這兩種用神的人，多半在家庭中有缺憾。以印綬做用神的人，是因命格中印星力量薄弱不足，或缺印，因此缺少父母的照顧，或感到不足，故而產生彌補的作用，喜歡照顧人，做文化、教育的工作，是內心的一種渴望。

而用神為比劫的人，則因日主弱、身弱、身體弱，也少手足的幫襯，心性也較委婉、柔和，但生性孤獨，但較偏向傳教、命相、教師、醫師、律師等會照顧人的工作。

風雲際會的成敗關鍵就在喜用神

事業在人一生中大概佔有三十年的精華時期，全在人精壯時期得以發揮。人一生的成就也在這個時期形成，因此說喜用神決定了人一生努力的方向與成敗的結果，是一點也不為過的。有了好的命理格式，畫龍點睛的找出喜用神，再加上大運行運的順水推舟，就沒有不在世上留名的了。我們也可從這部『如何選取喜用神』的中冊、下冊中看到將近二千個命局中，凡是命局能形成格局，財官印具備的，刑剋破害少的，都能夠有好的成就。而一般平常人的命格中，則無法達到這個境界了。

公元二千年是另一個世紀的開頭，也是一個多變詭譎的年代。政治上的動盪與風雲際會又將掀起高潮。各位朋友將可在這部書中發現在中冊裡屬於日主甲、乙、丙、丁、戊的政治人物，反不及下冊中屬於日主己、庚、辛、壬、癸的政治人物多。也就是下冊中有更多、更精彩的名人命格會展現給讀者。我將與大家共同研討之。此外，我們也可預測的是，今後的十年中，前五年走金水運，後五年走木火運。而這前後兩個五年會在政壇上出現的政治人物會截然不同。這關係著近代歷史與台灣命運的十年，就讓我們拭目以待，做歷史和命理的見證人吧！

獨煞爲權，衆煞猖狂豈可用

常有一些朋友問我：『我的命格中煞也有，刃也有，卻為什麼鬥不過同事和上司呢？』

我們都知道，煞與刃在命格中都是凶暴之物，有的人刃在月上，勢力很強，有的人刃在年、日、時上，刃是旺逾其分稱之刃。刃會奪財、產生禍事。煞會剋制印綬，煞及刃，都會對自身產生嚴重的剋害，使日主身弱。雖然有時也可用刃或煞去輔助殺敵，但總需要很多其他外在條件良好，才可以用刃用煞，支配他們。譬如說：煞刃只有一重，不可多重見劫煞。獨煞為貴。眾煞猖狂不吉。在絕大多數具有煞刃的人的命格中，煞刃都傷害了自己的命程與前途，要再說用自己命中的煞刃與別人去鬥法，真是不太可能了！在這世上真正能『化煞為權』的又有幾人呢？

倘若命格中已具備了『化煞為權』的基本型態，早已就步上功成名就的上層社會，又何需再錙銖計較，汲汲營營的與同事、上司鬥法呢？

再說，在命理學裡，以命局具有中庸之道，溫良謙恭儉，以為貴命，從來沒有命書會告訴後學者，是具有打打殺殺、奸險鬥狠的人會具有好命格局的。因此我再次的提醒大家：清正中和的命理格局，才是真正好的命格。縱然我們自己的命局或運程並不一定非常理想，可能有破格、刑局的產生，但是只要我們自己正正當當的做人處事，不要瞎想一些制人的方法，製造是非，是非自然不會惹到我們的身上來，這樣命和運都會順利，自然就會是好命格了。

軍人武職是天地間的浩然正氣，功在社稷。不可與商場奸險相提並論

另外再談到的一點是：許多做保險業、證券業、房地產業的朋友們向我說，他們的行業裡競爭很激烈，常需要勾心鬥角，因此他們認為他們的行業也算武職。如此一來也就可以『化殺為權』了。希望我能讚同他們這個說法。

現在我要解釋命理上對武職的看法。在命理上，武職其實也具備崇高的地位，並不像一般人認為只是一個老粗打仗的工作職位。武職的貴，是保衛國家、社稷與百姓生靈。功在國家，功在社稷，以熱血、頭顱振撼天地。也可以說，軍人武職是天地中的一股浩然正氣。這和商場中的奸詐狡滑的爭戰是截然不同的意義。因此豈可相提並論？

在命理中，命格最高的層次是主貴的格局。貴又分文貴和武貴。讀書人重文輕武，再加上太平年代不需要打仗了，而需要知識文明，故而又以文貴略勝武貴一疇。但是每一個朝代的開國元勳，以及國家面臨外敵挑戰的時刻，武貴的人地位就會高過於文貴的人。因此文貴和武貴的地位是互有消長的。

第三個層次的命格才是以主富為主的商人命格。雖然主富的人，有朝一日，時來運轉，因財富增多而得到地位，或者間接進入政治體系。在命理上稱此現象為『異途顯達』。因為此現象多半是因人而起的。

古往今來，因為有了錢，附庸的人多了，人捧人，或者是結交顯貴提攜而成。這在命理現象上是一種異數，並不算做正常現象。因此大家最好不要弄混了。所有的學問都有一定的真理存在。這個真理是經過數千年經驗及知識的考驗而成的。並不是說現代社會形態改變了，職業的種類增多了，便可以隨便將真理做另類解釋。如此不但貽笑大方，且比類不通。尤其更觸及相關的命理問題時，會更使自己混亂，而不知所以為何了。

用顏色改變運氣

法雲居士⊙著

顏色中含有運氣，運氣中也帶有顏色！
中國有自己一套富有哲理系統的用色方法和色彩學。
更可以利用顏色來改變磁場的能量，使之變化
來達成改變運氣的方法。
這套方法就是五行之色的運用法。

現今我們對這一套學問感到高深莫測，
但實則已存在我們人類四周有數千年
歷史了。

法雲居士以歷來論命的經驗和實例，
為你介紹用顏色改變運氣的方法和效力，
讓你輕輕鬆鬆的為自已增加運氣和改運。

如何尋找磁場相合的人

法雲居士⊙著

每個人一出世，便擁有了自己的磁場。
好的磁場就是孕育成功人士、領導人、有能力的人能造福人群的人的孕育搖籃。同時也是享福、享富貴的天然樂園。壞的磁場就是多遇傷災、破耗、人生困境、貧窮、死亡以及災難無法躲過的磁場環境。
人為什麼有災難、不順利、貧窮、或遭遇惡徒侵害不能善終的死亡？
這完全都是磁場的問題。

法雲居士用紫微命理的方式，讓你認清自己周圍的磁場環境，也幫你找到能協助你、輔助你脫離困境、及通往成功之路的磁場相合的人。
讓你建立一個能享受福財與安樂的快樂天堂。

對你有影響的
殺·破·狼
《上、下冊》

每一個人的命盤中都有七殺、破軍、貪狼三顆星，
在每一個人的命盤格中也都有『殺、破、狼』格局，
『殺、破、狼』是人生打拚奮鬥的力量，
同時也是人生運氣循環起伏的一種規律性的波動。
在你命格中『殺、破、狼』格局的好壞，
會決定你人生的成就，
也會決定你人生的順利度。

『殺、破、狼』格局既是人生活動的軌跡，
也是命運上下起伏的規律性波動。
但在人生的感情世界中更是一種親疏憂喜的現象。
它的變化是既能創造屬於你的新世界，
也能毀滅屬於你的美好世界，對人影響至深至遠。
因此在人生中要如何把握『殺、破、狼』的特性，
就是我們這一生最重要的功課了。

這是一套十本書的套書，其餘是『殺破狼』上冊、
『權祿科』、『十干化忌』、『羊陀火鈴』、『天空、地劫』、
『昌曲左右』、『府相同梁』、『紫廉武』、『日月機巨』等書。

紫微成功交友術

成功的人都有成功的好朋友！
失敗的人也都有運程晦暗的朋友！
好朋友能幫助你在人生中『大躍進』！
壞朋友只能為你『扯後腿』！
如何交到好朋友？
好提升自己人生的層次，進入成功者的行列！
『交友成功術』教你掌握『每一個交到益友的企機』！
讓你此生不虛此行！

法雲居士◎著

『紫微姓名學』是一本有別於坊間出版之姓名學的書，
我們常發覺有很多人的長相和名字不合，
因此讓人印象不深刻，
也有人的名字意義不雅或太輕浮，以致影響了旺運和官運，
以紫微命格為主體所選用的名字，
是最能貼切人的個性和精神的好名字，
當然會使人印象深刻，也最能增加旺運和財運了。
『姓名』是一個人一生中重要的符號和標幟，
也表達了這個人的精神和內心的想望，
為人父母為子女取名字時，就不能不重視這個訊息的傳遞。

法雲居士以紫微命格的觀點為你詳解『姓名學』中，
必須注意的事項，助你找到最適合、助運、旺運的好名字。

《全新修訂版》

法雲居士⊙著

『面相』是一體兩面的事情，
我們可以從一個人的外表來探測其內心世界，
也可從一個人所發生的某些事情來得知此人的命運歷程。
『紫微面相學』更是面相中的楚翹，
在紫微命理裡，命宮主星便顯露了人一切的外在面貌、
精神與內在的善惡、急躁、溫和。

- 『紫微面相學』能從見面的第一印象中，立刻探知其人的內在性格、貪念，與心中最在意的事與其人的價值觀，並且可以讓你掌握到此人所有的身家資料。
- 『紫微面相學』是一本教你從人的面貌上，就能掌握對方性格、喜好，並預知其前途命運的一本書。
- 『紫微面相學』同時也是溫故知新、面對自己、改善自己前途命運的一本好書！

對你有影響的

法雲居士⊙著

在每個人的命盤中都有紫微、廉貞、武曲三顆星，同時這三顆星也具有堅強的鐵三角關係，會在三合宮位中三合鼎立著，相互拉扯，關係緊密、共同組織、架構了你的命運。這也同時，紫微、廉貞兩顆官星和武曲一顆財星，也共同主宰了你的命運！當命盤中的紫、廉、武有兩顆以上居旺時，你的人生就會富足的多，也事業順利、有成就。如果有兩顆以上都居平、陷之位時，則你人生中的過程多艱辛、窮困、不太富裕。要看命好不好？就先從你命盤中的這三顆星來分析吧！

VENUS PUBLISHING CO.
金星出版
命理生活新智慧・叢書